http://www.librairieharmattan.com
diffusion.harmattan@wanadoo.fr
harmattan1@wanadoo.fr

ISBN : 2-296-00646-9
EAN : 9782296006461

MACROÉCONOMIE HÉTÉRODOXE

de Kaldor à Minsky

Collection « L'esprit économique »

fondée par Sophie Boutillier et Dimitri Uzunidis en 1996
dirigée par Sophie Boutillier, Blandine Laperche, Dimitri Uzunidis

Si l'apparence des choses se confondait avec leur réalité, toute réflexion, toute Science, toute recherche serait superflue. La collection « L'esprit économique » soulève le débat, textes et images à l'appui, sur la face cachée économique des faits sociaux : rapports de pouvoir, de production et d'échange, innovations organisationnelles, technologiques et financières, espaces globaux et microéconomiques de valorisation et de profit, pensées critiques et novatrices sur le monde en mouvement...
Ces ouvrages s'adressent aux étudiants, aux enseignants, aux chercheurs en sciences économiques, politiques, sociales, juridiques et de gestion, ainsi qu'aux experts d'entreprise et d'administration des institutions.

La collection est divisée en cinq séries : *Economie et Innovation*, *Le Monde en Questions*, *Krisis*, *Clichés* et *Cours Principaux*.

Dans la série *Economie et Innovation* sont publiés des ouvrages d'économie industrielle, financière et du travail et de sociologie économique qui mettent l'accent sur les transformations économiques et sociales suite à l'introduction de nouvelles techniques et méthodes de production. L'innovation se confond avec la nouveauté marchande et touche le cœur même des rapports sociaux et de leurs représentations institutionnelles.

Dans la série *Le Monde en Questions* sont publiés des ouvrages d'économie politique traitant des problèmes internationaux. Les économies nationales, le développement, les espaces élargis, ainsi que l'étude des ressorts fondamentaux de l'économie mondiale sont les sujets de prédilection dans le choix des publications.

La série *Krisis* a été créée pour faciliter la lecture historique des problèmes économiques et sociaux d'aujourd'hui liés aux métamorphoses de l'organisation industrielle et du travail. Elle comprend la réédition d'ouvrages anciens, de compilations de textes autour des mêmes questions et des ouvrages d'histoire de la pensée et des faits économiques.

La série *Clichés* a été créée pour fixer les impressions du monde économique. Les ouvrages contiennent photos et texte pour faire ressortir les caractéristiques d'une situation donnée. Le premier thème directeur est : mémoire et actualité du travail et de l'industrie ; le second : histoire et impacts économiques et sociaux des innovations.

La série *Cours Principaux* comprend des ouvrages simples, fondamentaux et/ou spécialisés qui s'adressent aux étudiants en licence et en master en économie, sociologie, droit, et gestion. Son principe de base est l'application du vieil adage chinois : « le plus long voyage commence par le premier pas ».

Sébastien CHARLES

MACROECONOMIE HETERODOXE

de Kaldor à Minsky

INNOVAL
21, Quai de la Citadelle
59140 Dunkerque, France
L'Harmattan
5-7, rue de l'École-Polytechnique ; 75005 Paris
FRANCE

L'Harmattan Hongrie
Könyvesbolt
Kossuth L. u. 14-16
1053 Budapest

Espace L'Harmattan Kinshasa
Fac..des Sc. Sociales, Pol. et Adm. ;
BP243, KIN XI
Université de Kinshasa – RDC

L'Harmattan Italia
Via Degli Artisti, 15
10124 Torino
ITALIE

L'Harmattan Burkina Faso
1200 logements villa 96
12B2260
Ouagadougou 12

REMERCIEMENTS

D'abord, je tiens à remercier Ghislain Deleplace qui m'a suivi durant de nombreuses années. Je suis conscient que ses remarques et son engagement ont permis d'améliorer grandement la qualité de ce travail de recherche. Ce que je lui dois est donc indicible. Mes remerciements vont également à Marc Lavoie, qui m'a patiemment conseillé lors de longs courriers électroniques. De même, je suis redevable envers Antoine Rebeyrol, Mehrdad Vahabi, Dominique Torre, Joanilio Teixeira, Toichiro Asada, Stephen O'Connell, Domenico Delli Gatti, Mauro Gallegati, Carlo Panico, Pasquale Commendatore, Thomas Palley, Olivier Brossard, Jean Marc Siroën, René Tendron et Jacques Rojot. Ces derniers m'ont aidé à divers degrés, soit en lisant mes travaux, soit en m'expliquant dans le détail certains éléments clés de leurs recherches, soit encore en me fournissant des éléments bibliographiques essentiels au développement de cet ouvrage.

Ensuite, je ne peux m'empêcher d'avoir une pensée particulière pour Jean-Pierre Damon, mon premier Professeur de macroéconomie, pour m'avoir encouragé à poursuivre l'apprentissage des sciences économiques à un niveau plus avancé. Sans ses conseils, je n'en serais tout simplement pas là.

Enfin, je remercie chacun des membres de ma famille, je sais que j'ai dû être désagréable plus d'une fois dans les moments de doute. Anélia, Alma, Luigi et André sont restés fidèles à eux-mêmes : toujours le mot pour rire et me remonter le moral. Je pense à Edvige qui a une grande part de responsabilité, au sens positif du terme, dans l'élaboration de ce travail.

Une mention très spéciale revient à Manuela, je sais que les sacrifices ont été nombreux…

PREFACE

Il y a plus de vingt ans, je rédigeais un petit livre portant essentiellement sur les controverses (cambridgiennes) sur le capital et les théories post-keynésiennes de la croissance, en m'inspirant d'un cours que je donnais à l'Université d'Ottawa. A cette époque, un de mes collègues néoclassiques m'a demandé pourquoi je me penchais sur ces questions; selon lui, la théorie de la croissance n'était plus à la mode : elle avait peu d'attrait pour les étudiants ou de possibles lecteurs, les macroéconomistes s'intéressant alors exclusivement à la théorie des cycles d'affaires. Mon livre est sorti en 1987. La même année, à Ottawa, organisé par mon regretté collègue Jacques Henry, je participais à un séminaire d'une journée consacré à la théorie de la croissance (séminaire qui donnera lieu éventuellement à la parution du livre dirigé par Halevi *et al.*, 1992). Les participants, parmi lesquels se trouvait Harold Hagemann, un auteur auquel se réfère Sébastien Charles, avaient pour ambition de relancer l'étude de la théorie de la croissance, puisque les économistes néoclassiques semblaient y avoir complètement renoncé. Nous ne savions pas alors que, à peine quelques mois auparavant, en 1986, Robert Lucas et Paul Romer avaient chacun de leur côté publié des articles qui allaient susciter une abondance de contributions néoclassiques et mener à la création de la "nouvelle" théorie de la croissance endogène. Cet épisode montre bien que la théorie économique, comme le disait D.H. Robertson, "est comme le lièvre poursuivi par les chasseurs; si vous restez au même endroit, ou presque au même endroit, vous êtes assurés qu'il reviendra vers vous après avoir tourné en rond" (cité par Harcourt, 1992, p. 273).

Aujourd'hui, contrairement à ce qui était le cas il y a une vingtaine d'années, les manuels américains de macroéconomie intermédiaire font une place de choix au modèle de croissance néoclassique de Robert Solow, publié par celui-ci en 1956. Les auteurs de ces manuels nous disent que l'évolution à long terme des économies contemporaines s'expliquent particulièrement bien par ce modèle. Non contents d'imposer aux étudiants un modèle dont l'inutilité et la fragilité ont été maintes fois démontrées, les auteurs de manuel en rajoutent, demandant aux étudiants de se pencher sur la seconde grande contribution de Solow, celle de 1957, où il prétend démontrer que la théorie néoclassique de la production et de la distribution est vérifiée et où il offre une mesure du progrès technique fondée sur la fonction de production néoclassique agrégée. Dans ces manuels, il n'est nullement question des critiques qui avaient été portées contre l'utilisation de telles fonctions de production agrégées, pas plus qu'il n'en est question dans les autres chapitres, qui font aussi appel à cette fonction. Le livre de Sébastien Charles permet de remettre le modèle de croissance de Solow en perspective. Il examine en grand détail ce qui constituait l'alternative post-keynésienne, alimentée par les contributions des cambridgiens Kaldor, Robinson et Pasinetti. Il montre pourquoi le modèle de Pasinetti (1962) a suscité tant d'attention de la part des économistes néoclassiques, et comment sa défense par Kaldor (1966) a donné lieu à la création d'un nouveau modèle, plus réaliste, qui inspire en partie la synthèse à laquelle se livre Sébastien Charles dans la seconde partie de son livre.

Pour clore sa première partie, Sébastien Charles rappelle les fameuses controverses de Cambridge, qui démontrent que le salaire réel et le taux de profit ne sauraient être des indices de rareté du travail et du capital dans un monde à plus d'un bien – un résultat théorique mis en lumière dans les cas de retours de techniques et de renversement du capital. Une fois admis ces résultats paradoxaux, pour préserver leur approche les auteurs néoclassiques ont adopté deux stratégies: soit se retrancher derrière la généralité des modèles d'équilibre général où les agrégats ne sont pas nécessaires, soit invoquer les succès empiriques de la fonction de production néoclassique agrégée, qui semble ainsi "marcher" malgré ses déficiences théoriques. La première stratégie s'est heurtée au cul-de-sac des théorèmes de Debreu-Sonnenschein-Mantel des années 1970, c'est-à-dire l'impossibilité de démontrer la stabilité et l'unicité de l'équilibre à partir du comportement des individus, sans imposer des restrictions aux agrégats, un problème bien documenté par Bernard Guerrien (1989), si bien que la théorie de l'équilibre général est moribonde aujourd'hui (mais attention aux lièvres de Robertson!). Quant à la seconde stratégie, elle s'est aussi retournée contre les auteurs néoclassiques. Dès 1971, Franklin Fisher a démontré à l'aide de simulations que la fonction Cobb-Douglas pouvait sembler vérifier n'importe quel ensemble de données dont la part des salaires dans le revenu national était approximativement constant. McCombie et Dixon (1991) ont ensuite montré que quand la part des salaires n'était pas constante, des fonctions CES ou translog pouvaient jouer le même rôle. De fait, en 1974, Anwar Shaikh montrait qu'une fonction de production Cobb-Douglas semblait conforme à une série de données avec part des salaires approximativement constantes, retraçant géométriquement le mot "HUMBUG" (*fumisterie*). Dans un récent symposium sur cette question, Shaikh (2005) a montré que la fonction de production Cobb-Douglas semble parfaitement expliquer des données simulées qui, pourtant, par construction, reposent sur une variante du modèle de Goodwin (décrit par Sébastien Charles dans son chapitre VI) avec des coefficients techniques fixes et un progrès technique à la Harrod. Les régressions sur la base de fonctions de production agrégées à rendements décroissants semblent "marcher", même quand la technologie sous-jacente est à coefficients fixes avec progrès technique neutre à la Harrod, parce que la représentation dynamique de ces fonctions néoclassiques reproduit l'algèbre des comptes nationaux. Pourvu que la part des salaires soit à peu près constante et que le terme représentant le progrès technique soit suffisamment flexible pour imiter l'évolution cyclique du taux de croissance pondéré du salaire réel et du taux de profit, le R^2 d'une régression de la fonction Cobb-Douglas sera toujours voisin de l'unité, le coefficient attribué au capital sera exactement égal à la part des profits dans le revenu national, et des rendements d'échelle constants avec progrès technique à la Hicks sembleront toujours vérifiés. Les "bons" résultats de ces régressions ne prouvent pas que les facteurs de production sont rémunérés à leur produit marginal, que les rendements sont décroissants et que la théorie néoclassique agrégée "marche" malgré tout; ces régressions ne font que "décorer" la théorie néoclassique. Puisque l'algèbre de la fonction Cobb-Douglas (avec les ajustements qui sont habituellement ajoutés, notamment pour tenir compte de l'évolution non-linéaire du progrès technique) reproduit l'algèbre des comptes nationaux, il est impossible de démontrer empiriquement que la théorie néoclassique agrégée est fausse. Autrement dit, la fonction de production agrégée néoclassique est impossible à réfuter empiriquement! Elle ne peut être falsifiée, pour utiliser un terme cher à Popper, le philosophe des sciences. On ne peut donc invoquer les "succès" empiriques de la fonction de production néoclassique agrégée pour justifier son utilisation et sa pertinence "pratique".

Dans la seconde partie de son livre, Sébastien Charles se penche sur une branche récente et très prolifique de la théorie post-keynésienne, celle qui s'interroge sur l'instabilité financière et l'endettement des entreprises, inspirée principalement par les travaux de l'Américain Hyman Minsky. Inutile de dire que cette branche de la théorie post-keynésienne est d'actualité dans le monde dominé par la finance qui est le nôtre depuis l'extraordinaire hausse des taux d'intérêt imposée par la Réserve fédérale américaine en 1980. Comme c'est le cas pour bien des économistes hétérodoxes, notamment les auteurs régulationnistes, cette seconde partie illustre l'attention que les économistes post-keynésiens portent aux interactions entre la finance et la croissance de l'investissement. Pour ceux qui en douteraient encore, Sébastien Charles démontre que les économistes hétérodoxes et les économistes post-keynésiens en particulier peuvent aussi faire de la modélisation, même si celle-ci se démarque du cadre très restreint de l'optimisation sous contrainte de l'individu représentatif. De fait, les modélisations non-linéaires, qu'on retrouvait déjà dans les premiers travaux de Nicholas Kaldor, avec leurs dynamiques complexes et leurs équilibres multiples que décrit Sébastien Charles, reflètent bien le monde incertain et fragile qu'envisageaient tant Joan Robinson que Hyman Minsky.

Avec le recueil de textes compilé par Piégay et Rochon (2003), qui porte sur la théorie monétaire post-keynésienne, et mon introduction à l'économie post-keynésienne (Lavoie, 2004), les lecteurs du livre de Sébastien Charles disposent maintenant d'un aperçu assez complet, en français, des théories et des thèmes mis de l'avant par cette branche de l'économie hétérodoxe au cours des dernières années.

Marc Lavoie,
Professeur titulaire au Département de science économique,
Université d'Ottawa

GUERRIEN B., *Concurrence, flexibilité et stabilité : Des fondements théoriques de la notion de flexibilité*, Economica, Paris, 1989.

HALEVI J., LAIBMAN D., NELL E.J., *Beyond the Steady State : A Revival of Growth Theory*, Macmillan, London, 1992.

HARCOURT G.C., Marshall's *Principles* as seen at Cambridge through the eyes of Gerald Shove, Dennis Robertson and Joan Robinson, in C. Sardoni (sous la direction de), *On Political Economists and Modern Political Economy : Selected Essays of G.C. Harcourt*, Routledge, Londres, 1992.

LAVOIE M., *L'économie postkeynésienne*, La Découverte, Paris, 2004.

MC COMBIE J.S.L., DIXON R., Estimating technical change in aggregate production functions : a critique, *International Review of Applied Economics*, 5, 1991.

PIÉGAY P., ROCHON L.-P., *Théories monétaires Post-Keynésiennes*, Économica, Paris, 2003.

SHAIKH, A., Laws of algebra and laws of production: the Humbug production function, *Review of Economics and Statistics*, février 1974.

SHAIKH, A., Non-linear dynamics and pseudo-production functions, *Eastern Economic Journal*, 31, 2005.

INTRODUCTION

L'apport de John Maynard Keynes est fondamental dans le cadre de la théorie économique et de l'économie appliquée. En outre, peu d'économistes contemporains peuvent se targuer d'être à la source de controverses aussi nombreuses et les déclencheurs de nouveaux courants de pensée. Parmi ces derniers, le mouvement post-keynésien, bien que prolifique dans de nombreux domaines de la science économique, demeure fort peu connu et, par conséquent, peu étudié. Ainsi, son évocation provoque-t-elle souvent l'indifférence des économistes académiques qui ne considèrent pas nécessaire le fait de le faire figurer dans les manuels de macroéconomie moderne, si ce n'est comme une curiosité intellectuelle. Pour s'en convaincre le lecteur pourra se reporter avec profit aux travaux de Klamer (1983) et Snowdon, Vane et Wynarczyk (1997).

Ce comportement est-il justifié ? En aucune manière : la théorie post-keynésienne s'est très largement développée depuis les contributions fondatrices d'Harrod (1939) et Domar (1947), visant à étendre les conclusions de la *Théorie Générale* de Keynes au domaine d'une économie en croissance. Nonobstant un développement soutenu de plusieurs programmes de recherche, c'est une image quelque peu désuète que continue de véhiculer le courant post-keynésien. Tout ceci est fort regrettable pour les avancées de la science économique car les apports originaux des économistes post-keynésiens sont des plus divers. Toutefois, nous pensons que deux programmes de recherche se distinguent de la pléthore de ces travaux hétérodoxes.

Le premier est centré sur l'accumulation du capital et la répartition des revenus. Ce mouvement a la particularité remarquable d'être géographiquement et historiquement déterminé. En effet, les premiers modèles de croissance et de répartition ont vu le jour dès la seconde moitié des années cinquante à Cambridge (Angleterre) sous l'impulsion de Kaldor (1956), suivi de près par Pasinetti (1962). Durant les années soixante de rudes polémiques opposèrent ces auteurs aux économistes néo-classiques, emmenés par le quatuor Samuelson-Modigliani-Solow-Meade. L'immixtion de Kaldor (1966) dans les débats eut deux conséquences majeures : (i) l'arrêt des critiques néo-classiques car son modèle de croissance leur était imperméable et (ii) il incorporait, pour la première fois, le rôle de l'entreprise moderne via un financement externe par actions. Toutefois, l'élaboration de modèles plus réalistes (introduction d'un système d'imposition complexe, prise en compte de l'économie ouverte, voire extension à la macroéconomie internationale) ne s'interrompit pas avec l'arrêt des critiques orthodoxes. Ainsi, la théorie post-keynésienne de la croissance et de la répartition reste, aujourd'hui encore, un domaine de recherche très actif.

En ce qui concerne le second programme de recherche, il a pour fondement les travaux d'Hyman Minsky. D'une manière générale, ceux-ci peuvent être regroupés autour des thèmes de l'accumulation et des difficultés liées à son financement. L'imprudence des prêteurs et des emprunteurs, le rôle de la préférence pour la liquidité, sont les éléments au cœur de sa théorie de l'instabilité financière. Néanmoins, ce n'est qu'à partir du milieu des années quatre-vingt qu'un engouement massif pour ses travaux vit le jour. Effectivement, il s'est développé depuis lors un courant qui peut être qualifié de minskyen, élaborant des modèles dynamiques formalisés. Par ailleurs, nous serons amené à distinguer deux groupes de modèles selon leur conception de la crise. Le premier groupe identifie la crise comme un phénomène profond qui ne cesse pas de lui-même, *via* les mécanismes auto-équilibrants des économies de marché. Le second groupe accorde un rôle plus restreint à la crise, puisque cette dernière est englobée dans le processus plus large du cycle économique ; dès lors, il ne s'agit plus que d'un point de retournement de conjoncture, séparant la reprise de la récession. Le premier groupe semble, en quelque sorte, plus empreint d'hétérodoxie en comparaison des Nouveaux classiques, pour qui une crise profonde et durable du système est évacuée de l'analyse macroéconomique *a priori*. Toutefois, l'ensemble de ces contributions aboutissent toutes à la conclusion suivante : l'introduction des conditions du financement de l'investissement provoque une instabilité économique généralisée.

Une difficulté de taille subsiste malgré tout. Chaque programme de recherche s'est développé en vase clos, sans volonté affichée de constituer une synthèse globale entre les deux courants, tenant compte des conclusions de chacun. En conséquence, nous essaierons de combler ce vide théorique. Il faudra donc évaluer les deux courants et appréhender les difficultés auxquelles ils mènent. Les questions soulevées par cette méthode sont nombreuses. Existe-t-il une cohérence au sein de la théorie post-keynésienne, c'est-à-dire une synthèse possible mais ignorée, entre ces deux courants majeurs ? Autrement dit, un lien non trivial peut-il être mis en évidence ? Quels auteurs permettent cette synthèse, nécessaire à la crédibilité de la théorie macroéconomique post-keynésienne ?

En résumé, notre motivation principale est la suivante : montrer qu'une synthèse post-keynésienne est envisageable dans le domaine de l'accumulation, du financement externe et de la répartition des revenus. La réponse à cette question n'adviendra que lorsque nous aurons identifié le lien entre les deux courants, accumulation-répartition et accumulation-financement. Ce travail s'inscrit essentiellement dans le cadre de la macroéconomie. Cependant, nous serons conduit à évoquer, en parallèle, d'autres points du domaine de l'histoire de la pensée économique, notamment les difficultés internes à l'école post-keynésienne et la controverse sur le capital.

Cette problématique est fondamentale, car une réponse négative constituerait désormais un argument fondé en faveur des détracteurs de l'économie post-keynésienne, estimant que ses apports peuvent être considérés comme négligeables. En effet, pourquoi s'attarder sur un courant de pensée si ce dernier n'est pas à même d'offrir une vision économique unifiée sur des thèmes majeurs ? Ce sujet est d'autant plus important qu'il s'agit de savoir si la macroéconomie hétérodoxe post-keynésienne a la capacité de résister aux critiques adverses ?

À présent, il convient de souligner un point important. Il existe d'autres angles d'approche en ce qui concerne la théorie post-keynésienne, nous pensons notamment au thème de la monnaie endogène et de l'incertitude radicale (*cf.* Moore, 1988 et Davidson, 1972). Nous n'ignorons pas des programmes de recherche aussi denses et complexes,[1] nous préférons simplement nous concentrer sur deux courants qui nous semblent influents pour tenter d'établir une synthèse. Deux raisons expliquent notre choix. La première tient au fait que les

[1] Pour une vue d'ensemble du courant post-keynésien, le lecteur pourra se reporter à l'ouvrage de Deleplace et Nell (1996).

contributions fondatrices de la théorie post-keynésienne de la répartition restent, malgré tout, assez répandues. La seconde provient de la diffusion, y compris dans les milieux des Nouveaux keynésiens, des travaux de Minsky (*cf.* Greenwald et Stiglitz, 1993). Cet ouvrage sera donc exposé en deux temps.

D'abord, nous traiterons du courant post-keynésien originel et, plus particulièrement, des hypothèses, des conclusions et des polémiques auxquelles mènent les modèles de croissance et de répartition. Dans cette optique, nous verrons comment les débats entre Néo-classiques et Post-keynésiens tournent à l'avantage de ces derniers. Nous évoquerons également la position particulière du théorème néo-Pasinetti de Kaldor (1966) qui marque une première étape vers l'intégration du financement dans les modèles post-keynésiens. De surcroît, ce sera l'occasion d'insister sur le fait que de nombreuses difficultés demeurent encore en suspens. Ainsi, nous mettrons en lumière une série de contraintes relatives au courant de la répartition. Celles-ci pèsent fortement sur la généralité des résultats obtenus par le socle Kaldor-Pasinetti en comparaison des contributions issues de Minsky.

Ensuite, nous adopterons un point de vue inverse. Il s'agira d'appréhender la théorie de l'instabilité financière de Minsky, ainsi qu'une large gamme de modèles macroéconomiques, prolongeant de manière formelle ses conclusions. En outre, nous verrons de quelle manière le thème de la répartition des revenus est abordé dans ces contributions et s'il subsiste un lien entre les post-keynésiens originels et les minskyens. Ce sera l'occasion, nous pensons, de montrer le caractère fondamental des analyses de Kaldor, dans la contribution à une synthèse post-keynésienne sur les thèmes de l'accumulation du capital, de son financement et de la répartition des revenus. En définitive, nous élaborerons un modèle, dit de synthèse, disposant des caractéristiques suivantes : (i) il englobe les conclusions du socle Kaldor-Pasinetti ainsi que celles des différents modèles à la Minsky et (ii) il s'affranchit des faiblesses inhérentes à chaque courant.

PREMIÈRE PARTIE

CROISSANCE, REPARTITION ET CAPITAL

Le courant post-keynésien s'est développé à la suite de l'analyse fondatrice de Keynes (1936). Ce dernier démontrait, dans un monde statique, qu'un équilibre avec chômage involontaire était parfaitement concevable même avec des prix et des salaires flexibles. A cela, il ajoutait le rôle fondamental joué par l'investissement dans le processus de croissance et sa primauté sur l'épargne. Les premiers post-keynésiens s'attachèrent à élargir ses résultats à une économie dynamique.

> *« L'objet des modèles keynésiens (...) est de projeter dans la longue période la thèse centrale de la Théorie Générale, selon laquelle les firmes sont libres d'investir, dans de larges limites, et que le taux d'épargne de l'économie dans son ensemble s'ajustera au taux d'accumulation qu'elles décident » (Robinson, 1962, p. 82-83).*

C'est donc avec les analyses, bien connues de tous les apprentis-économistes, de Harrod (1939) et Domar (1947) que les Post-keynésiens et avec eux, la science économique dans son ensemble, « redécouvrirent » un domaine de recherche quasi abandonné depuis les classiques et David Ricardo.[1]

---

[1] A l'exception notable des contributions de Young (1928) et Ramsey (1928). Ce dernier est, en fait, à l'origine des modèles de croissance optimale élaborés

Comme nous le verrons par la suite, les conclusions des deux auteurs étaient pessimistes et ce n'est qu'après l'introduction des mécanismes liés à la répartition des revenus que Kaldor (1956) apportera des résultats nouveaux.

Quant aux réactions des économistes néo-classiques, elles ne se firent pas attendre. C'est à travers une publication de Robert Solow, en 1956, que le courant orthodoxe fit entendre son avis sur la question de la croissance, au prix d'hypothèses contraignantes bien que traditionnelles depuis de nombreuses années.[1] Toutefois, les controverses n'atteignirent leur zénith qu'à la suite des travaux de Pasinetti (1962) qui firent l'effet d'une bombe dans le camp des économistes néo-classiques. Ce dernier remettait en cause leurs analyses au sujet du taux de profit global de l'économie et démontrait, au passage, les incohérences de leurs constructions théoriques. Des débats vifs, entre économistes de réputation internationale, s'ensuivirent et ne prirent fin qu'au début des années quatre-vingt.

Tandis que le modèle de Pasinetti semblait délaissé, voire oublié, une nouvelle vague d'affrontements vit le jour dans la seconde moitié des années quatre-vingt, au sujet d'un thème peu abordé, à savoir l'introduction d'un système d'imposition dans un modèle de croissance équilibrée à deux classes sociales. Le fait marquant, que ce soit pour un macroéconomiste ou pour un historien de la pensée, est que la période des années cinquante à soixante-dix correspond à une double controverse entre les deux écoles de pensée. Aux querelles âpres, concernant les théories de la croissance, entre Post-keynésiens et néo-classiques se juxtaposent celles sur le capital. Les deux mêmes courants théoriques s'affrontent sur deux sujets différents et durant une période relativement longue.

En résumé, ce que nous proposons dans cette première partie est une analyse en trois étapes. Tout d'abord, il conviendra de traiter des premières théories de la croissance et de la répartition. Ensuite, nous évaluerons les débats qu'elles ont entraînés, ainsi que les contributions post-keynésiennes récentes. Ce sera l'occasion de montrer la pérennité de certaines analyses et la constitution d'un « noyau dur », à l'intérieur du courant post-keynésien européen, autour des modèles de type

---

dès le milieu des années soixante afin d'endogénéiser le taux d'épargne du modèle de Solow.

[1] Nous faisons allusion à la substituabilité parfaite entre les divers facteurs de production, la primauté de l'épargne sur l'investissement, la concurrence pure et parfaite...énoncées dans la plupart des manuels de macroéconomie et macrodynamique, *cf.* Barro et Sala-I-Martin (1996) ainsi que Jacques et Rebeyrol (2001).

Kaldor-Pasinetti. Enfin, nous étudierons la controverse sur la nature du capital et les conséquences pratiques auxquelles elle mène. Une fois les explications menées à leur terme, nous serons à même d'émettre un premier avis sur l'existence d'une cohérence au sein du mouvement post-keynésien, concernant ces thèmes.

En guise de conclusion, nous dresserons une liste des problèmes qui demeurent non résolus. Celle-ci sera l'occasion d'insister sur les liens, encore à trouver, entre le courant post-keynésien basé sur l'accumulation et la répartition et celui basé sur l'accumulation et le financement. En outre, elle constituera une transition vers la seconde partie de cet ouvrage.

CHAPITRE I : LES PREMIERS MODELES DE CROISSANCE POST-KEYNESIENS

Ce premier chapitre sera consacré aux premières analyses de la croissance menées par les Post-keynésiens. Celles-ci correspondent, dans le même temps, aux premiers travaux de ce courant dénommé en tant que tel. Par conséquent, ces théories nous semblent être une base de départ incontournable pour notre travail.[1] Ce chapitre peut également être considéré comme introductif. Notre étude se présentera donc de la manière suivante. Nous appréhenderons en détail les modèles de Harrod-Domar, puis le modèle de répartition de Kaldor (1956). Enfin, nous nous attarderons sur les modèles de Robinson (1962) et de Pasinetti (1962), ce dernier demeurant le plus controversé. Ceci nous permettra de maîtriser le noyau dur de l'approche dynamique post-keynésienne et les principaux instruments d'analyse.

SECTION 1 : LES ANALYSES DE HARROD-DOMAR

Cette section est consacrée aux « pères » des théories contemporaines de la croissance. Nous verrons que leurs analyses, bien que présentées de manière différente, sont relativement proches, Harrod (1966) allant jusqu'à considérer que son approche et celle de Domar étaient quasi-identiques.

[1] Même si au moins deux d'entre elles, celles de Harrod et de Domar, sont fort bien connues, elles restent essentielles afin de maintenir la cohérence chronologique du chapitre.

Le modèle de Domar

Keynes (1936) avait mis en avant le rôle primordial de la dépense d'investissement, génératrice de revenus, pour atteindre le plein emploi. Il ne s'agissait là que du « côté pile de la pièce », car, dans le cadre d'une économie en croissance, il existe un « côté face ». Celui-ci est mis en évidence par Domar (1947) lorsqu'il part de la constatation suivante :

> *« (...) la construction d'une nouvelle usine a un effet double : elle accroît la capacité de production et crée du revenu. L'accent mis sur cette double caractéristique du processus d'investissement est l'essence de cet exposé sur le problème de l'emploi. Si l'investissement augmente la capacité de production et crée du revenu, quelle doit être l'étendue de la somme à investir ou quel doit être son taux de croissance de manière à rendre l'augmentation du revenu égale à celle de la capacité de production ? Une équation ne pourrait-elle être établie, dont le premier terme serait l'accroissement (...) de la capacité de production et le second, celui du revenu dont la solution donnerait le taux de croissance requis ? » (Ibid., p. 8).*[1]

Dans la *Théorie Générale*, Keynes avait limité son analyse à la courte période et, en conséquence, laissé de côté le premier point, à savoir le fait qu'un investissement supplémentaire augmente la capacité de production. Si les revenus futurs ne parviennent pas à absorber cette capacité nouvelle, la probabilité que le chômage se développe devient forte. Il faut donc nécessairement égaliser un effet de capacité, agissant du côté de l'offre globale, avec un effet de revenu, agissant du côté de la demande globale.

a) Les deux effets de l'investissement

Domar définit l'effet de capacité σ comme étant l'augmentation de la capacité de production (ΔY) qui accompagne chaque dollar investi (ΔK). Soit :

(1.1) $$\Delta Y = \sigma \Delta K$$

[1] Les citations proviennent de la version française de Domar (1947).

Plus σ est élevé plus l'économie est à même d'accroître sa production de manière rapide. Du côté de la demande se trouve la théorie du multiplicateur keynésien indiquant l'effet d'une variation de l'investissement sur le revenu monétaire. C'est ce que Domar nomme l'effet revenu. Soit l'identité macroéconomique suivante :

$$Y = C + I$$

I est le montant exogène d'investissement, C la consommation globale et, enfin, Y le niveau du revenu. L'introduction d'une fonction de consommation liant celle-ci au revenu permet de déduire :

$$Y = cY + I = I / s$$

avec c la propension à consommer et son inverse $s = 1 - c$ la propension à épargner. Soit en différences :

$$\Delta Y = \frac{1}{s} \Delta I \tag{1.2}$$

b) Equilibre de longue période et déséquilibres

D'abord, Domar se situe au plein emploi, puis il recherche la valeur du taux de croissance de l'investissement et du revenu assurant le maintien du plein emploi d'une période sur l'autre. En égalisant les deux effets et puisque, par définition, $\Delta K = I$, nous obtenons :

$$\frac{\Delta I}{I} = \sigma s \tag{1.3}$$

Compte tenu du fait que la propension à épargner est constante dans le temps (Domar, 1947, p. 10) nous savons que le taux de croissance du stock de capital est égal au taux de croissance du produit par le simple fait qu'à l'équilibre $I = S$:

$$s = S / Y \tag{1.4}$$

$$\log s = \log S - \log Y \tag{1.5}$$

$$\frac{\Delta S}{S} = \frac{\Delta Y}{Y} = \frac{\Delta I}{I} \qquad car \quad \frac{\Delta s}{s} = 0 \tag{1.6}$$

A partir de l'équation (1.3), nous voyons qu'il existe deux déséquilibres possibles. Le premier cas implique que $\Delta I/I > \sigma s$, ceci signifie simplement que l'effet de revenu est supérieur à l'effet de capacité. Nous sommes donc en présence d'un déséquilibre de type inflationniste. Le second cas implique que $\Delta I/I < \sigma s$, à l'inverse l'effet de revenu est inférieur à l'effet de capacité. Il s'agit d'une situation de récession dans laquelle l'investissement ne croît pas à un rythme suffisant pour engendrer des revenus absorbant la capacité productive dans sa totalité. Or dans cette analyse rien ne garantit que $\Delta I/I$ soit égal à σs. En effet, la relation (1.3) est composée de trois variables qui sont indépendantes les unes des autres. $\Delta I/I$ est fonction du comportement des entrepreneurs, le coefficient s dépend de celui des ménages et σ est lié à la technique de production choisie par les premiers. Domar insiste donc sur la difficulté d'obtention de ce taux de croissance de plein emploi, le problème provenant de l'effet de capacité, absent du modèle keynésien statique :

> *« (...) si on investit assez aujourd'hui, il faudra investir encore plus demain. Tout le problème réside dans le fait que l'accroissement du revenu est temporaire et se résorbe peu à peu (effet du multiplicateur) alors que la capacité a été accrue pour de bon. De sorte que par rapport au chômage, l'investissement est en même temps un remède contre la maladie et la cause de plus grands troubles pour le futur » (Domar, 1947, p. 19-20).*

Nous allons voir que l'analyse menée par Harrod pousse un peu plus loin la vision pessimiste de Domar quant au déroulement de l'activité économique à long terme.

La croissance instable selon Harrod

La théorie de la croissance de Harrod (1939, 1948) se fonde sur la comparaison entre trois taux de croissance.[1]

a) Taux de croissance effectif, garanti et naturel

On note $g = (dY/dt)(1/Y)$ le taux de croissance du produit d'une période sur l'autre, $I = dK/dt$ l'investissement ou variation du stock de capital, s la fraction épargnée du revenu et

[1] Les références sont celles à la traduction française de Harrod (1948).

v le coefficient marginal de capital, c'est-à-dire, comme précédemment, la variation du stock de capital rapportée à celle du produit. Il est possible d'écrire la relation d'équilibre suivante :

$$(1.7) \qquad I = S = sY$$

Harrod (1948, p. 31) suppose que le coefficient marginal de capital v est constant au cours du temps :

$$(1.8) \qquad v = \frac{\dot{K}}{\dot{Y}} = \frac{K}{Y}$$

De l'équation (1.7) nous pouvons déduire : [1]

$$(1.9) \qquad \frac{dK}{dt}\frac{1}{Y} = s$$

$$(1.10) \qquad \frac{dK}{dt}\frac{dY}{dt}\frac{1}{Y} = s\frac{dY}{dt}$$

$$(1.11) \qquad \frac{dY}{dt}\frac{1}{Y} = s\frac{dY}{dK}$$

Nous obtenons le taux de croissance effectif de Harrod :

$$(1.12) \qquad \frac{\dot{Y}}{Y} = g = \frac{s}{v}$$

Ensuite, Harrod introduit le taux de croissance nécessaire à la satisfaction des projets des entrepreneurs :

$$\frac{\dot{Y}*}{Y*} = g_w$$

En utilisant la même méthode, nous trouvons :

$$(1.13) \qquad \frac{\dot{Y}*}{Y*} = g_w = \frac{s}{v*}$$

---

[1] Nous supposons les propensions marginale et moyenne égales.

Si cette égalité est respectée les entrepreneurs dans leur ensemble seront satisfaits et ils auront envie que l'expansion se poursuive à ce taux g_w. Quant à la valeur de v^* :

> *« C_r [v*] est un terme d'équilibre exprimant les besoins en capital nouveau. C_r est défini par analogie à C [v], comme le besoin en capital nouveau choisi pour l'accroissement désiré de production que ce nouveau capital doit permettre. C_r est donc le coefficient de capital désiré » (Harrod, 1948, p. 30).*

Le taux g_n ou taux de croissance naturel est celui qui permet le plein emploi des facteurs de production, Harrod le considère comme un taux plafond. Il est égal à la somme de l'accroissement de la population et des améliorations techniques. Ceci se retrouve à partir de la définition de la productivité moyenne du travail (ou produit par tête) $y = Y/L$. En passant le rapport sous forme logarithmique, puis, en dérivant par rapport au temps :

$$\log y = \log Y - \log L \qquad \Rightarrow \qquad \frac{\dot{y}}{y} = \frac{\dot{Y}}{Y} - \frac{\dot{L}}{L}$$

(1.14) $$\frac{\dot{Y}}{Y} = n + m = g_n$$

avec : $n = \dot{L}/L$ *et* $m = \dot{y}/y$. L'équilibre dynamique global se note :

(1.15) $$g = g_w = g_n \quad \Leftrightarrow \quad \frac{s}{v} = \frac{s}{v^*} = n + m$$

b) La diversité des dynamiques

Il convient, désormais, selon Harrod (1948, p. 34), de considérer « les divergences entre g et g_w, mais aussi celles entre g_w et g_n ».

Les divergences entre g et g_w

Elles peuvent être de deux sortes. Si $g > g_w$, alors la croissance effective est supérieure à la croissance désirée. Ceci implique que $s/v > s/v^*$ et $v^* > v$. En conséquence, de (1.8) nous tirons le fait que :

$$I^* = v^* \frac{dY}{dt} > I = v \frac{dY}{dt}$$

$$I^* > I$$

Dans cette situation, les investisseurs avaient sous-estimé la croissance effective, ils liquident leurs stocks et investissent plus. Par le biais du multiplicateur $\Delta Y = k\Delta I$, la hausse de l'investissement augmentera Y et g s'écartera encore un peu plus de g_w. Si, au contraire, $g < g_w$, la croissance effective est inférieure à la croissance désirée, $s/v < s/v^*$ et $v^* < v$. Nous avons les inégalités suivantes :

$$I^* = v^* \frac{dY}{dt} < I = v \frac{dY}{dt}$$

$$I^* < I$$

Les producteurs s'aperçoivent qu'ils ont été trop optimistes dans leurs anticipations de croissance concernant l'avenir. En toute logique, ils désinvestissent et Y ainsi que g diminuent, ce qui augmente l'écart entre g et g_w. Les deux cas sont envisagés dans les graphiques suivants :

Figures 1.a, 1.b – Les divergences entre g et g_w

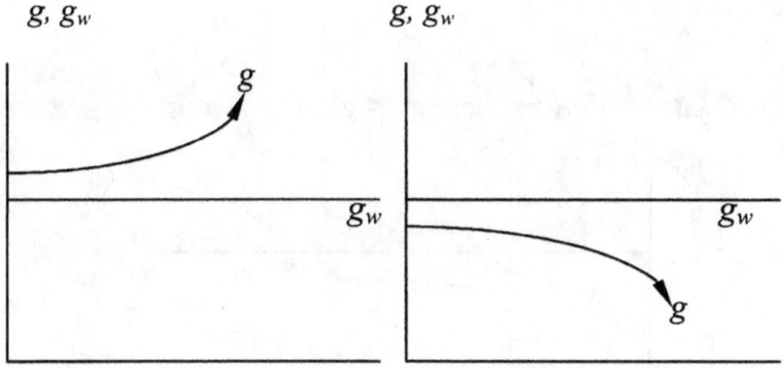

Les divergences entre g_w et g_n

Supposons que $g_w > g_n$. Comme g_n est un taux plafond, g, le taux de croissance effectivement constaté, est inférieur ou égal à g_n à long terme. Ce qui nous donne :

$$g_w > g_n \geq g$$

Figure 1.2 – Les divergences $g_w > g_n$

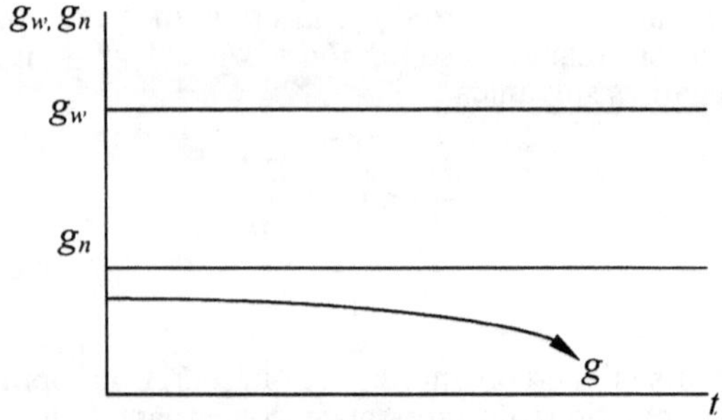

Il en ressort donc une situation de dépression avec un taux de chômage élevé. Ensuite, nous avons le cas $g_w < g_n$. Deux éventualités peuvent survenir. Quand $g_w < g$, nous obtenons, compte tenu de la contrainte $g < g_n$. Il s'agit d'un processus d'expansion cumulative comportant des risques de tensions inflationnistes, à mesure que g tend vers g_n. L'inégalité se note :

$$g_w < g < g_n$$

Figure 1.3 – Les divergences $g_w < g_n$ avec $g_w < g$

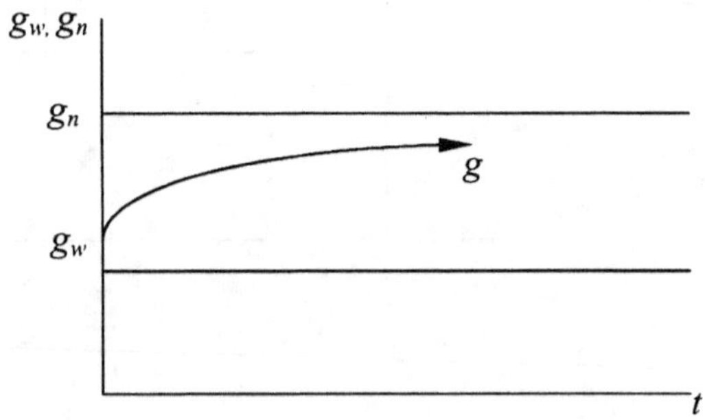

Vient, ensuite, l'inégalité $g_w < g_n$ avec $g_w > g$. Soit :

$$g_n > g_w > g$$

L'économie entre dans une phase de récession, comme le montre le graphique suivant :

Figure 1.4 – Les décalages $g_w < g_n$ avec $g_w > g$

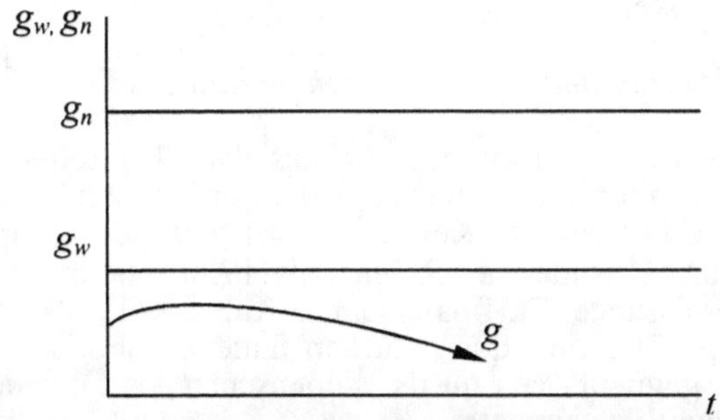

Ainsi la théorie de Harrod insiste essentiellement sur deux points. D'abord, l'équilibre est instable. Ensuite, la satisfaction des divers conditions nécessaires à la réalisation de l'équilibre est ardue, dans la mesure où les paramètres mis en cause sont indépendants les uns des autres. Les économistes qualifient traditionnellement l'équilibre harrodien de solution du type « fil du rasoir » (« *knife edge theorem* »).

La croissance d'après guerre étant relativement stable, les conclusions de Harrod et Domar semblèrent trop rigides. Il devait donc exister une variable permettant un ajustement du taux de croissance effectif au taux de croissance de plein emploi. Les économistes proposèrent donc deux modes d'équilibrage, l'un, d'essence post-keynésienne, via Kaldor (1956), l'autre, d'essence néo-classique, par le biais de Solow (1956). Toutefois, le rôle des anticipations fut délaissé par les deux courants et il faudra attendre plus de deux décennies pour que les post-keynésiens mettent de nouveau en avant leur effet déstabilisant.

SECTION 2 : LA THEORIE DE LA REPARTITION DE KALDOR ET L'ORTHODOXIE NEO-CLASSIQUE

Nous aborderons, dans un premier temps, le modèle de Kaldor (1956) et, dans un second temps, le modèle de Solow (1956) brièvement. Ceci nous permettra de bien distinguer les réponses apportées par chaque courant au problème de Harrod. L'étude de Solow nous servira également, à plusieurs reprises, dans les chapitres deux et trois de notre titre un. En outre, nous verrons qu'elle sera souvent remise en cause et, avec elle, la théorie orthodoxe.

Le modèle de croissance et répartition de Kaldor

Kaldor se réfère à trois économistes dans l'introduction à son modèle. D'abord, à Keynes (1930) à qui il reprend l'image de la jarre de la veuve et Keynes (1936) pour le principe du multiplicateur. Ensuite, à Robinson (1956) pour le lien répartition/croissance. Et, finalement, à Kalecki (1942) pour la théorie des profits, ainsi que pour son fameux aphorisme « les capitalistes gagnent ce qu'ils dépensent, les travailleurs dépensent ce qu'ils gagnent ».

a) Le modèle et les identités de base

Le modèle de Kaldor (1956) est un modèle de répartition, car il fait intervenir deux types de revenus, à savoir les salaires (*W*) et les profits (*P*). Il est formé par deux identités et deux équations de comportement :

(1.16) $$Y = W + P$$

(1.17) $$S = S_w + S_p$$

(1.18) $$S_w = s_w W$$

(1.19) $$S_p = s_p P$$

L'identité (1.16) divise le revenu national en salaires et profits. L'identité (1.17) nous indique que l'épargne globale se décompose en épargne sur les salaires et sur les profits. Les équations de comportement reprennent l'hypothèse de Keynes (1936) en l'étendant aux deux sortes de revenus. En partant de la condition traditionnelle d'équilibre sur le marché des biens et des services, nous obtenons les égalités suivantes :

$$(1.20) \qquad I = S$$

$$(1.21)\; I = s_w W + s_p P = s_w (Y - P) + s_p P = (s_p - s_w) P + s_w Y$$

L'équation (1.21) indique que l'épargne s'égalisera à l'investissement via la variation des profits ; examinons les conséquences macroéconomiques de cette fonction d'épargne globale. La part des profits dans le revenu se note :[1]

$$(1.22) \qquad \frac{P}{Y} = \left(\frac{1}{s_p - s_w}\right)\frac{I}{Y} - \frac{s_w}{s_p - s_w}$$

La positivité des profits provient de la faiblesse de la propension marginale à épargner sur les salaires en comparaison de celle sur les profits. Soit :

$$(1.23) \qquad s_p > s_w$$

En outre, les valeurs limites de la part des profits sont fournies par les deux propensions à épargner. Un graphique aidera à illustrer l'affirmation précédente :

Figure 1.5 – Les valeurs limites de la répartition

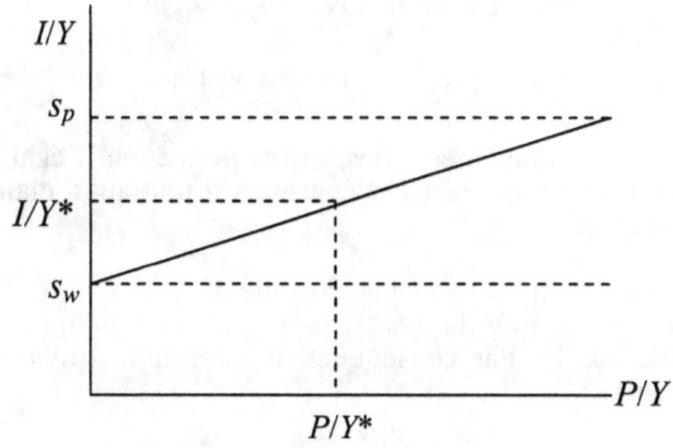

[1] Avec I/Y, s_p et s_w considérés comme des paramètres.

Si $I/Y = s_p$ alors la part des profits dans le revenu national est égale à l'unité. A l'inverse, lorsque $I/Y = s_w$, la part des profits est égale à zéro et celle des salaires à l'unité. En définitive, tant que la condition suivante, concernant le taux d'investissement I/Y, est respectée :

$$s_w < \frac{I}{Y} < s_p$$

Il est toujours possible d'obtenir l'égalité entre épargne et investissement par une variation de la part des profits, c'est-à-dire par l'intermédiaire d'une modification dans la répartition des revenus. En tenant compte du fait que $g_n v = I/Y$, l'équation (1.22) peut se récrire de la sorte :[1]

(1.24) $$\frac{P}{Y} = \frac{g_n v - s_w}{s_p - s_w}$$

Dès lors, nous sommes à même d'obtenir deux résultats supplémentaires, à savoir l'expression du taux de profit et « une version plus élaborée de la relation fondamentale de Harrod » (Lavoie, 1987, p. 51) :

(1.25) $$\frac{P}{K} = \left(\frac{1}{s_p - s_w}\right)\frac{I}{K} - \frac{s_w}{(s_p - s_w)v}$$

(1.26) $$g_n = [(s_p - s_w)P/Y + s_w]/v$$

Le fait que les mouvements des profits permettent l'égalité ex-post entre l'investissement et l'épargne est tout aussi clair dans l'équation (1.26).

b) L'atténuation du pessimisme harrodien

Nous savons que la part des profits est comprise dans l'intervalle [0, 1]. Par conséquent, la contrainte suivante doit être respectée :

(1.27) $$0 < \frac{g_n v - s_w}{s_p - s_w} < 1$$

---

[1] Avec, comme précédemment : $g_n = I/K = \dot{K}/K$ et $v = K/Y$.

Cette inégalité va nous permettre de déduire l'intervalle dans lequel le taux de croissance doit se situer afin d'assurer le maintien du plein emploi entre les périodes.[1]

(1.28) $$0<\frac{g_n v - s_w}{s_p - s_w} \Rightarrow \frac{s_w}{v}<g_n$$

(1.29) $$\frac{g_n v - s_w}{s_p - s_w}<1 \Rightarrow \frac{s_p}{v}>g_n$$

Nous obtenons finalement la valeur du taux de croissance :

(1.30) $$\frac{s_p}{v}>g_n>\frac{s_w}{v}$$

qui permet une croissance équilibrée de plein emploi avec $g_n = n + m$. Néanmoins, Kaldor (1956, p. 108-109) superpose d'autres conditions restrictives qu'il juge réalistes, venant modifier l'inégalité (1.30).[2]

(i) Il existe un taux de salaire minimum en dessous duquel il est impossible d'aller, ceci implique l'inégalité suivante concernant la part des salaires :

$$\frac{W}{Y} \geq \frac{w_{\min} L}{Y} = \frac{W_{\min}}{Y}$$

La part des profits s'en trouve limitée d'autant et ne peut dépasser une certaine valeur que nous noterons « *a* » :

$$\frac{P}{Y} = 1 - \frac{W}{Y} \leq 1 - \frac{W_{\min}}{Y} = a$$

(ii) De la même manière, la part des profits dans le produit ne peut aller en-dessous d'un certain seuil, celui-ci fournissant un taux de profit minimal aux

[1] Ce résultat peut également être obtenu via l'inégalité $s_w < I/Y < s_p$, néanmoins la démarche ci-dessus, bien que plus longue, nous semble meilleure.
[2] Ces hypothèses se retrouvent également dans Kaldor (1957, p. 260-261).

entrepreneurs. Sous ce taux de profit les firmes ne sont plus incitées à investir.

$$\frac{P}{K} \geq r_{\min} \quad \Rightarrow \quad \frac{P}{Y} \geq r_{\min} \frac{K}{Y} \quad \Rightarrow \quad \frac{P}{Y} \geq r_{\min} v$$

(iii) Il existe, en plus du taux de profit minimum, un taux de marge minimum sur la production vendue impliquant une valeur minimale des profits globaux $P \geq hY$. Seule la plus forte des contrainte (ii) ou (iii) s'applique.

(iv) Le coefficient de capital est supposé constant en accord avec les faits stylisés de la croissance, soit $dv/dt = 0$.[1]

Figure 1.6 – Les valeurs limites de la répartition avec restrictions

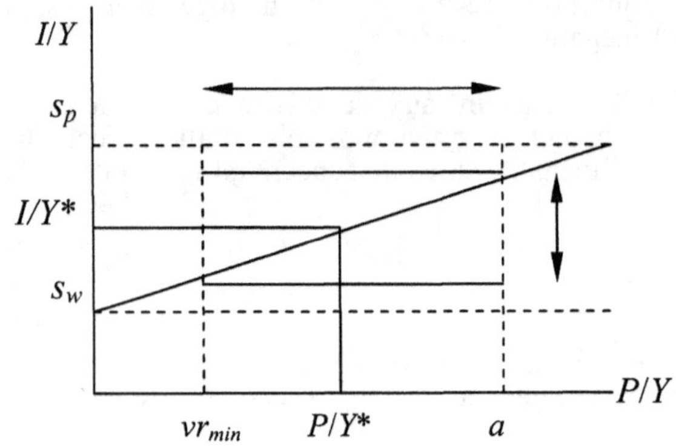

En définitive, la part des profits est encadrée par les valeurs limites que sont les deux propensions marginales à épargner et par les valeurs minimale et maximale de P/Y. La condition d'équilibre (1.30) devient désormais :

$$\frac{a(s_p - s_w) + s_w}{v} \geq g_n \geq \frac{vr_{\min}(s_p - s_w) + s_w}{v} \tag{1.31}$$

[1] *Cf.* Kaldor (1961).

Désormais, il convient de nous attarder sur la question de la stabilité. Selon Kaldor, le modèle est stable pourvu que $s_p > s_w$ et que les marges de profit dépendent de la différence entre la demande et l'offre. Imaginons une situation dans laquelle l'investissement est supérieur à l'épargne. Ceci provoque une hausse de la demande qui s'adresse aux entreprises et une hausse des prix. Dans un premier temps, les salaires demeurent stables, tandis que les profits vont augmenter. Dans un second temps, la consommation réelle $C_r = C/p$ va chuter, comme conséquence de l'accroissement des prix. C'est donc la viscosité des salaires en comparaison de celle des prix qui permet de garantir la stabilité de l'équilibre. Puisque l'épargne dépend des profits via (1.21), cette dernière augmentera à son tour. Examinons la proposition, nous savons que :

$$S = sY = s_w W + s_p P$$

En conséquence, il vient :

$$s = s_w + (s_p - s_w)\frac{P}{Y}$$

et logiquement :

$$\Delta^+ s = s_w + (s_p - s_w)\Delta^+\left(\frac{P}{Y}\right)$$

de même :

$$\Delta^+ S = \Delta^+ sY$$

La hausse se poursuivra jusqu'à ce que $I = S$ soit vérifiée, autrement dit que l'équilibre sur le marché des biens et services soit réalisé. Symétriquement, la stabilité est aussi obtenue lorsque $I < S$.

La réponse néo-classique au problème de Harrod

Les modèles de croissance néo-classiques s'appuient sur la flexibilité du coefficient de capital, via un fonctionnement concurrentiel des marchés permettant la variation des prix des facteurs de production. Ceci assure le maintien d'une croissance équilibrée de plein emploi.[1]

a) Présentation du modèle de Solow[2]

Les résultats de Solow (1956) se fondent sur l'utilisation d'une fonction de production macroéconomique du type *Y=F(K, L)*, à facteurs substituables, avec trois propriétés essentielles.

(i) Les productivités marginales des différents facteurs sont positives et décroissantes :

$$F_K^{'} = \frac{\partial F}{\partial K} > 0 \qquad F_K^{''} = \frac{\partial^2 F}{\partial K^2} < 0$$

$$F_L^{'} = \frac{\partial F}{\partial L} > 0 \qquad F_L^{''} = \frac{\partial^2 F}{\partial L^2} < 0$$

(ii) Les rendements d'échelle sont constants :

$$F(\lambda K, \lambda L) = \lambda F(K, L) \qquad \lambda > 0$$

(iii) La productivité marginale du capital (du travail) tend vers l'infini quand le capital (le travail) tend vers zéro. De même, elle tend vers zéro quand le capital (le travail) tend vers l'infini.

$$\lim_{K \to 0} F_K^{'} = \lim_{L \to 0} F_L^{'} = \infty \quad \text{et} \quad \lim_{K \to \infty} F_K^{'} = \lim_{L \to \infty} F_L^{'} = 0$$

Ces deux dernières propriétés sont couramment appelées les « conditions d'Inada ».[3] En outre, nous ferons deux suppositions supplémentaires. Premièrement, l'hypothèse keynésienne selon laquelle l'épargne est fonction du revenu, mais, hypothèse hautement néo-classique, qu'elle détermine le niveau de l'investissement. Le mécanisme de Keynes (1936), indiquant que l'épargne s'égalise à l'investissement via les variations du revenu, venant elles-mêmes de celle de

---

[1] Nous n'étudierons ici que le modèle de Solow ; dans le même esprit *cf.* également Swan (1956) et Meade (1961).

[2] Afin de compléter l'étude du texte original, nous renvoyons à de nombreux manuels relatifs dont Burrow et Hitiris (1974), Barro et Sala-I-Martin (1995) et Jacques et Rebeyrol (2001).

[3] *Cf.* Inada (1963).

l'investissement, est donc supprimé. Deuxièmement, nous supposerons que le travail s'accroît au taux exogène n.[1] A l'équilibre, nous pouvons écrire que :

$$S = sY = sF(K,L) = \dot{K} = \frac{dK}{dt} = I \qquad (1.32)$$

En outre, la fonction de production peut se noter de la sorte :

$$y = f(k) \qquad (1.33)$$

avec $y = Y/L$, le produit par tête et $k = K/L$, l'intensité capitalistique. A partir de (1.32) et (1.33) :

$$\frac{\dot{K}}{L} = sf(k) \qquad (1.34)$$

De même, en dérivant le ratio k par rapport au temps :

$$\frac{\dot{k}}{k} = \frac{\dot{K}}{K} - \frac{\dot{L}}{L} = \frac{\dot{K}}{K} - n \qquad (1.35)$$

Après quelques substitutions, nous obtenons l'équation dynamique fondamentale du modèle de Solow (1956) :

$$\dot{k} = sf(k) - nk \qquad (1.36)$$

La variation du capital par tête dépend de la comparaison entre le produit par tête $f(k)$ et l'augmentation du facteur travail n. Le capital par tête k est donc en équilibre dynamique, lorsque les deux forces s'annihilent, c'est-à-dire :

$$\frac{sf(k)}{k} = n \quad \Rightarrow \quad \frac{s}{v} = n \qquad (1.37)$$

b) Comportement dynamique du modèle et répartition

Si k est inférieur à k^* (soit k'), nous avons :

---

[1] $L_t = L_0 e^{nt}$. En passant en logarithmes et en dérivant l'expression par rapport au temps, nous obtenons : $\log L_t = \log L_0 + nt$ donne $(dL/dt)/L = n$. Pour simplifier les développements, nous omettons le progrès technique et la dépréciation du capital.

$$\frac{s}{v} > n \Rightarrow \frac{sf(k)}{k} > n$$

Le facteur capital augmente plus rapidement que le facteur travail. En effet, après quelques manipulations, nous nous apercevons que le cas $s/v > n$ correspond à :

$$\frac{\dot{K}}{K} = \frac{I}{K} = g > n$$

L'équilibre du modèle se trouve représenté dans la figure suivante :

Figure 1.7 – L'équilibre graphique du modèle de Solow[1]

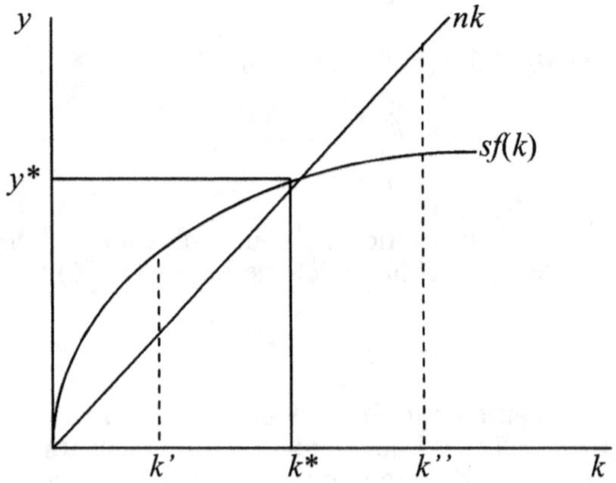

Le capital devenant plus abondant, en comparaison au facteur travail, son prix va diminuer. Ainsi, les producteurs substitueront du capital au travail et le ratio k augmentera jusqu'à atteindre sa valeur d'équilibre k^*.

Si, au contraire, k est supérieur à k^*, nous avons :

[1] La concavité de la fonction de production par tête $y = f(k)$ et donc de l'épargne par tête $sy = sf(k)$ provient des productivités marginales positives, mais décroissantes.

$$\frac{s}{v} < n \Rightarrow \quad \frac{sf(k)}{k} < n$$

ce qui signifie que le capital augmente à un rythme plus faible que le travail :

$$\frac{\dot{K}}{K} = \frac{I}{K} = g < n$$

Le capital devenant relativement plus rare, son prix va augmenter, les producteurs substitueront donc du travail au capital. Ceci fera diminuer le rapport k jusqu'à ce qu'il atteigne la valeur d'équilibre k^*. Comment évoluent les autres variables du modèle ? Tout peut être déduit des équations (1.33)-(1.35) et (1.37). A l'équilibre $\dot{k} = 0$, ce qui implique nécessairement :

$$\frac{\dot{K}}{K} = \frac{\dot{L}}{L} = n$$

En outre, en dérivant (1.33) par rapport au temps et de la définition de la productivité du travail $y = Y/L$, nous obtenons :

$$\frac{\dot{y}}{y} = \frac{\dot{k}}{k} = 0$$

$$\frac{\dot{y}}{y} = \frac{\dot{Y}}{Y} - \frac{\dot{L}}{L}$$

En conséquence, à l'équilibre :

$$\frac{\dot{Y}}{Y} = \frac{\dot{K}}{K} = \frac{\dot{L}}{L} = n \tag{1.38}$$

En ce qui concerne la répartition des revenus, celle-ci est supposée stable dans le temps, grâce à l'utilisation des fonctions de production qui remplissent les trois propriétés énoncées ci-dessus. Pour une Cobb-Douglas traditionnelle du type :

$$Y = K^{\alpha} L^{1-\alpha}$$

$$\text{(1.39)} \qquad \alpha = \frac{rK}{Y} = \frac{P}{Y} \quad et \quad 1-\alpha = \frac{wL}{Y} = \frac{W}{Y}$$

Puisque P/Y et W/Y sont constants, que le capital et le travail augmentent au même rythme $n = (dK/dt)/K = (dL/dt)/L$, alors la répartition des revenus est stable au cours du temps. Les problèmes de distribution des différents revenus entre les classes sont éliminés, par le biais des propriétés de la fonction de production néo-classique. En définitive, pour paraphraser le docteur Pangloss de Voltaire : « Tous les évènements sont enchaînés dans le meilleur des mondes possibles ». A première vue, tout semble parfait dans le modèle de croissance de Solow (1956). Néanmoins, en grattant la surface du modèle, et en s'attardant sur les hypothèses nécessaires à son fonctionnement, il devient évident que les résultats obtenus reposent sur un socle relativement fragile.[1] Et ceci, sans même introduire des rigidités dues à la présence de syndicats, qui empêchent de diminuer le prix du travail, ou un salaire minimal. En réalité, dès que nous touchons, ne serait-ce que très légèrement, à l'édifice néo-classique, toute la construction s'effondre. C'est du moins l'intime conviction des économistes post-keynésiens, à l'instar de Robinson. Ceux-ci vont poursuivre la voie ouverte par Harrod et Domar, toujours dans un esprit d'amendement.

SECTION 3 : LA RELATION CROISEE ACCUMULATION-PROFIT DE JOAN ROBINSON

Le point de départ de Robinson (1962) est de dire que, pour mettre à jour un modèle d'accumulation, il faut spécifier de manière convenable des relations causales entre les variables du modèle. C'est-à-dire trouver les motifs qui gouvernent les comportements humains (Robinson, 1962, p. 34).[2]

---

[1] Dans les débats opposant les Néo-classiques aux Post-keynésiens, le terme employé pour qualifier les fonctions de production néo-classiques, respectant toutes les propriétés nécessaires à l'obtention des résultats, est « *well-behaved* », *cf.*, par exemple, Kaldor (1966) ainsi que Samuelson et Modigliani (1966a). Parmi les hypothèses de Solow (1956), critiquées par les économistes post-keynésiens, nous notons : la croyance en l'existence d'une fonction de production macroéconomique, l'hypothèse de flexibilité parfaite des prix des facteurs de production ; de même, selon Pasinetti (1974), le paradoxe qui veut que l'épargne provienne du revenu, mais qu'en même temps, l'investissement soit dépendant de l'épargne

[2] *Cf.* aussi Robinson (1956) qui contient les prémisses de la relation croisée.

Les postulats de départ de l'analyse

Joan Robinson en dénombre sept portant respectivement sur les conditions techniques, la politique d'investissement, les conditions d'épargne, les conditions de concurrence, le salaire de marché, les conditions de financement et le capital et les anticipations. Nous les exposerons en distinguant selon qu'il s'agit de conditions portant sur les travailleurs ou sur les firmes.

a) Hypothèses sur les travailleurs

Les conditions d'épargne - Robinson (1962, p. 38) adopte une fonction d'épargne kaldorienne « radicalisée ». Autrement dit, elle suppose que la propension à épargner sur les salaires s_w est nulle, les travailleurs dépensant la totalité de leurs revenus du travail. Ceci nous donne l'expression concernant l'épargne :[1]

$$S = s_p P$$

Le salaire de marché - Dans la quasi-totalité de son analyse Robinson suppose que le salaire monétaire est constant. Deux exceptions peuvent causer sa variation. D'abord, lorsque l'économie est en situation de plein emploi ; l'investissement et la demande sont à un « niveau tel » que les prix augmentent, diminuant le salaire réel *w/p* et incitant les travailleurs à réclamer un accroissement de leur salaire monétaire.[2] Ensuite, lorsqu'un investissement est décidé mais que la main d'œuvre nécessaire à sa réalisation n'est pas disponible ; la concurrence entre les firmes se disputant les travailleurs entraînerait donc le salaire nominal à la hausse.

b) Hypothèses sur les firmes

Les conditions techniques de production - Le nombre, la qualité des travailleurs et leur tendance à croître sont des facteurs considérés comme exogènes. En outre, les ressources naturelles ne seront pas considérées comme rares.

La politique d'investissement des firmes - L'investissement en biens capitaux est supposé venir entièrement des firmes, les achats de logements par les ménages n'étant donc pas pris en compte. Pour qu'un projet d'investissement soit entrepris, il

---

[1] En ce qui concerne l'épargne des capitalistes, la position de Joan Robinson est plus ambiguë, ainsi l'hypothèse $s_p = 1$ semble également avoir ses faveurs (Ibid. p. 38).

[2] Robinson, il nous semble, utilise l'expression « niveau tel » en faisant allusion à des hausses de la demande ou de l'investissement global.

faut que les profits anticipés excèdent les coûts de production d'une marge suffisante, afin de couvrir les risques de l'opération. Dans la logique des « esprits animaux » de Keynes, d'autres éléments entrent en ligne de compte, à l'instar du caractère inné pour l'action. L'envie d'investir ou le désir de croître est également :

> *« ...le type de comportement qui est approuvé par la société. Le Capitalisme développe l'esprit d'émulation ; sans l'incitation de la concurrence à croître, le capitalisme managérial moderne ne pourrait prospérer » (Robinson, 1962, p. 37).*

Par conséquent, le capitalisme entretient en permanence sa propre dynamique. Néanmoins, il ne s'agit pas non plus de faire n'importe quoi, au prétexte d'un comportement un peu sanguin. Les erreurs en la matière se payent très cher (faillite, chômage, mauvaise réputation des anciens dirigeants...). Ainsi :

> *« Il semble raisonnable de supposer, (...), que, compte tenu des caractéristiques générales d'une économie, un taux d'accumulation plus élevé nécessite un niveau de profits plus élevé, à la fois parce qu'il offre de bien meilleures chances dans les affaires et parce qu'il rend tout financement plus facilement disponible » (Ibid., p. 37-38).*

Les « esprits animaux » s'expriment donc par l'intermédiaire d'une fonction reliant le taux de croissance désiré du stock de biens au taux de profit anticipé par les firmes.

Les conditions de concurrence - Selon Robinson (1962, p. 41) la croissance n'est pas nécessairement entamée par une situation de concurrence imparfaite. Au contraire, une économie en situation de monopole, par exemple, peut croître rapidement en rapport avec de forts esprits animaux.

Les conditions de financement - Dans le modèle de Robinson (1962), le rôle de la politique monétaire est mineur ; ainsi la banque centrale n'intervient que comme un « agent anti-inflation ».

Le stock de capital et les anticipations - Pour qu'un équilibre persiste, il faut qu'aucune firme n'ait d'avantage à modifier son stock de capital et que ses anticipations soient vérifiées de période en période.

Un modèle d'interaction entre taux de croissance et de profit

Le mécanisme central du modèle de Robinson est le désir des firmes d'accumuler du capital.[1]

a) Un modèle à équilibres multiples

Le taux d'accumulation macroéconomique est influencé par le taux de profit anticipé :

$$g = f\left(\frac{P}{K}\right)^a = f(r^a) \tag{1.40}$$

avec : $f' > 0$ et $f'' > 0$. C'est ici que la double relation profit-accumulation apparaît, car, en même temps, le taux de croissance du stock de capital qui prévaut effectivement détermine le montant des profits qui peut être obtenu, soit le taux de profit macroéconomique :

$$r = \frac{P}{K} = \frac{g}{s_p} \tag{1.41}$$

De surcroît, Robinson suppose que tous les profits sont épargnés, soit $s_p = 1$. Comme le montre la figure 1.8, lorsque nous traçons les deux courbes, le modèle fait apparaître deux équilibres, l'un stable (point *D*), l'autre instable (point *S*) :

Figure 1.8 – Les équilibres dans le modèle de Robinson

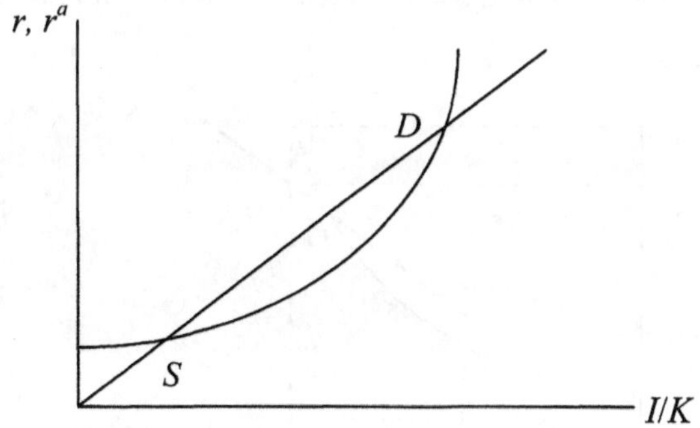

[1] *Cf.* Robinson (1962, p. 37, 38 et 47).

b) Déséquilibres, épargne et anticipations

Nous allons examiner comment l'économie retourne à ou s'éloigne de l'équilibre lorsque le taux de profit et le taux d'accumulation ne sont pas égaux. Distinguons d'abord la situation dans laquelle l'économie se situe à gauche de *D* (Figure 1.9). Si, par exemple, le taux d'accumulation est g_1, via l'équation (1.41) cela nous donne un taux de profit effectif largement supérieur au taux de profit anticipé qui entraînerait ce taux g_1, via l'équation (1.40). Les investissements étant plus rentables que prévus, les producteurs seront tentés de les accroître à nouveau. Le phénomène se poursuivra jusqu'à ce que le taux de profit anticipé corresponde au taux de profit réalisé, autrement dit jusqu'au point *D*.

Figure 1.9 – Déséquilibre lorsque $r > r^a$ autour du point D

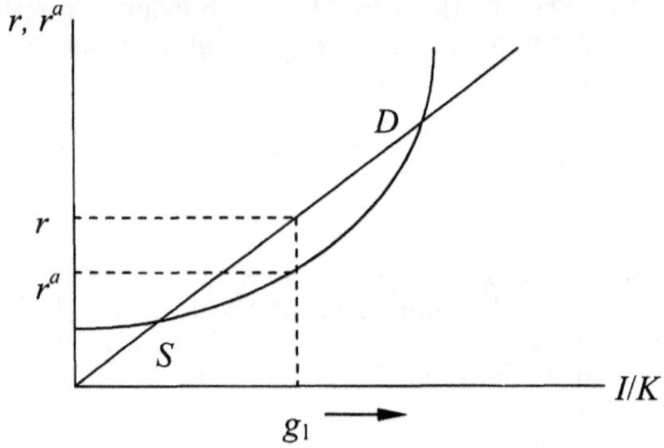

Figure 1.10 – Déséquilibre lorsque $r < r^a$ autour du point D

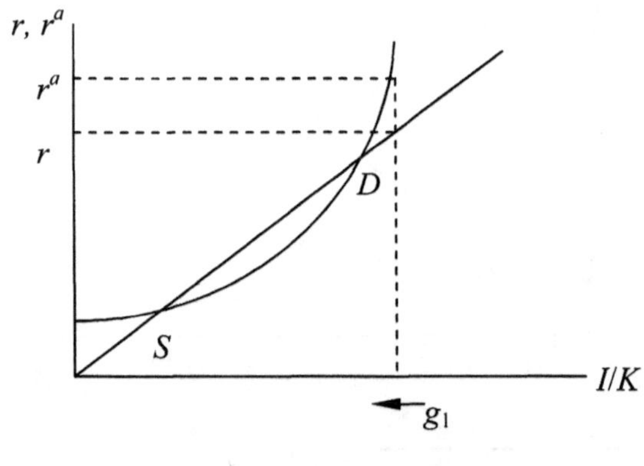

Inversement, si l'économie se situe à droite de D (Figure 1.10), elle retourne à l'équilibre. Le taux d'accumulation du capital g_1 renvoie à un taux de profit réalisé largement inférieur au taux de profit anticipé qui permettrait un taux de croissance du capital de g_1 via l'équation (1.40). Les investissements sont donc moins rentables que les entrepreneurs ne l'avaient prévu. Evaluons la dernière possibilité du modèle (Figure 1.10'). Le taux de croissance g_1 débouche sur un taux de profit effectif inférieur au taux de profit anticipé permettant de maintenir l'accumulation à ce niveau g_1. De nouveau, nous sommes dans une situation où l'investissement est moins rentable que prévu. L'accumulation va diminuer progressivement jusqu'à entraîner la disparition complète du système. Par conséquent, les deux points S et D correspondent à des cas dans lesquels les taux de profit réalisé et anticipé coïncident, ceux-ci indiquant que les entrepreneurs ne sont plus incités à investir ; l'économie est en équilibre. A partir de son modèle, Robinson (1962, p. 52-59) identifie plusieurs régimes de croissance. Par exemple, l'âge d'or (« *golden age* ») est caractéristique d'une économie connaissant une croissance de plein emploi. Le point D pourrait donc être un âge d'or, même si ceci n'est pas une nécessité. En outre, l'équilibre des firmes, c'est-à-dire $r = r^a$, est parfaitement compatible avec un taux de chômage élevé (« *limping golden age* »), ce que le point S représente sans ambiguïté.

Figure 1.10' – Les déséquilibres $r < r^a$ autour du point S

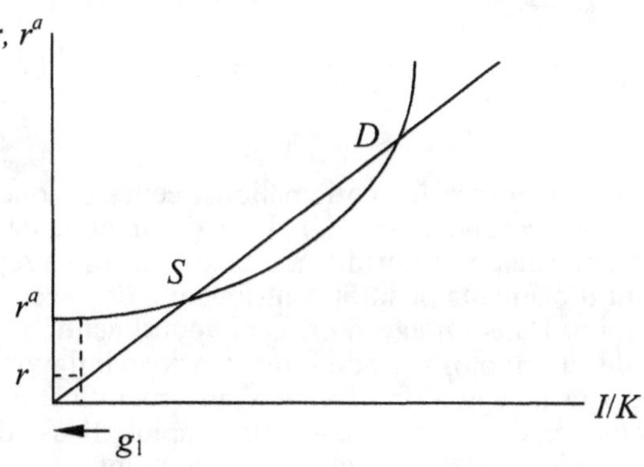

Il convient désormais d'évaluer l'influence de l'épargne et des anticipations sur l'équilibre. Tout d'abord, nous considérons une croissance de type « *golden age* » et un état de l'économie dans lequel $s_p < 1$.[1] Une hausse du taux d'épargne entraîne un taux de profit inférieur à celui qui prévalait. Il est donc clairement possible qu'une modification des comportements relatifs à l'épargne provoque un accroissement du chômage. En fait, nous retrouvons l'effet négatif de l'épargne sur le système économique déjà souligné dans Keynes (1936).[2]

> *« Dans une situation qui donnerait naissance à un véritable âge d'or pour une certaine valeur du taux d'épargne, un niveau plus élevé de celui-ci entraînerait l'âge d'or vers une croissance atone » (Robinson, 1962, p. 60).*

Figure 1.11 – Modification du taux d'épargne

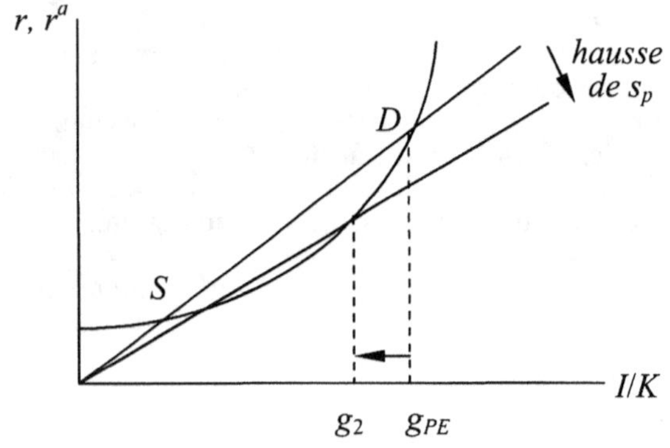

En ce qui concerne les anticipations, celles-ci jouent sur la position de la courbe $g = f(r^a)$. Une diminution des risques encourus, une hausse des profits anticipés par les entrepreneurs, sont autant d'éléments positifs contribuant à déplacer la courbe vers la droite. Dans un âge d'or, ceci contribuerait à créer une situation de sur-emploi avec de fortes tensions inflationnistes. A l'inverse, dans un âge d'or « fébrile », une modification positive des anticipations conduirait au plein emploi. Il est dommage qu'un modèle aussi simple, et pourtant suffisamment opérationnel pour traiter des modifications relatives aux anticipations des firmes ou aux variations du taux de profit

[1] Nous supposons que le point *D* correspond à un équilibre de plein emploi.
[2] *Cf.* Robinson (1962, p. 60-61).

macroéconomique, n'ait pas attiré un peu plus l'attention des économistes. A notre connaissance, les travaux de Robinson concernant la relation croisée profit-accumulation n'ont pas été amendés par les Post-keynésiens. Aucune tentative d'élargir le modèle de base (introduction d'une politique monétaire visant à ramener le plein emploi, économie ouverte...) n'a vu le jour. Et ceci, ce qui semble paradoxal, en dépit du succès de cette relation sur le plan de l'économie appliquée. En effet, certains modèles de prévisions économétriques ont comme colonne vertébrale la double relation profit-accumulation issue du modèle de Robinson (1962).[1]

C'est la contribution de Pasinetti, pourtant parue la même année, qui occupera principalement l'esprit des économistes, effaçant quelque peu les analyses de la croissance et de la répartition de Robinson. Une explication de cet état de fait peut être avancée. Le modèle de Pasinetti (1962) constitue un véritable tour de force. Ce dernier remet entièrement en cause plusieurs éléments, jugés comme fondamentaux, de la théorie néo-classique, à savoir le rôle de l'épargne des travailleurs et la théorie de la productivité marginale des facteurs de production. L'exploit réside dans le fait que les résultats sont obtenus par le biais d'une fonction d'épargne relativement générale, alors que pour parvenir à ceux-ci, Robinson (1962), dans son désir de retrouver les conclusions de Keynes (1936), devait formuler l'hypothèse restrictive que les travailleurs consommaient leurs revenus en totalité ($s_w = 0$) et que les capitalistes épargnaient tous leurs profits. En supprimant, de manière *ad hoc*, l'épargne des travailleurs et la consommation des capitalistes, le champ de cette théorie de la croissance et de la répartition des revenus se trouvait restreint. Nous allons donc voir en détail, dans la prochaine section, l'approche de Pasinetti et ses conséquences pour la théorie néo-classique de la croissance et de la répartition.

SECTION 4 : PASINETTI ET LA DETERMINATION DU TAUX DE PROFIT MACROECONOMIQUE

Le modèle de Pasinetti demeure, sans conteste, l'un des modèles post-keynésiens les plus attaqués par les économistes néo-classiques. Ceci est parfaitement compréhensible au regard des résultats affichés et compte tenu du nombre relativement restreint d'hypothèses nécessaires à son fonctionnement.

---

[1] *Cf.* Cartelier (1978).

La faille du modèle de Kaldor : le point de départ

Ce que Pasinetti propose, c'est une vision alternative aux constructions orthodoxes fondées sur la théorie de la productivité marginale. Pour ce faire, il propose de réinterpréter le modèle de Kaldor (1956).

a) Mise en évidence de l'erreur

Pasinetti (1962, p. 134) reconnaît que les travaux de Kaldor concernant la théorie de la croissance et de la répartition constituent une avancée théorique fondamentale. En revanche, il existe une faille dans le raisonnement logique de ce dernier, qui n'avait jamais été signalée auparavant. Si nous nous remémorons l'équation représentative de l'épargne des travailleurs :

$$S_w = s_w W$$

Nous nous apercevons, comme l'indique Pasinetti (1962, p. 137-138) que les travailleurs épargnent mais qu'en contrepartie, ils ne perçoivent aucun profit comme rémunération de leur épargne. Il subsiste donc un problème de cohérence dans le modèle originel de Kaldor, puisque, en réalité, les travailleurs font don de leur épargne aux capitalistes.

b) Modification de l'équation d'épargne globale

Afin de reformuler correctement le modèle de Kaldor, il convient d'ajouter l'identité suivante relative aux profits globaux :

(1.42) $$P = P_w + P_c$$

P_w représente les profits revenant aux travailleurs et P_c les profits allant aux capitalistes. La fonction d'épargne de chaque classe sociale se note désormais :

(1.43) $$S_w = s_w(W + P_w)$$

(1.44) $$S_c = s_c P_c$$

Quant à notre relation d'équilibre sur le marché des produits, elle se note désormais :

(1.45) $$I = \dot{K} = s_w(W + P_w) + s_c P_c = S$$

Les résultats du modèle de croissance et de répartition de Pasinetti

Avant d'aller plus loin dans l'analyse, il conviendra d'abord d'énoncer les hypothèses de Pasinetti ; ensuite nous pourrons en déduire des conclusions macroéconomiques.

a) Présentation du modèle

Les hypothèses du modèle sont au nombre de cinq. La première énonce que la propension à épargner des capitalistes est supérieure à celle des travailleurs. Soit :

$$s_c > s_w \tag{1.46}$$

La deuxième énonce que :

$$s_w < \frac{I}{Y} = g_n v \tag{1.47}$$

Cette hypothèse est essentielle, comme nous le verrons par la suite ; elle permet, en équilibre dynamique, l'existence simultanée de deux classes sociales (les capitalistes et les travailleurs) dans le modèle de Pasinetti.[1] Notons, au passage, que c'est essentiellement contre cette hypothèse que les néo-classiques dirigèrent leurs attaques.[2] La troisième indique que la répartition se fait sur une base sociale et non plus fonctionnelle ; ceci est en accord avec la critique adressée à Kaldor (1956). Pasinetti (1962) préfère commencer par étudier le partage du revenu national entre capitalistes et travailleurs, plutôt que le partage entre profits et salaires. Selon la quatrième hypothèse, à long terme, le stock de capital de chaque classe dépend proportionnellement de son épargne. Ceci implique, toujours à long terme, que le taux de croissance du stock de richesse est le même pour chacun, car s'il existait une différence l'une des classes disparaîtrait. Soit :

$$\frac{S}{K} = \frac{S_c}{K_c} = \frac{S_w}{K_w} \tag{1.48}$$

---

[1] *Cf.* Pasinetti (1974, p. 130) pour la première démonstration formalisée.

[2] D'autres critiques moins connues furent formulées, à l'instar de Campa (1975). Ce dernier affirmait que le taux de profit était indéterminé dans certaines situations relatives à l'égalité du taux d'intérêt et du taux de profit. Elles furent, néanmoins, infirmées par Pasinetti (1975).

(1.49) $$\frac{\dot{K}}{K}=\frac{\dot{K}_c}{K_c}=\frac{\dot{K}_w}{K_w}$$

Enfin :

> *« Dans un modèle d'équilibre à long terme, l'hypothèse normale consiste à égaliser le taux d'intérêt et le taux de profit » (Pasinetti, 1962, p. 141).*

Ainsi, le rendement de l'épargne prêtée est égal au rendement des actifs physiques :

(1.50) $$\frac{P}{K}=\frac{P_c}{K_c}=\frac{P_w}{K_w}=r$$

Voyons maintenant où nous mènent ces cinq hypothèses. Il est possible de diviser l'équation (1.50) par (1.49), ce qui donne :[1]

(1.51) $$\frac{P}{S}=\frac{P_c}{S_c}=\frac{P_w}{S_w}$$

Compte tenu de (1.43), (1.44) et (1.45), nous pouvons écrire l'égalité globale suivante :

(1.52) $$\frac{P}{I}=\frac{P_c}{s_c P_c}=\frac{P_w}{s_w(W+P_w)}$$

En considérant le côté gauche de l'équation (1.52), nous obtenons la valeur du taux de profit macroéconomique, avec le résultat paradoxal qu'il ne dépend pas de l'épargne des travailleurs.[2]

(1.53) $$r=\frac{P}{K}=\frac{1}{s_c}\frac{I}{K}=\frac{g_n}{s_c}$$

---

[1] *Cf.* Pasinetti (1974, p. 127).

[2] L'équation (1.53) est appelée communément « équation de Cambridge » ou « théorème de Cambridge ». Le terme paradoxal a été utilisé pour la première fois dans Samuelson et Modigliani (1996a).

Nous en tirons aisément la part des profits dans le revenu global :

(1.54) $$\frac{P}{Y}=\frac{1}{s_c}\frac{I}{Y}=\frac{g_n v}{s_c}$$

Il est également possible de donner le montant du capital possédé par chaque classe sociale en équilibre dynamique (Pasinetti, 1962, p. 138-139 et Pasinetti, 1974, p. 130). Après quelques manipulations, nous tirons de (1.44) la part des profits des capitalistes dans le revenu national :

(1.55) $$\frac{P_c}{Y}=\left(\frac{1}{s_c-s_w}\right)\frac{I}{Y}-\frac{s_w}{s_c-s_w}$$

Sachant que :

(1.56) $$\frac{K_w}{K}=\frac{S_w}{S}=\frac{s_w(Y-P_c)}{I}$$

En remplaçant P_c par sa valeur dans (1.55), cela nous donne, compte tenu du fait que $K_c/K = 1-(K_w/K)$:

(1.57) $$\frac{K_w}{K}=\frac{s_w(s_c-g_n v)}{(s_c-s_w)g_n v} \qquad \frac{K_c}{K}=\frac{s_c(g_n v-s_w)}{(s_c-s_w)g_n v}$$

Les hypothèses une et deux ($s_c > s_w$ *et* $s_w < I/Y=g_n v$) deviennent désormais plus claires. Si $s_c < s_w$ la part de chaque classe dans le stock de capital devient négative, ce qui n'a aucun sens. De même, si $s_w = I/Y = g_n v$, alors la classe des capitalistes disparaît, ce qui est en contradiction avec l'existence simultanée de deux classes sociales à long terme. Les travailleurs en arrivent à posséder tout le stock de capital, autrement dit $K_w/K = 1$. Pourquoi ce résultat ? L'explication réside dans le fait que les travailleurs ont une propension à épargner si forte qu'ils accumulent le capital à un rythme plus élevé que les capitalistes. Ces derniers sont laminés progressivement.

b) Explication du paradoxe

Nous savons que dans ce modèle, chaque groupe reçoit les profits en proportion de son épargne. Dans le cadre d'une croissance équilibrée, le rapport profit/épargne est le même selon les catégories, soit $P_w/S_w = P_c/S_c$. Ainsi, l'équation (1.51) peut se réécrire :

$$s_w(W + P_w) = s_c P_w \tag{1.51'}$$

Ceci signifie qu'à long terme :

> *« ..., lorsque les travailleurs épargnent, ils reçoivent un montant de profits (P_w) tel que leur épargne totale soit exactement égale au montant que les capitalistes épargneraient à partir des profits des travailleurs (P_w) si ces profits leur appartenaient » (Pasinetti, 1962, p. 141-142).*

Il semble clair, désormais, que les conditions de financement de l'accumulation ne peuvent être modifiées par les travailleurs ; seuls les capitalistes en ont le pouvoir. Comment se comporte ce système lorsque la part des profits dans le revenu (P/Y) s'éloigne de sa position d'équilibre $(P/Y)^*$? Pasinetti entend démontrer que le modèle est stable, c'est-à-dire qu'en cas de choc la part des profits retourne vers sa valeur d'équilibre. Il reprend le raisonnement de Kaldor concernant la variation des prix par rapport à celle des salaires. Il suppose que les profits se modifient selon l'écart subsistant entre demande et offre :

$$\frac{d(P/Y)}{dt} = f\left(\frac{I}{Y} - \frac{S}{Y}\right) \quad avec \quad f(0) = 0 \quad et \quad f' > 0$$

Cette équation différentielle doit être résolue par rapport aux déviations qui écartent la part des profits (P/Y) de sa valeur d'équilibre $(P/Y)^*$, tout en gardant à l'esprit que si $(P/Y) = (P/Y)^*$, alors $I/Y - S/Y = 0$. Il faut effectuer un développement de Taylor d'ordre 1 autour de l'équilibre $(P/Y)^*$:[1]

$$\frac{d\left[(P/Y) - (P/Y)^*\right]}{dt}$$
$$= f(P/Y)^* + \frac{df}{d(P/Y)}\bigg|_{(P/Y)=(P/Y)^*}\big((P/Y) - (P/Y)^*\big)$$

[1] Il faut tenir compte du fait qu'il s'agit d'une fonction composée, la formule pour la dérivée étant : $f(x) = g(\ u(x)\ )$ ce qui donne $f'(x) = g'(\ u(x)\ )\ .\ u'(x)$.

$$= f(0) + f'(0)\left[\frac{d(I/Y)}{d(P/Y)} - \frac{d(S/Y)}{d(P/Y)}\right]_{(\frac{P}{Y})=(\frac{P}{Y})^*} \left((P/Y) - (P/Y)^*\right)$$

$$= f'(0)m\left((P/Y) - (P/Y)^*\right)$$

avec $m = [d(I/Y)/d(P/Y) - d(S/Y)/d(P/Y)]$ une constante car les dérivées sont prises au point d'équilibre $(P/Y)^*$. La solution de cette équation différentielle se note de la manière suivante :

$$\left[(P/Y) - (P/Y)^*\right]_t = e^{f'(0)mt}\left((P/Y) - (P/Y)^*\right)_0$$

Comme $f' > 0$, il faut que $m < 0$ pour que $[(P/Y) - (P/Y)^*]_t$ tende vers zéro. La condition s'exprime ainsi :

$$\frac{d(I/Y)}{d(P/Y)} < \frac{d(S/Y)}{d(P/Y)}$$

I étant exogène, I/Y l'est aussi et ne réagit pas à une variation de P/Y. La condition devient donc $d(S/Y)/d(P/Y) > 0$. Puisque nous connaissons la valeur de S/Y :

$$\frac{d(S/Y)}{d(P/Y)} = \frac{d\left[s_w(W/Y) + s_w(P_w/Y) + s_c(P - P_w)/Y\right]}{d(P/Y)} > 0$$

$$\frac{d(W/Y)}{d(P/Y)} = -1 \qquad \frac{d(P_w/Y)}{d(P/Y)} = 1 \qquad \frac{d\left[(P - P_w)/Y\right]}{d(P/Y)} = 1$$

Au final, il reste $s_c > 0$. La condition est obligatoirement satisfaite. Le modèle est donc stable sans ajouter d'hypothèses.

Quelques enseignements peuvent être tirés des résultats de cette section. Dans le modèle de Pasinetti (1962), plus l'investissement est élevé et plus le taux de profit l'est également. A l'inverse, une baisse de la propension à épargner des capitalistes accroît le taux de profit.[1] Il s'agit d'une manière détournée de retrouver les analyses de Keynes (1930, 1936) qui, respectivement, expliquaient l'importance des profits, au niveau macroéconomique, par la consommation que les capitalistes en faisaient et qui voyait dans l'investissement le moteur de

[1] En effet, de (1.53) il apparaît clairement que $\partial r/\partial g_n = 1/s_c > 0$ et $\partial r/\partial s_c = -1/s_c^2 g_n < 0$.

l'économie. Il est à noter que le premier point est également très proche de Kalecki (1942). Les travaux de Pasinetti nous disent quelle est la valeur du taux de profit et, par extension, la répartition des revenus entre salaires et profits, qui est compatible avec le maintien du plein emploi entre les périodes, connaissant le taux d'accumulation g_n nécessaire au plein emploi et la propension à épargner des capitalistes s_c. En définitive, si le modèle de Pasinetti s'est imposé face aux analyses de Robinson (1962) et Kaldor (1956), c'est essentiellement pour trois raisons. D'abord, face à Robinson, il s'agit d'un véritable modèle de répartition qui tient réellement compte de l'épargne des capitalistes et des travailleurs. Ensuite, face à Kaldor, il corrige une erreur logique commise par ce dernier. Enfin, c'est ce que nous verrons en détail dans les prochains chapitres, il rompt définitivement avec la théorie de la productivité marginale et échappe à la critique du capital.

Désormais, il convient de bien cerner l'accueil que les milieux académiques ont réservé aux analyses de Pasinetti (1962). Nous verrons pourquoi les attaques à son encontre ont été si violentes et comment la réplique s'est organisée face aux économistes néo-classiques. Il sera aussi question d'évaluer la participation fondamentale de Kaldor (1966) aux débats futurs et la constitution d'un socle de type Kaldor-Pasinetti au sein du mouvement post-keynésien européen.

CHAPITRE II : LES CONTROVERSES AUTOUR DES ANALYSES DE TYPE KALDOR-PASINETTI

Ce chapitre constitue, en quelque sorte, une première tentative pour évaluer le degré de cohérence au sein du mouvement post-keynésien européen. Cette évaluation s'effectuera de la manière suivante. D'abord, nous exposerons les diverses attaques néo-classiques à l'encontre des théories exposées au premier chapitre et les réponses apportées par les Post-keynésiens. Ce sera surtout l'occasion d'aborder l'étude de Kaldor (1966) qui, à bien des égards, se révèlera fondamentale pour la suite de l'analyse. Ensuite, il nous faudra considérer les problèmes nouveaux issus de ces mêmes réponses, ainsi que leurs solutions, dès lors qu'elles existent. Finalement, nous analyserons les extensions récentes du modèle de Pasinetti. Ce sera l'occasion de passer en revue des débats récents quant à la compatibilité des résultats de Pasinetti (1962) avec la présence du budget de l'Etat.

SECTION 1 : LA PERCEPTION DES TRAVAUX POST-KEYNESIENS PAR LES NEO-CLASSIQUES

Cette section sera consacrée aux premières réactions néo-classiques. Nous verrons dans quelle mesure ceux-ci s'évertueront, de chaque côté de l'Atlantique, à faire du théorème de Cambridge le cas très particulier d'un modèle orthodoxe, évidemment plus général. Dans le même temps, nous démontrerons en quoi la supériorité de l'approche de Pasinetti subsiste, en dépit des critiques virulentes dont elle fut l'objet. En guise de conclusion nous apporterons une explication de la tentative de sauvetage, orchestrée par les économistes néo-classiques, du modèle de Kaldor (1956).

Les débats européens : Meade et Hahn versus Pasinetti

Les réactions hostiles des Néo-classiques sont aisément compréhensibles. L'objection suivante de Pasinetti, faisant référence aux équations (1.53) et (1.54), nous y aidera grandement :

> *« Ces résultats ne présupposent aucune fonction de comportement. Ils sont vrais quels que soient les comportements individuels : c'est là une simple nécessité logique » (Pasinetti, 1962, p. 149).*

Qu'est-ce que cela signifie ? Tout simplement que les conclusions mises à jour par Pasinetti ne sont en aucune manière subordonnées à la théorie néo-classique ; cette dernière est, en fait, expulsée par la théorie post-keynésienne de la croissance et de la répartition :

> *« En longue période, si le plein emploi et la pleine utilisation des capacités productives doivent être conservés, le taux de profit est déterminé par le taux de croissance naturel divisé par la propension à épargner des capitalistes, indépendamment de toute notion de productivité du capital (et ce quelle que soit sa définition) et certainement indépendamment de toute autre chose » (Pasinetti, 1974, p. 144).*

Le taux de profit n'étant pas l'équivalent du concept de productivité marginale du capital, il est normal qu'un économiste néo-classique se sente offusqué du résultat. Une réponse logique consiste donc à limiter la portée du modèle originel de Pasinetti, en utilisant les outils de la théorie orthodoxe.

a) Les premières critiques du modèle de Pasinetti

C'est Meade (1963) qui, le premier, tente d'affaiblir le théorème de Cambridge. Il essaie de retrouver les résultats de Pasinetti via l'outillage néo-classique traditionnel. A côté de ce résultat, il en affiche un second dit « symétrique », dans lequel la théorie orthodoxe reprend ses droits. En utilisant la fonction de production macroéconomique habituelle :

$$(2.1) \qquad Y = e^{\gamma t} K^{\alpha} L^{1-\alpha}$$

En dérivant par rapport au temps, nous obtenons :

$$(2.2) \qquad \frac{\dot{Y}}{Y} = \gamma + \alpha \frac{\dot{K}}{K} + (1-\alpha)n$$

avec $n = (dL/dt)/L$. En régime de croissance équilibrée nous savons que $(dY/dt)/Y = (dK/dt)/K = I/K$. L'expression (2.2) se réécrit donc :[1]

$$(2.3) \qquad \frac{\dot{Y}}{Y} = n + m = g_n$$

De manière traditionnelle, la productivité marginale du capital est égale au taux de profit :

$$(2.4) \qquad \frac{\partial Y}{\partial K} = r = \alpha e^{\gamma t} K^{\alpha-1} L^{1-\alpha} = \alpha \frac{Y}{K}$$

avec $\alpha = P/Y$ la part des profits dans le revenu total. En outre, sachant que :

$$(2.5) \qquad \frac{S}{K} = \frac{I}{K} = \frac{sY}{K}$$

il vient l'expression suivante :

$$(2.6) \qquad r = \alpha \frac{g_n}{s}$$

Meade (1963, p. 667) estime qu'il existe plusieurs possibilités.[2] Si chaque individu épargne la même quantité fixe de son revenu, alors les propositions néo-classiques sont justes sous leur forme la plus simple. Au contraire, si les travailleurs

[1] Nous retrouvons l'équation (1.14) de Harrod avec $(dy/dt)/y = \gamma/\ 1 - \alpha = m$.

[2] Nous ne tenons pas compte de la terre pour ne pas compliquer les choses inutilement.

n'épargnent pas et que seuls les capitalistes épargnent une proportion fixe de leurs revenus, alors $s = S/Y = s_c\, P/Y$ et nous retrouvons le théorème de Cambridge :

$$r = \frac{g}{s_c} \tag{2.7}$$

Ensuite, Meade décide d'élargir l'étude à des cas non étudiés par Pasinetti (1962) :

> *« Pasinetti ne permet pas l'existence de revenus issus de la rente ou de la terre, pas plus qu'il ne permet aux capitalistes le fait de travailler » (Meade, 1963, p. 669).*

En définitive, il tire de cette affirmation plusieurs situations envisageables, coexistence des classes, disparition des travailleurs ou des capitalistes. Cette analyse est menée d'une manière captivante ; néanmoins, Pasinetti (1964) souligne que Meade s'est engagé sur une mauvaise voie, ce qui le pousse à commettre deux erreurs. La première tient à la généralité de son approche. Il retrouve les résultats de Pasinetti (1962) par le biais de la théorie orthodoxe et les hypothèses discutables qu'elle comporte. L'analyse post-keynésienne pourrait donc être retrouvée de plusieurs manières, tandis que les conclusions néo-classiques ne peuvent être obtenues qu'avec…des outils néo-classiques. La deuxième erreur intervient lorsque Meade prétend que chez Pasinetti les capitalistes ne peuvent pas travailler, toutefois :

> *« Ceci de nouveau est incorrect. Mon but était spécifiquement d'étudier les conséquences des comportements d'épargne sur les agents qui à la fois travaillent et possèdent du capital. Si les 'capitalistes' du Professeur Meade travaillent effectivement, cela signifie que, dans ma classification, ce sont des travailleurs » (Pasinetti, 1964, p. 489).*

Il existe donc bien des capitalistes qui travaillent, à distinguer des capitalistes « purs » qui ne tirent leurs revenus que de la propriété d'un capital, contrairement à ce qu'affirmait Meade. Manifestement, cette réponse, pourtant claire, ne convainquit pas les économistes néo-classiques. C'est épaulé par Frank Hahn que Meade poursuivit sa croisade contre la théorie post-keynésienne de la croissance.[1] Les deux auteurs critiquent donc Pasinetti car sa théorie implique que l'inégalité $s_w < I/Y$ soit respectée dans tous les cas.[2] Le théorème de Cambridge qui égalise le taux de profit au taux de croissance divisé par la propension à épargner des capitalistes serait ainsi toujours vérifié. Cependant, selon Meade et Hahn, rien n'empêche que $s_w > I/Y$ et « Meade claims the right to examine the possibility » (1965, p. 448).[3] Par conséquent, le tort de Pasinetti aurait été d'oublier le fait que la part des actifs détenus par les capitalistes « purs » peut devenir si faible qu'à long terme ils disparaîtront. Le problème est que, une nouvelle fois, l'analyse post-keynésienne de la croissance a été mal comprise. Pasinetti (1966a, p. 159-160) répond en deux temps. Dans son article de 1962, ce dernier examine ce qui se passe lorsque la condition $s_w < I/Y$ est respectée. Si elle tient, alors le taux de profit est déterminé par l'équation (1.53). Si, au contraire, $s_w < I/Y$ ne tient pas, alors (i) les capitalistes disparaissent à long terme et il existe un chômage chronique et (ii) la part des profits dans le revenu national devient nulle voire négative.[4] Nous savons que l'équilibre néo-classique implique $s_w = I/Y$ qui se réécrit :

$$\frac{K}{Y} = \frac{s_w}{g_n}$$

Pasinetti explique qu'il prend le ratio capital/produit pour ce qu'il est, aucune hypothèse n'étant formulée à son sujet (Pasinetti, 1966a, p. 160, note de bas de page 2), contrairement à la théorie néo-classique de la croissance qui suppose sa flexibilité infinie, afin de rétablir l'équilibre au taux de croissance $g_n = s_w/v$ ou $K/Y = s_w/g_n$.[5] Nous verrons, par la suite, comment les problèmes relatifs au coefficient de capital v sont résolus par les Post-keynésiens. La controverse européenne ne cessa pas pour autant, Meade tentant de mettre en péril, une nouvelle fois, le théorème de Cambridge.

---

[1] *Cf.* Meade et Hahn (1965).
[2] Ce qui peut se noter également $K/Y > s_w/g_n$.
[3] Ce qui sur le fond n'a pas de sens, car si $s_w > I/Y$, l'équilibre dynamique n'existe pas, ce que Meade (1966) démontrera lui-même.
[4] *Cf.*, par exemple, Pasinetti (1974, p. 130), Araújo (1992-93, p. 217) pour (i) et Pasinetti (1962, p. 137) pour (ii).
[5] La flexibilité de v implique la substituabilité parfaite (donc un monde où règne la concurrence pure et parfaite) entre les deux facteurs de production, travail et capital ; cf. également le modèle de Solow (1956) ci-dessus.

b) Une ultime tentative : l'exposition graphique

Meade (1966) entend démontrer définitivement que le modèle de Pasinetti est bien un cas particulier et qu'il existe bien un cas symétrique de ce dernier, incarné par la théorie néo-classique. Dès lors, dans le modèle post-keynésien de répartition, il existe des capitalistes qui épargnent une partie s_c de leurs revenus (mais ne travaillent pas), ainsi que des travailleurs qui perçoivent des revenus sous la forme de salaires et de profits et qui en mettent en réserve une fraction s_w.[1] Ainsi, le résultat peut prendre l'une des trois formes suivantes :

(i) Compte tenu de la valeur des paramètres, il ne peut exister d'équilibre dynamique de long terme.

(ii) La répartition des actifs tend vers une valeur telle que $Y/K = g_n/s_w$.

(iii) La répartition des actifs est telle que $P/K = g_n/s_c$.

Il est possible de retrouver graphiquement ces conclusions. La ligne OA est une droite limite pour laquelle $Y/K = P/K$ et, par conséquent, la part des profits globaux dans le revenu est égale à 1 ($P/Y = 1$). Traçons les résultats néo-classiques $Y/K = g_n/s_w$ (soit la ligne OC) et post-keynésiens $P/K = g_n/s_c$ (soit la ligne OB). Nous voyons que OB < OC, car $s_c > s_w$:

Figure 2.1 – Les différentes solutions de long terme

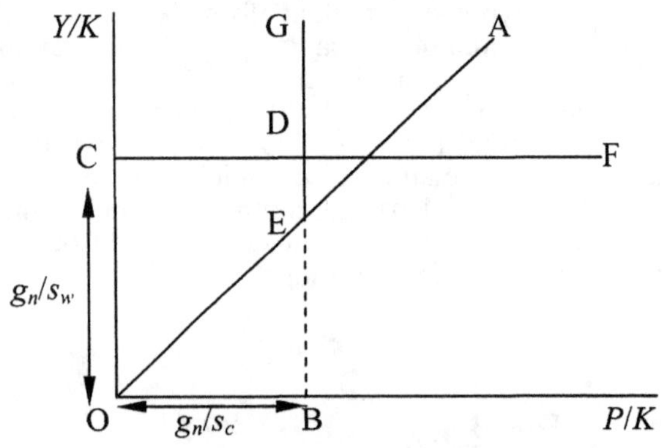

[1] Nous voyons que Meade reconnaît, de façon détournée, l'erreur qu'il a commise trois ans auparavant dans son article (Meade, 1963, p. 669), dans lequel il prétendait que Pasinetti ne tenait pas compte du fait que les capitalistes pouvaient également travailler.

Les valeurs d'équilibre de long terme se trouvent sur les lignes CD ou DE. Evaluons les trois cas envisagés par Meade.

(ia) Les points à droite de BG impliquent $P/K > g_n/s_c$. Ceci est impossible dans le cadre d'une croissance équilibrée, où le stock de capital aux mains des capitalistes doit croître au même taux que le stock de capital global (cf. l'équation (1.49)). De (1.50) nous savons que $P = (P_c/K_c)K$; dans cette configuration la croissance équilibrée est impossible :

$$s\frac{P}{K} > \frac{I}{K} \quad \Rightarrow \quad s\frac{P_c}{K_c} > \frac{I}{K}$$

(2.8)
$$\frac{\dot{K}_c}{K_c} > \frac{\dot{K}}{K}$$

(ib) Les points au-dessus de la droite CF renvoient au fait que $Y/K > g_n/s_w$. Soit :

(2.9)
$$s_w > \frac{I}{Y}$$

La seule épargne des travailleurs est supérieure à l'investissement total ; pour obtenir l'égalité sur le marché des biens et services, il faudrait supposer que les capitalistes ont une épargne négative. Ceci n'a aucun sens.

(ic) Examinons les points à l'intérieur du trapèze (OCDE). Nous avons, en même temps, $s_cP < g_nK$, soit :

(2.10)
$$\frac{\dot{K}_c}{K_c} < \frac{\dot{K}}{K}$$

et $Y/K < g_n/s_w$, soit :

(2.11)
$$s_{w} < \frac{I}{Y}$$

Ce régime de long terme est déséquilibré, il est également impossible.

(ii) Sur le segment CD nous avons l'égalité $Y/K = g_n/s_w$ et $s_cP < g_nK$. Les travailleurs s'approprient le capital dans son ensemble et éliminent les capitalistes progressivement.

(iii) Sur le segment DE, nous avons $Y/K < g_n/s_w$ et $P/K = g_n/s_c$. C'est le cas examiné par Pasinetti dans son article de 1962. Il y a coexistence de deux classes sociales à long terme et aucune ne prend le dessus sur l'autre.

En définitive, c'est la fonction de production qui déterminera le résultat final, connaissant les paramètres s_c, s_w et g_n du modèle de croissance et de répartition. En premier lieu, nous nous attarderons sur le cas d'une fonction de production à facteurs substituables. En second lieu, nous aborderons le cas d'une fonction à facteurs complémentaires. Si la technologie est de type Cobb-Douglas traditionnelle, alors la part des profits dans le revenu est fixée par l'exposant de la fonction. A partir de (2.4) nous savons que :

(2.12) $$\frac{Y}{K} = \frac{1}{\alpha}\frac{P}{K}$$

avec $\alpha = P/Y$ et $\partial(Y/K)/\partial(P/K) = 1/\alpha > 1$ car $0 < \alpha < 1$. Cette équation est donc toujours supérieure à la droite à 45 degrés OA, représentant l'égalité du taux de profit et de l'inverse du coefficient de capital v.[1]

Figure 2.2 – Les divers équilibres avec une Cobb-Douglas

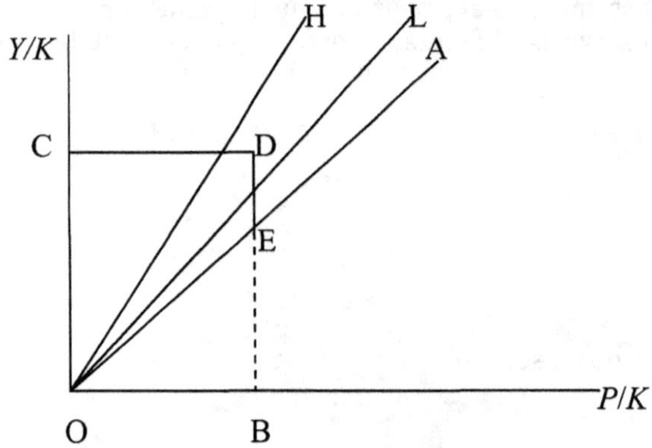

[1] Cette équivalence en requiert une autre, celle des propensions à épargner des différentes classes sociales, soit ici $s_c = s_w$.

Si l'équation (2.12) est illustrée par la ligne OH, la figure 2.2 nous indique que $Y/K = g_n/s_w$ et $P/K < g_n/s_c$. Compte tenu de ces deux expressions, quelques substitutions donnent :

(2.13) $$\frac{P}{Y} < \frac{s_w}{s_c}$$

Les résultats du théorème de Pasinetti (1962) ne tiennent plus pour une raison évidente. La première égalité implique que $s_w = I/Y$; autrement dit, la condition nécessaire à l'existence de deux classes sociales saute : les travailleurs demeurent seuls dans cette économie. A l'inverse, si l'équation (2.12) est représentée par la droite OL, alors le théorème de Pasinetti tient et $P/K = g_n/s_c$. Nous savons que, lorsque la fonction de production est à facteurs complémentaires, l'élasticité de substitution entre le facteur capital et le facteur travail est nulle. L'inverse du coefficient de capital Y/K est fixé dès le départ par la fonction de production. Quelques cas sont envisagés dans la figure 2.3 ci-dessous. Nous voyons que les seules valeurs de Y/K compatibles avec le théorème de Cambridge sont celles comprises dans l'intervalle DE (ici, Y/K = OL). Dans les autres situations, il n'existe pas d'équilibre.

Figure 2.3 – Les divers équilibres avec une fonction à facteurs complémentaires

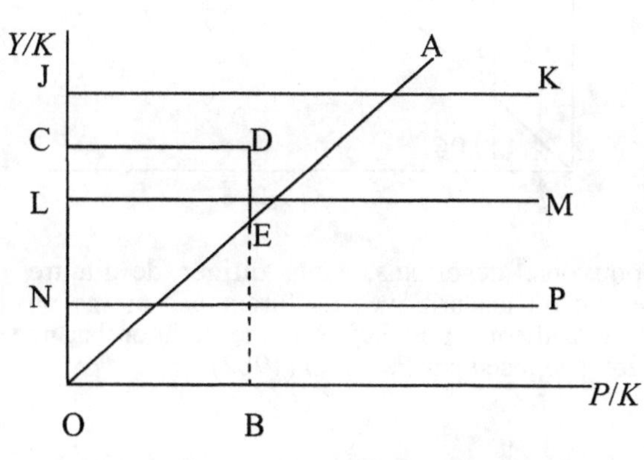

L'analyse précédente n'est jamais qu'un retour à la critique de Meade (1963). En effet, à première vue, il semble que les résultats du modèle de Pasinetti (1962) n'aient pas la portée générale que leur conférait l'auteur. Meade (1966) laisse entendre que le cas post-keynésien se trouve noyé parmi beaucoup d'autres, tous aussi particuliers. Le cas néo-classique, étant donné la distance CD supérieure à DE, demeure supérieur. En réalité, il n'en est rien : le cas Pasinetti est le cas général, avec des possibilités d'apparition forte. « L'artifice graphique » de Meade nous induit surtout en erreur ; quelques exemples chiffrés résoudront le malentendu : en utilisant des paramètres dont les valeurs sont plausibles, nous nous apercevons que le cas Pasinetti devient le cas dominant.[1] Soient les valeurs :

$$s_c = 0.5 \qquad s_w = 0.1 \qquad g_n = 0.03$$

Nous obtenons les valeurs $Y/K = 0.3$ et $P/K = 0.06$. D'autres valeurs démontrent que la possibilité d'occurrence du théorème de Cambridge est toujours supérieure à celle de la théorie néo-classique.[2]

Figure 2.4 – Intervalles avec $g_n = 0.03$, $s_c = 0.5$ et $s_w = 0.1$

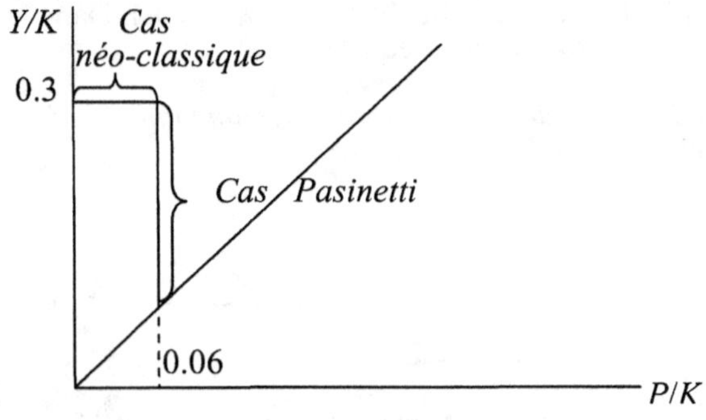

Nous pouvons, désormais, nous diriger de l'autre côté de l'Atlantique où les critiques ne furent pas moins virulentes à l'égard de la théorie post-keynésienne de la croissance et de la répartition proposée par Pasinetti (1962).

[1] *Cf.* Kaldor (1966) et Pasinetti (1966b).

[2] Par exemple, avec $g_n = 0.03$, $s_c = 0.4$ et $s_w = 0.05$ ceci donne $Y/K = 0.6$ et $P/K = 0.075$.

La seconde vague : Samuelson-Modigliani versus Kaldor-Pasinetti

Ce sont les économistes néo-classiques du M.I.T. qui s'attelèrent à la tâche d'affaiblir les résultats post-keynésiens. Nous verrons que la méthode est similaire à celle utilisée par Meade dès 1963. En outre, nous examinerons, dans ce paragraphe, un point que nous avions volontairement omis dans le cadre des débats européens. L'objectif réel des économistes orthodoxes est de retrouver, à n'importe quel prix, une conclusion déjà fort bien connue d'eux, à savoir celle du modèle de croissance équilibrée de Solow (1956).

a) La tentative de mise en échec

Samuelson et Modigliani (1966a, p. 271) entendent principalement démontrer deux choses :

(i) L'intervalle dans lequel le théorème de Cambridge est valide demeure relativement restreint, ce qui limite le domaine d'application de la théorie post-keynésienne dans son ensemble.

(ii) En dehors de cet intervalle, il existe un théorème « dual » (ou symétrique) au premier et qui dispose du même degré de généralité. Ce résultat est appelé dual, car il entraîne des conclusions opposées à celles mises à jour dans Pasinetti (1962).

Ils élaborent donc un modèle dynamique à deux classes sociales, comprenant les capitalistes et les travailleurs. Ils notent Y le produit réel, K le stock de capital homogène, L le travail, K_c le capital des capitalistes, K_w celui des travailleurs, l'investissement $I = dK/dt$ et la fonction de production néo-classique $Y = F(K, L)$.[1] Nous savons que :

$$Y = C + \dot{K} = F(K_c + K_w, L)$$

L'analyse de Samuelson et Modigliani (1966a) se fonde sur les variables par tête, les auteurs notent $k = K/L$, $k_c = K_c/L$, $k_w = K_w/L$ et $y = f(k) = Y/L$ le produit par tête ou productivité du

[1] Celle-ci est « *well-behaved* » (Samuelson et Modigliani, 1966a, p. 272) ; autrement dit, elle vérifie toutes les conditions traditionnelles déjà citées lors de notre brève présentation du modèle de Solow (1956).

travail. Le travail, quant à lui, croît au taux constant $n = (dL/dt)/L$. Le taux d'intérêt ou taux de profit se note r :

(2.14) $$r = \frac{P}{K} = \frac{P_c + P_w}{K} = \frac{\partial F(K,L)}{\partial K} = f'(k)$$

et w le taux de salaire :

(2.15) $$w = \frac{W}{L} = \frac{\partial F(K,L)}{\partial L} = f(k) - kf'(k)$$

Il est à noter, au passage, que cette dernière équation assure le plein emploi du facteur travail, il n'existe donc pas de chômage. Nous écrivons les équations d'épargne de la même manière que dans le modèle de Pasinetti.

(2.16) $$\dot{K}_c = s_c P_c = s_c r K_c$$

(2.17) $$\dot{K}_w = s_w (W + P_w) = s_w (W + rK_w) = s_w (Y - rK_c)$$

En passant en logarithmes et en dérivant les différentes intensités capitalistiques :

(2.18) $$\frac{\dot{k}}{k} = \frac{\dot{K}}{K} - n \qquad \frac{\dot{k}_c}{k_c} = \frac{\dot{K}_c}{K_c} - n \qquad \frac{\dot{k}_w}{k_w} = \frac{\dot{K}_w}{K_w} - n$$

Après quelques substitutions, nous obtenons :

(2.19) $$\frac{\dot{k}_c}{k_c} = s_c r - n = s_c f'(k) - n$$

(2.20) $$\frac{\dot{k}_w}{k_w} = s_w \left[\frac{f(k) - kf'(k)}{k_w} \right] + (s_w r - n)$$

La solution de croissance équilibrée de long terme se note $(dk_w/dt)/k_w = (dk_c/dt)/k_c = 0$, ce qui donne :

(2.21) $$r^* = f'(k^*) = n / s_c$$

$$(2.22) \qquad s_w[f(k) - rk] + (s_w r - n)k_w = 0$$

De là, nous en tirons les valeurs d'équilibre :

$$(2.23) \qquad k_w^* = \frac{[1/v - r^*]}{n[1/s_w - 1/s_c]} k^*$$

$$(2.24) \qquad k_c^* = 1 - k_w^* = \frac{[n/s_w - 1/v]}{n[1/s_w - 1/s_c]} k^*$$

Soit, après quelques simplifications :

$$(2.24') \qquad k_c^* / k_w^* = (I - s_w Y) / s_w W$$

Nous retrouvons l'inégalité fondamentale de Pasinetti (1962) ($s_w < I/Y$) nécessaire à l'existence simultanée de deux classes sociales à long terme. Selon Samuelson et Modigliani (1966a, p. 275), le théorème est très limité, puisque l'intervalle des paramètres pour lequel il reste viable est très faible. De plus, nous voyons que s_c doit être plus grand que s_w, sinon k_w et $k_c < 0$. A mesure que s_w s'accroît, les choses se compliquent car le rapport k_c^*/k_w^* diminue, ce qui implique soit une baisse de k_c^*, soit une hausse de k_w^* au détriment du premier :

$$(2.24'') \qquad \partial(k_c^* / k_w^*) / \partial s_w = -WI / s_w W^2 < 0$$

Ceci signifie qu'à partir d'une certaine valeur de s_w nous atteindrons le rapport $s_w = I/Y$ provoquant la disparition des capitalistes, expropriés par les travailleurs. Samuelson et Modigliani proposent d'examiner ce qu'il advient quand l'inégalité post-keynésienne ne tient plus. Ces derniers vont mettre à jour un théorème dual. Si, chez Pasinetti, $s_w > I/Y$ impliquait du chômage, ce n'est plus le cas dans ce modèle néo-classique, car le problème du sous-emploi est réglé à l'avance :

> *« Il est évident que, tant que la fonction de production est ''bien élevée'', le maintien des situations (8) [$s_w \geq I/Y$] ou même (7) [$s_c > s_w$] ne peut interférer avec le plein emploi, ce qui est assuré par la condition (2) [cf. 2.15] » (Samuelson et Modigliani, 1966a, p. 277).*

Quoi qu'il en soit, nous n'avons pas à nous préoccuper du niveau de l'emploi de cette économie. Désormais, nous pouvons analyser l'évolution du stock de capital global par tête. Celui-ci peut s'écrire :

$$\frac{\dot{k}}{k} = \frac{\dot{K}_c + \dot{K}_w}{K} - n$$

$$= \frac{s_c r K_c}{K} + s_w \frac{[Y - rK_c]}{K} - n$$

(2.25) $$\dot{k} = s_c r k_c + s_w f(k) - nk - s_w r k_c$$

(2.26) $$\dot{k} = r k_c (s_c - s_w) + \left[\frac{s_w}{n} - v\right] n f(k)$$

Tant que $s_w/n > v$ le stock de capital par tête augmente. Toutefois, conformément à l'équation (2.24'') si s_w augmente suffisamment pour que les capitalistes purs disparaissent (k_c = 0), mais que nous conservons $s_c > s_w$, qu'advient-il ? L'évolution du capital par tête sera donnée par l'expression suivante :

(2.27) $$\dot{k} = \left[\frac{s_w}{n} - v\right] n f(k)$$

Nous savons qu'à l'équilibre de long terme $dk/dt = 0$, ainsi :

$$\frac{s_w}{n} = v$$

(2.28) $$\frac{s_w}{v} = n = \frac{\dot{K}_w}{K} = \frac{\dot{K}}{K} = \frac{\dot{L}}{L}$$

En définitive, nous retrouvons la condition de croissance équilibrée à taux constant du modèle de Solow (1956), dans lequel, évidemment, il n'existe qu'une catégorie d'individus, à savoir les travailleurs. De surcroît, tous les résultats orthodoxes en matière de répartition peuvent être obtenus. Dès lors, une question légitime peut venir à l'esprit : sur quel élément se fondent les deux auteurs, afin de justifier le fait que l'inégalité centrale de Pasinetti (1962) disparaisse aussi facilement ? Samuelson et Modigliani s'appuient sur un exemple arithmétique réaliste, concernant les différents coefficients du modèle, pour réfuter les conclusions post-keynésiennes. Selon eux « Ces chiffres sont économétriquement raisonnables pour des économies mixtes à l'instar des Etats-Unis, du Royaume-Uni ou de l'Europe de l'ouest » (Ibid., 1966a, p. 274, note de bas de page 1). Ils attribuent donc les valeurs suivantes : $P/Y = 0.25$ et $s_c = 0.2$. En ce qui concerne l'équation (1.47) de Pasinetti, elle peut être réécrite de la sorte :[1]

$$s_w < \frac{I}{Y} = g_n \frac{K}{Y} = \frac{P}{Y} s_c \tag{2.29}$$

Ce qui donne $s_w < (0.25)*(0.2) = 0.05$. Le respect de (2.29) implique une propension marginale à épargner des travailleurs trop faible. Les deux auteurs néo-classiques se trouvent ainsi confortés dans leur idée que le théorème de Pasinetti n'a rien de général, étant donné la précarité des conditions à satisfaire afin qu'il fonctionne. Les différentes possibilités peuvent être rassemblées dans un graphique simple en deux dimensions :

Figure 2.5 Les dynamiques du modèle

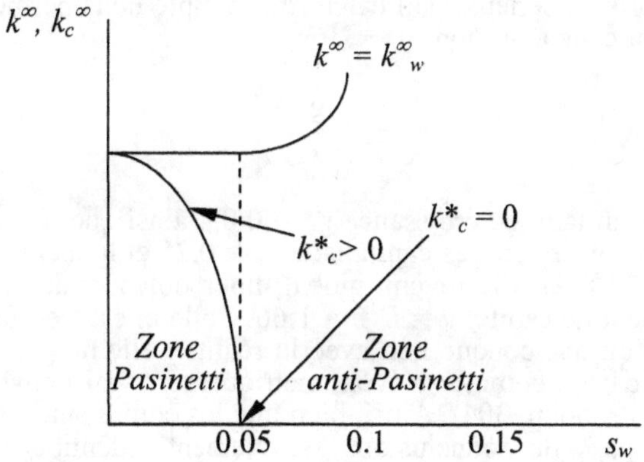

[1] En effet, de (2.21) nous avons : $rs_c = g_n$, de plus $rK = P$.

Il apparaît clairement que passée une certaine valeur critique de s_w (ici $s_w = 0.05$), le capital par tête augmente avec la propension à épargner des travailleurs ; ceci provient de notre équation (2.27). Finalement, conformément au modèle de Solow, les problèmes de répartition des revenus sont évacués, la substituabilité des facteurs de production et la théorie de la productivité marginale assurant le maintien du plein emploi à long terme. De plus, les travaux de Pasinetti, qui semblaient pourtant si révolutionnaires, ne deviennent qu'un cas particulier, finalement sans trop d'intérêt car peu probable de se produire au regard de la réalité.

b) La réponse des économistes post-keynésiens

Pasinetti (1966b) relève au moins trois difficultés mettant en pièces, à chaque fois, l'analyse de Samuelson et Modigliani.

D'abord, le petit exemple arithmétique, sur lequel ils se fondent afin de limiter la portée générale de Pasinetti, n'a que peu de chance de se réaliser. Samuelson et Modigliani (1966a) arrivent à la conclusion que s_w devrait être inférieur à 0.05 pour que le théorème de Cambridge reste valide. Cette valeur leur semble trop faible pour être réaliste. Pasinetti (1966b, p. 304) rétorque que les coefficients attribués « have certain implications, which Professors Samuelson and Modigliani have not considered ». En effet, les valeurs choisies par ces derniers renvoient à des montants du coefficient de capital v trop faibles pour être pris au sérieux.[1] Un calcul très simple nous permettra de retrouver cette assertion :

$$(2.30) \qquad \frac{P}{Y}=\frac{P}{K}\frac{K}{Y}=\frac{g_n}{s_c}\frac{K}{Y}$$

En prenant un taux de croissance $g_n = 0.03$, ainsi que la même propension à épargner des capitalistes $s_c = 0.25$ et la même part des profits P/Y dans le revenu global, nous obtenons la valeur du coefficient de capital $v = K/Y = 1.66$. Celle-ci est trop faible pour avoir un quelconque lien avec la réalité : elle ne peut pas être considérée comme « économétriquement raisonnable » (Pasinetti, 1966b, p. 304). Ainsi, bien que les études sur le sujet n'offrent pas de conclusions strictement identiques, il semblerait que v oscille, selon les pays, à l'intérieur de l'intervalle [2.5 ; 4.4].[2] Supposons que $s_c = 0.5$, $g_n = 0.03$ et, enfin, $P/Y = 0.25$, alors $v = 4.16$. De nombreux autres cas

[1] Au moins pour des économies de type occidental.

[2] *Cf.*, entre autres, les travaux de Maddison (1991).

peuvent être envisagés, comme le montre le tableau suivant (le coefficient de capital est en caractère gras et en italiques) :[1]

	s_c	0.3		0.4		0.5	
	g_n	0.03	0.04	0.03	0.04	0.03	0.04
P/Y	0.25	***2.5***	***1.9***	***3.3***	***2.5***	***4.1***	***3.1***
	0.30	***3***	***2.25***	***4***	***3***	***5***	***3.7***
	0.35	***3.5***	***2.6***	***4.6***	***3.5***	***5.8***	***4.3***

Les valeurs de v compatibles avec l'expression (2.29) $s_w < (P/Y)s_c$ renvoient à l'intervalle [0.07 ; 0.17] concernant s_w, ce qui est très largement suffisant. Sur les dix-huit cas envisagés, quatre seulement sont incompatibles avec les valeurs observées du coefficient de capital et un s'en rapproche. En conséquence, le cas Pasinetti est bien loin d'être un cas isolé, car la probabilité pour que la contrainte $s_w < I/Y = (P/Y)s_c$ tienne demeure relativement forte, contrairement à ce qu'affirmaient Samuelson et Modigliani (1966a).

Ensuite, admettons néanmoins que le théorème de Cambridge soit à rejeter. Il n'empêche que la théorie néo-classique contient un grave problème de cohérence interne, mis à jour dans Pasinetti (1966b, p. 305).[2] Et ce défaut la rend inapplicable. Nous savons que pour atteindre l'équilibre dynamique $dk/dt = 0$, il faut que $s_w/v = n$. Sur le fond, rien n'assure que l'égalité soit respectée. Pour maintenir celle-ci :

> *« Les Professeurs Samuelson et Modigliani passent à une étape supérieure. Ils ajoutent une hypothèse issue de la théorie de la productivité marginale : ils supposent que le coefficient de capital v est une fonction continuellement décroissante du taux de profit, dans l'intervalle qui est considéré » (Ibid., p. 305).*

Ceci signifie des possibilités de substitution infinies entre le capital et le travail. Grâce à cette hypothèse, les néo-classiques s'assurent, dès le début, que les situations du type $s_w > I/Y$ sont exclues. L'égalité sera spontanément respectée par la variation

---

[1] En ce qui concerne la part des profits dans le revenu total *P/Y*, les valeurs attribuées dans le tableau se conforment, évidemment, à celles observées dans la réalité. Pour s_c les valeurs doivent être considérées comme « net d'impôts ».
[2] *Cf.* également Pasinetti (1974, p. 122-127 et p. 132-134).

du ratio $v = K/Y$.[1] Démontrons cette proposition à l'aide d'une Cobb-Douglas traditionnelle $Y = e^{\gamma t}K^{\alpha}L^{1-\alpha}$:[2]

$$F'_K = r = \frac{\partial Y}{\partial K} = \alpha \frac{Y}{K}$$

(2.31) $$v = \alpha \frac{1}{r}$$

Le coefficient de capital v se modifie sur l'intervalle [0 ; ∞] dès que le taux de profit varie. Ceci peut-il être justifié économiquement ? Non, selon Pasinetti, car ce raisonnement implique que α, qui correspond à la part relative des profits dans le revenu total, ne se modifie pas. En effet, cela s'explique par le fait que, dans les fonctions de production néo-classiques, cette fraction est toujours constante quoi qu'il se produise.

Figure 2.6 – La relation inverse entre v et r

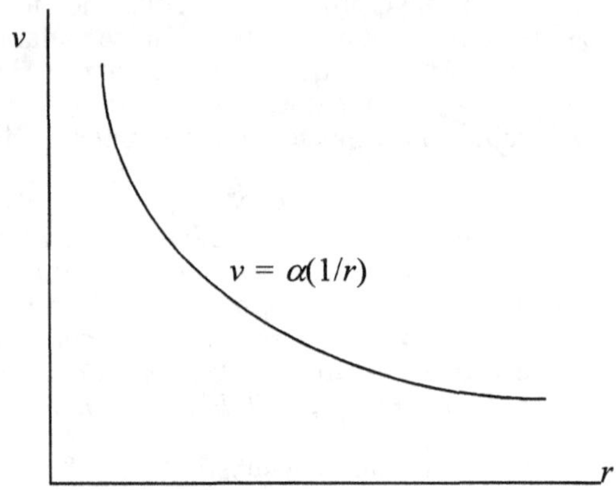

Supposons une hausse de r, ce qui implique une baisse de v afin de rétablir l'équilibre ; rien ne prouve, en réalité, qu'à une hausse du taux de profit ne corresponde pas aussi une hausse de $\alpha = P/Y$, ce qui annulerait toute baisse du coefficient de capital. De plus, comme le souligne Pasinetti (1966b, p. 305 et note de

---

[1] *Cf.*, dans le même esprit, Robinson (1966).
[2] Avec : $\partial v/\partial r = -\alpha/r^2 < 0$ et $\partial^2 v/\partial r^2 = 2\alpha/r^3 > 0$.

bas de page 2), il faut ajouter à ces critiques les résultats de la controverse sur le capital qui montreront les difficultés rencontrées avec les fonctions de production néo-classiques.[1] En conclusion, l'endogénéité accommodante de *v* présumée par les néo-classiques repose sur une base théorique plutôt douteuse.[2]

Enfin, comme d'habitude, le problème du chômage est évacué. Encore une fois, c'est la théorie de la productivité marginale qui s'occupe de résoudre les problèmes potentiels. Si tous les travailleurs acceptent le salaire de marché, alors ils trouvent du travail. Comme nous l'avions déjà signalé, c'est l'équation (2.15) qui assure que, dans tous les cas, il s'agit d'un équilibre de plein emploi. Désormais, il devient évident que les auteurs avaient initialement comme dessein de retrouver les conclusions orthodoxes du modèle de Solow (1956). Toutefois, la réponse post-keynésienne ne s'arrête évidemment pas là. La participation de Kaldor est également destructrice, tant sur le plan empirique que théorique, pour le camp néo-classique.

L'arrivée de Kaldor (1966) dans les débats a deux conséquences majeures. La première est que la réponse apportée à Samuelson et Modigliani est du même ordre que celle de Pasinetti (1966b). Elle met littéralement en pièces leur contribution. La seconde se matérialise dans la proposition d'un nouveau modèle, dit « néo-Pasinetti », épargnant des hypothèses jugées restrictives par de nombreux auteurs. Nous n'examinons pour le moment que les critiques adressées aux néo-classiques. L'étude et les difficultés de ce théorème seront l'objet de la prochaine section. Nous retiendrons les trois principales critiques.

D'abord, Samuelson et Modigliani (1966a) estiment que les théories de la répartition qui utilisent des propensions à épargner différentes selon les revenus contiennent une hypothèse peu réaliste. Celles-ci impliquent une classe de capitalistes "permanents" qui se reproduit à l'identique avec une propension à épargner forte et une classe de travailleurs "permanents" avec une propension à épargner faible. La réponse de Kaldor a le mérite d'être claire :

> *« j'ai toujours considéré la forte propension à épargner sur les profits comme une propriété*

---

[1] Dans le prochain chapitre, nous montrerons qu'une hausse du taux de profit *r* peut s'accompagner d'une hausse du coefficient de capital *v*.

[2] Il est utile de noter que Samuelson et Modigliani (1966b), dans leur réplique à Pasinetti et Robinson, utilisent cette relation sans se poser de question quant à sa véracité.

> *qui s'attache à la nature du revenu tiré des affaires et non à la richesse (ou à d'autres particularités) des individus détenteurs de la propriété. C'est l'entreprise, et non le corps particulier des individus qui la possèdent à quelque époque que ce soit, qui trouve indispensable, (...), de récupérer une partie des profits acquis, à titre de ''charge préalable'' sur les revenus obtenus pour assurer la survie de l'entreprise à long terme » (Kaldor, 1966, p. 160).*

C'est parce que les profits proviennent avant tout de l'activité de production et qu'ils serviront de nouveau à celle-ci que la propension à épargner est élevée ; ce sont les gestionnaires de l'entreprise qui estiment cette attitude plus sûre. Dans un monde incertain, l'expansion des firmes ne peut être assurée que par une certaine proportion de leurs ressources internes.

Ensuite, en ce qui concerne le théorème anti-Pasinetti, Kaldor réfute la méthode d'évaluation de Samuelson et Modigliani (1966a) :

> *« Il est facile de réfuter Pasinetti en postulant des conditions telles que le modèle de Pasinetti ne puisse pas fonctionner » (Ibid., p. 162).*

Et ceci même si la véracité des propos tenus passe au second plan de l'analyse. Ainsi :[1]

> *« La validité de l'inégalité de Pasinetti, $s_w < I/Y$ - ou, selon la manière de Samuelson-Modigliani de l'envisager, $s_w < (P/Y)s_c$ - est une question de fait, tout comme la concurrence parfaite, les rendements d'échelle constants, etc... sont des questions de fait. Une investigation empirique peut réfuter la première, tout comme elle peut réfuter les derniers. La question est donc de savoir si elle le fait, et si oui, ce qu'elle réfute ? » (Ibid., p. 163).*

Enfin, en jetant un regard du côté de la réalité, Kaldor estime que Samuelson et Modigliani (1966a) ne commettent pas moins

[1] Kaldor rejoint ici la critique de Pasinetti (1966b) concernant le petit exemple arithmétique des deux économistes néo-classiques.

de trois erreurs. Première erreur – La valeur de s_w = 0.05 qu'ils considèrent comme étant trop faible ne l'est, en fait, pas tant que cela. Selon Kaldor, elle serait sur la période 1960/1965 de 0.023 pour le Royaume- Uni et plus basse encore lorsqu'il s'agit des Etats-Unis. La faute des économistes néo-classiques aurait donc été de surestimer cette valeur de s_w. Deuxième erreur – Samuelson et Modigliani ont oublié deux autres possibilités qui ne sont pas incompatibles avec le théorème de Cambridge originel. Il s'agit des cas « archi-Pasinetti » (s_w = 0) et « super-Pasinetti » (s_w < 0). Dans le second cas, le secteur des entreprises devient un prêteur net aux ménages. Bref, en croyant généraliser le modèle Post-keynésien de croissance et répartition, les économistes orthodoxes ont restreint ses possibilités d'application. Troisième erreur – La valeur de s_c = 0.2, soi-disant jugée raisonnable statistiquement, ne l'est pas. Kaldor estime qu'elle pourrait être supérieure à 0.5, selon qu'il s'agisse du Japon, de l'Allemagne ou des Etats-Unis, et ceci après impôts. Ces chiffres nous semblent quelque peu exagérés, compte tenu des calculs déjà effectués ci-dessus, car ils renvoient à des valeurs trop élevées du coefficient de capital. En revanche, il est fortement possible que la propension à épargner des capitalistes soit de 0.6, voire 0.7 ou 0.8, avant impôts. Indépendamment de cela, un fait incontestable demeure, s_c = 0.2 est une valeur bien trop basse pour être prise au sérieux, elle n'a aucune justification économique.

En conclusion, les répliques de Kaldor et Pasinetti aux économistes orthodoxes permettent aisément de réfuter les accusions prononcées à l'encontre de la théorie post-keynésienne de la croissance et de la répartition. La cohérence du mouvement en la matière semble préservée jusqu'ici ; cependant, d'autres problèmes vont apparaître…

Le sauvetage néo-classique du modèle kaldorien et ses conséquences

Samuelson et Modigliani (1966a) ont participé à l'éclosion d'une nouvelle polémique, à la suite d'une remarque de leur collègue Robert Solow. Les auteurs estiment que le modèle de Kaldor (1956) ne souffre pas nécessairement de l'erreur logique dont Pasinetti (1962) l'accuse :

> *« En fait, il se pourrait que le modèle de Kaldor ne souffre pas d'une ''erreur logique'', si l'on suppose que la propension à épargner les revenus du capital est s_c, que les revenus soient*

perçus par les capitalistes ou par les travailleurs » (Samuelson et Modigliani, 1966a, p. 270, note de bas de page 2).

En définitive, les travailleurs se comporteraient de la même manière que les capitalistes, lorsqu'il s'agit des revenus en provenance des profits. La fonction d'épargne kaldorienne (1.21) s'écrit donc, en réalité, de la manière suivante :

$$(2.32) \qquad S = s_w W + s_p (P_w + P_c) = s_w W + s_p P$$

Ce paragraphe se décomposera en deux parties. Dans la première, nous présenterons une généralisation des modèles de type Kaldor-Pasinetti. Ce sera également l'occasion pour nous de proposer une explication du sauvetage de Kaldor (1956) orchestré par les néo-classiques. Dans la seconde, nous évaluerons la réplique concernant le modèle de Kaldor modifié et ses conséquences. Nous verrons comment les Post-keynésiens sont arrivés à un consensus sur le sujet.

a) La théorie kaldorienne de la répartition : une reconsidération

La proposition de Samuelson et Modigliani donna des idées à de nombreux auteurs ; parmi ceux-ci, Chiang (1973) semble faire office de référence. Ce dernier (Ibid., p. 311) propose de généraliser la fonction d'épargne de la manière suivante :

$$(2.33) \qquad I = s_{ww} W + s_{pw} P_w + s_{pc} P_c = S$$

Avec l'inégalité $0 \leq s_{ww} \leq s_{pw} \leq s_{pc} \leq 1$. Comme précédemment, les différentes propensions à épargner sont des constantes : s_{ww} est la propension à épargner des travailleurs sur leurs salaires, s_{pw} celle des travailleurs sur les profits qu'ils reçoivent et s_{pc} celle des capitalistes purs sur les revenus des profits. De (2.33) nous obtenons les deux équations concernant la part des profits dans le revenu total et le taux de profit macroéconomique :

$$(2.34) \qquad (s_{pw} - s_{ww})\frac{P}{Y} + (s_{pc} - s_{pw})\frac{P_c}{Y} = \frac{I}{Y} - s_{ww}$$

$$(2.35) \qquad (s_{pw} - s_{ww})\frac{P}{K} + (s_{pc} - s_{pw})\frac{P_c}{K} = \frac{I}{K} - s_{ww}\frac{Y}{K}$$

Chiang (1973, p. 311-312) distingue sur la base de ces deux équations quatre possibilités.

Cas 1 : $s_{ww} < s_{pw} = s_{pc}$. Nous retrouvons les conclusions du modèle de Kaldor (1956), les équations (2.34) et (2.35) se simplifient de la sorte :

$$\frac{P}{Y} = \frac{1}{(s_p - s_w)} \frac{I}{Y} - \frac{s_w}{(s_p - s_w)}$$

$$\frac{P}{K} = \frac{1}{(s_p - s_w)} \frac{I}{K} - \frac{s_w}{(s_p - s_w)} \frac{Y}{K}$$

Cas 2 : $s_{ww} = s_{pw} < s_{pc}$. Après quelques manipulations et compte tenu du fait que $P_c/Y + P_w/Y = P/Y$ et $P_c/K + P_w/K = P/K$, ceci nous donne :

$$\frac{P}{Y} = \frac{1}{s_{pc}} \frac{I}{Y} \qquad \frac{P}{K} = \frac{1}{s_{pc}} \frac{I}{K}$$

Il s'agit du théorème de Pasinetti. Nous obtenons, de nouveau, l'indépendance du taux de profit et de la répartition des revenus à l'égard des comportements d'épargne des travailleurs. En effet, s_w n'intervient plus dans les expressions ci-dessus.

Cas 3 : $s_{ww} = s_{pw} = s_{pc}$. Cette hypothèse a pour conséquence de nous faire retomber sur la fonction d'épargne à une seule classe, celle des modèles Harrod-Domar et néo-classiques : $S = sY$. Désormais, il est impossible d'obtenir des informations sur la répartition des revenus entre salaires et profits.

Cas 4 : $s_{ww} < s_{pw} < s_{pc}$. Ce cas est nouveau, puisqu'il n'avait jamais été envisagé auparavant. Les hypothèses de Kaldor et Pasinetti sont donc relâchées. En revanche, le résultat extraordinaire provient du fait que le théorème de Cambridge demeure valide même avec une fonction d'épargne généralisée, pourvu que les conditions (1.48) et (1.50) tiennent. Soit $S/K = S_c/K_c = S_w/K_w$ *et* $P/K = P_c/K_c = P_w/K_w = r$. En conséquence :

$$\frac{K_c}{K} = \frac{S_c}{S} = \frac{s_c P_c}{I}$$

Il est aisé de retrouver le théorème de Pasinetti. Cela amène l'auteur à conclure ainsi :

> *« Ce que nous avons montré c'est que (a) la reformulation de Pasinetti du modèle de Kaldor représente plus que le passage d'un cas spécial à un autre cas spécial d'un modèle général que la correction d'une erreur, et (b) les théorèmes d'indépendance conservent leur validité même dans le modèle à trois propensions dans lequel les travailleurs ont deux propensions à épargner, s_{ww} et s_{pw}, si bien que ces théorèmes ont un intervalle d'application plus large que perçu à l'origine » (Chiang, 1973, p. 312).*

La proposition (b) ne souleva pas de débats au sein du mouvement post-keynésien, et pour cause, elle démontre clairement la robustesse du théorème de Cambridge, alors que tous les comportements d'épargne sont différenciés. Autrement dit, le modèle offre une résistance satisfaisante à la relaxe de certaines hypothèses. Nous ne pouvons pas en dire autant de la proposition (a). De nombreuses contributions montrerons que l'assertion de Samuelson et Modigliani (1966a), selon laquelle $s_{ww} < s_{pw} = s_{pc}$, pose de grandes difficultés.[1] D'une manière générale, le modèle de Kaldor (1956) ne fit pas l'objet de controverses intenses. Pourtant, il se présentait comme une alternative à la théorie néo-classique de la répartition en ne faisant pas usage des outils orthodoxes. Pourquoi alors un modèle d'essence post-keynésienne, à priori contraire à la théorie néo-classique, serait-il considéré avec tant d'égard ? A première vue, cette tentative de Samuelson et Modigliani est difficilement compréhensible. Toutefois, en reprenant les principales équations du modèle de croissance et de répartition de Kaldor, nous allons rapidement cerner le but de la manœuvre. Nous savons que le taux de profit se note :

$$r = \frac{1}{(s_p - s_w)}\frac{I}{K} - \frac{s_w}{(s_p - s_w)}\frac{1}{v}$$

qui peut également se réécrire :

$$r = \frac{g_n v - s_w}{(s_p - s_w)}\frac{1}{v} \qquad (2.36)$$

[1] Ce point sera abordé en détail par la suite.

De même :

$$\frac{P}{Y} = \frac{g_n v - s_w}{(s_p - s_w)} \qquad (2.37)$$

En insérant l'équation (2.37) dans l'équation (2.36) nous obtenons la relation suivante, mise à jour dans Pasinetti (1966b, p. 305) et vertement critiquée par lui :

$$r = \frac{P}{Y}\frac{1}{v} \quad \Rightarrow \quad v = \alpha \frac{1}{r}$$

Comme précédemment α équivaut à la part des profits dans le revenu total. Selon nous, c'est cette raison qui a poussé les néo-classiques à prendre la défense du modèle de Kaldor, puisqu'il était possible de le faire entrer, sans problème apparent, dans le giron de l'orthodoxie. Samuelson et Modigliani pouvaient réintroduire la technologie, par l'intermédiaire du coefficient de capital, et la substitution entre les facteurs, afin d'assurer la simultanéité entre (i) l'équilibre et (ii) le plein emploi. Ceci explique aussi, d'une manière détournée, le fait que les néo-classiques s'en soient pris à Pasinetti (1962) avec un tel acharnement. Ce dernier expulse définitivement de la définition du taux de profit toute référence à la théorie de la productivité marginale. L'unique manière de retrouver les résultats du théorème de Cambridge, dans le cadre envisagé par Kaldor, était de postuler la nullité de la propension à épargner des travailleurs $s_w = 0$. Ce cas étant très particulier, les néo-classiques estiment que, dans le cas général, Kaldor (1956) peut être récupéré par eux.

Un dernier point d'importance reste à soulever concernant cette interprétation de Samuelson, Modigliani et Solow. Ceux-ci ont commis une erreur en tentant une approche « englobante ». En relisant Kaldor (1956, p. 109), nous nous apercevons aisément qu'une de ses hypothèses est en contradiction avec la théorie néo-classique, à savoir la fixité du coefficient de capital. En conséquence, nous ne voyons pas pourquoi v devrait se comporter comme le souhaitent les économistes orthodoxes. De surcroît, conformément à la critique de Pasinetti (1966b), pourquoi la répartition P/Y ne se modifierait-elle pas avec le taux de profit P/K ? Un exemple sur la base des équations (1.53) et (1.54) permet d'étayer cette assertion. Prenons une hausse de r, celle-ci ne peut venir que de l'accroissement de g_n ou de la diminution de s_c. Comment supposer que P/Y ne se modifie pas puisqu'elle dépend également de g_n et s_c ? Manifestement, la théorie néo-classique semble bien confuse sur un point qui est pourtant fondamental.

b) Les débats post-keynésiens autour du cas Samuelson-Modigliani

Nous avons clairement vu que, pour certains auteurs, Kaldor ne contient pas « l'erreur logique » dont Pasinetti l'avait accusé. Prosaïquement, la réaction post-keynésienne fut la suivante : si le ver est dans le fruit, alors mieux vaut le jeter afin qu'il ne contamine pas les autres.[1] Les économistes post-keynésiens (Maneschi 1974 ; Gupta 1977 ; Mückl 1978) ont donc mis à l'épreuve le modèle de Kaldor (1956), modifié par l'hypothèse néo-classique, en se demandant s'il était compatible avec une croissance équilibrée à deux classes sociales.[2] Evaluons donc ces résultats, en conservant les notations précédentes. Nous savons que la croissance équilibrée implique pour les deux classes sociales que leur capital croisse au même taux. De plus, en équilibre $I = S$, ce qui donne :

(2.38) $$g_n K_c = S_c$$

(2.39) $$g_n K_{w'} = S_{w'}$$

A long terme, le taux de profit est le même pour toutes les classes d'agents, soit $P/K = P_c/K_c = P_{w'}/K_{w'} = r$. Les fonctions d'épargne pour les capitalistes et les travailleurs se notent :

(2.40) $$S_c = s_{pc} P_c = s_{pc} r K_c$$

(2.41) $$S_w = s_{ww} W + s_{pw} r K_w$$

En combinant les équations (2.38) à (2.41) nous obtenons :

(2.42) $$K_c = (g_n - s_{pc} r) = 0$$

(2.43) $$K_{w'} = (g_n - s_{pw'} r) = s_{ww'} W$$

[1] Sans prendre en compte l'erreur expliquée plus haut de Samuelson, Modigliani et Solow.

[2] C'est-à-dire dans un cadre à la Pasinetti.

L'existence simultanée de deux classes sociales dans le cadre d'une croissance équilibrée implique qu'aucune des deux ne disparaisse ; ceci requiert (Maneschi, 1974, p. 150) les conditions suivantes $K_c > 0$, $K_w > 0$ et $K_w < K$ avec $K = K_c + K_w$. Nous retrouvons le théorème de Cambridge via (2.42) $r = g_n / s_{pc}$. En substituant la valeur de r dans (2.43) cela donne :

$$K_w = \frac{s_{pc} s_{ww} W}{g_n (s_{pc} - s_{pw})} > 0 \tag{2.44}$$

L'équation (2.44) implique que si $s_{pc} > s_{pw}$, comme c'est normalement le cas, pour que $K_w > 0$, il faut nécessairement que $s_{ww} > 0$ et $W > 0$. Au contraire, si $s_{pc} = s_{pw}$, conformément aux suggestions de Samuelson et Modigliani (1996a), alors $K_w = 0$ et ceci, sans raison économique, l'unique justification étant purement mathématique. Afin de trouver une raison économique valable à ce résultat, il faut imposer soit $s_w = 0$, les travailleurs n'épargnent rien, soit $W = 0$, il s'agit d'une société d'esclavage, ceux-ci travaillant gratuitement. Dans les deux cas, il ne peut y avoir coexistence de deux classes sociales. Il est possible d'examiner une autre conséquence du cas $s_{pc} = s_{pw}$; (2.44) peut se réécrire :

$$K_w = \frac{s_{ww} W}{r(s_{pc} - s_{pw})}$$

$$r(s_{pc} - s_{pw}) K_w = s_{ww} W$$

$$s_{pc} = s_{pw} + \frac{s_{ww} W}{r K_w} \tag{2.45}$$

Nous savons que nécessairement $K > K_w$ donc :

$$s_{pc} = s_{pw} + \frac{s_{ww} W}{r K_w} > s_{pw} + \frac{s_{ww} W}{r K} \tag{2.46}$$

$$s_{pc} > s_{pw} + \frac{s_{ww} W}{r K}$$

$$s_{pc} > s_{pw} + s_{ww}\frac{Y-P}{P}$$

$$\frac{P}{Y} > \frac{s_{ww}}{s_{pc} - s_{pw} + s_{ww}}$$

qui correspond à la part des profits dans le revenu global. Si $s_{pc} = s_{pw}$, de (2.46) nous écrivons $P/Y > 1$. Ceci est impossible car par définition $0 < P/Y < 1$. Il nous faut à nouveau supposer que $s_w = 0$ pour que la proposition des néo-classiques ne donne pas lieu à des incohérences économiques en matière de répartition. En conclusion, il faut rejeter les assertions de Samuelson et Modigliani (1966a), selon lesquelles les travailleurs se comportent à l'instar des capitalistes et conserver Kaldor (1956), corrigé par Pasinetti (1962).

Néanmoins, certains auteurs tentèrent de démontrer que les résultats de Kaldor (1956) demeuraient viables à long terme, même dans le cadre d'une économie mixte. Ainsi, Fazi et Salvadori (1981, p. 582-583) proposent de supprimer l'hypothèse (1.50) d'égalité des taux de rendement qui n'est pas présente dans le modèle originel de croissance de Kaldor. Ils remplacent donc (1.50) par l'hypothèse suivante, plus réaliste selon eux :

(2.47) $$i < r < \pi$$

r étant le taux de profit macroéconomique, i le taux de rendement du capital engagé indirectement dans le processus de production par les travailleurs et π le rendement dont bénéficient les capitalistes. Par définition, r est une moyenne des deux autres taux :

(2.48) $$r = i\frac{K_w}{K} + \pi\frac{K_c}{K}$$

Nos deux fonctions d'épargne s'écrivent désormais :[1]

(2.49) $$s_w W + s_p i K_w = g_n K_w$$

$$s_p \pi K_c = g_n K_c$$

[1] Ici $s_{pw} = s_{pc} = s_p$.

Après quelques substitutions, nous obtenons de (2.49) :

$$(2.50) \qquad i = \frac{g_n v - s_w(1 - rv)(1 + z)}{s_p v}$$

$$(2.50') \qquad \pi = g_n / s_p$$

avec $z = K_c/K_w$. En utilisant l'équation (2.48), nous retrouvons une expression bien connue du taux de profit et de la répartition des revenus :

$$(2.51) \quad r = \frac{g_n}{s_p} - \frac{s_w W}{s_p K} = \frac{g_n v - s_w(1 - rv)}{s_p v} = \frac{g_n v - s_w}{(s_p - s_w)v}$$

$$(2.51') \qquad \frac{P}{Y} = \frac{1}{(s_p - s_w)} \frac{I}{Y} - \frac{s_w}{(s_p - s_w)}$$

En définitive, selon Fazi et Salvadori (1981, p. 585 et 1985, p. 164), le modèle de Kaldor (1956) serait compatible avec la structure d'une économie à deux classes, pourvu que le taux d'intérêt des travailleurs soit inférieur au taux de profit global ; c'est ce que montre l'équation suivante issue de (2.51) :[1]

$$z = \frac{(r - i)s_p v}{s_w(1 - rv)} > 0 \qquad si \quad r > 1$$

Toutefois, Pasinetti (1983) estime que cette interprétation est sujette à caution pour plusieurs raisons. D'abord, dès que l'hypothèse (2.47) n'est plus respectée, nous retrouvons les difficultés soulevées par Maneschi (1974), Gupta (1977) et Mückl (1978). L'hypothèse de divergence entre les rendements n'est pas nouvelle. Elle avait déjà été évoquée par Laing (1969) et mise en application par Balestra et Baranzini (1971), ainsi que par Pasinetti (1974, p. 139-141) et (1983). En revanche, lorsqu'elle ne tient plus, à l'instar de Pasinetti (1983, p. 94), elle ne remet pas en cause la coexistence à long terme de deux classes sociales. Ensuite, l'hypothèse normale dans le cadre d'une croissance équilibrée de long terme est de supposer que les taux de rendement sont égaux. Les différents modèles de

[1] *Cf.* Fazi et Salvadori (1981, p. 586).

Fazi et Salvadori supposent que le capital de chaque classe croît au même taux g_n, afin qu'aucune des deux n'élimine l'autre. Puisque les travailleurs ont des taux de rendement inférieurs à ceux des capitalistes, mais que leur capital augmente au même rythme, ceci implique de leur part un comportement de type « super-capitaliste » (Pasinetti, 1983, p. 92). Ceci ne peut être cohérent à long terme, d'autant que s_w est censé être relativement faible.[1] Un consensus permettant d'éviter un dérapage du courant post-keynésien devait donc être trouvé. La solution est relativement simple. Elle vise à reconnaître que, en général, $i = r$ demeure la solution viable de long terme dans laquelle les conclusions de Pasinetti (1962) s'appliquent. Néanmoins, il est possible qu'à court terme les rendements divergent les uns des autres et qu'une économie mixte de type travailleurs/capitalistes demeure tout de même envisageable.

SECTION 2 : L'APPORT ESSENTIEL DU THEOREME NEO-PASINETTI DE KALDOR

En complément des critiques formulées à l'égard de l'orthodoxie, Kaldor (1966) tenta d'amender le modèle de Pasinetti (1962) suite à certaines objections néo-classiques. Meade (1963, p. 672) était dubitatif quant à l'existence à long terme d'une classe de capitalistes « purs », c'est-à-dire des rentiers ne vivant que des revenus de la propriété.[2] Kaldor prit donc cette remarque en compte en proposant une distinction de nos sociétés capitalistes modernes échappant à cette critique. Cependant, son approche pose de nombreux problèmes qui, s'ils demeurent non résolus, risquent d'entacher la cohésion du mouvement post-keynésien tout entier sur un thème fondamental, celui de la croissance et de la répartition. Dans cette section, nous proposons d'évaluer l'approche néo-Pasinetti de Kaldor, ainsi que les difficultés qu'elle rencontre. Puis nous aborderons les diverses contributions qui tendent à assurer le maintien des résultats post-keynésiens.

Le modèle néo-Pasinetti où la genèse du financement externe

Dans un premier temps, nous présenterons les hypothèses et les conclusions du modèle néo-Pasinetti de Kaldor. Dans un

---

[1] Il n'y a donc aucun espoir de voir la propension à épargner sur les revenus du travail justifier ce comportement « super-capitaliste » des travailleurs.
[2] *Cf.* également Samuelson et Modigliani (1966a, p. 297).

second temps, nous traiterons des problèmes relatifs à la stabilité dynamique.[1]

a) Le rôle primordial de l'entreprise moderne

Dans son approche, Kaldor juge la séparation entre les ménages, pris dans leur globalité, et les sociétés par actions (forme juridique moderne de l'entreprise) plus pertinente que celle effectuée par Pasinetti. Nous allons voir que les résultats auxquels il aboutit sont relativement surprenants. Kaldor (1966, p. 170) suppose que l'investissement global est financé de deux manières distinctes. D'abord, les firmes retiennent une fraction s_f de leurs profits globaux. Ensuite, elles peuvent émettre de nouvelles actions sur les marchés financiers représentant une partie x de leurs investissements.[2] Soit :

$$I = s_f P + xI \tag{2.52}$$

En ce qui concerne les ménages, ils sont supposés épargner sur les revenus du travail afin d'acheter les titres émis par les entreprises. Il faut, élément primordial, tenir compte des gains en capital G sur les titres qu'ils vendent, en leur appliquant une propension à consommer c.[3] Il s'agit donc d'un modèle à deux marchés, biens et services et titres financiers. L'équilibre sur le marché des titres se note de la sorte :

$$s_w W = cG + xI \tag{2.53}$$

Le côté gauche représente la demande de titres des ménages et le côté droit l'offre de titres. L'offre totale est composée de la vente cG des titres anciens et de l'offre de titres nouveaux xI allant au financement d'une partie des investissements. Quant à l'équilibre sur le marché des produits, il s'écrit :

$$I = (s_w W - cG) + s_f P \tag{2.54}$$

La somme de l'épargne nette des ménages et de l'épargne des entreprises est égale à l'investissement global. Nous savons que G est la variation (plus ou moins values) du prix des titres, soit

---

[1] Pour ne pas compliquer inutilement les choses, nous modifierons certaines notations originelles afin de les rendre homogènes avec le reste de l'ouvrage.

[2] Nécessairement, nous avons les inégalités suivantes : $0 < s_f < 1$ et $0 < x < 1$.

[3] Nous supposons que les ménages consomment la totalité des dividendes qui leurs sont versés. La prise en compte d'une propension à épargner sur ces derniers ne modifierait pas les résultats.

$G = (dp/dt)N$. En outre, selon Kaldor, les gains en capital sont fonction du ratio d'évaluation v_r (« valuation ratio ») qui correspond au rapport entre la valeur des titres cotés sur le marché boursier et le capital physique des entreprises :

$$v_r = \frac{pN}{K}$$

C'est parce que v_r va se modifier que l'équilibre sur le marché des titres (2.53) sera toujours réalisable. En dérivant le ratio d'évaluation par rapport au temps et en le supposant constant à l'équilibre, nous obtenons :

$$\frac{dK}{dt}v_r + \frac{dv_r}{dt}K = \frac{dp}{dt}N + \frac{dN}{dt}p$$

$$Iv_r = \frac{dp}{dt}N + \frac{dN}{dt}p$$

Cette équation se réécrit simplement :

(2.55) $$G = v_r I - xI$$

sachant que $(dp/dt)N$ représente les gains en capital (uniquement la variation du prix des titres) et que $(dN/dt)p$ correspond à l'offre de titres nouveaux pour financer l'investissement (uniquement la variation de la quantité des titres). Compte tenu de cette dernière équation, (2.53) et (2.54) se notent :

(2.56) $$s_w W - c(v_r I - xI) = xI$$

(2.57) $$s_w W - c(v_r I - xI) + s_f P = I$$

Les équations d'équilibre font donc intervenir, comme variables endogènes, le taux de profit macroéconomique et le ratio d'évaluation. Après quelques manipulations, sachant que $W = Y - P$ et $r = P/K$:

(2.58) $$s_w Y - s_w rK - cv_r I + cxI = xI$$

(2.59) $$s_w Y + (s_f - s_w)rK - cv_r I + cxI = I$$

En résolvant pour r et v_r, nous obtenons :[1]

(2.60) $$r = \frac{(1-x)}{s_f} g$$

(2.61) $$v_r = \frac{1}{c}\left[\frac{s_w}{gv} - \frac{s_w}{s_f}(1-x) - x(1-c)\right]$$

L'équation (2.60) est relativement surprenante, puisqu'elle ressemble fortement au théorème de Cambridge de 1962. Les travailleurs n'interviennent pas dans la détermination du taux de profit global et, par extension, dans la répartition des revenus. Le résultat est d'autant plus fascinant qu'il ne postule pas l'existence d'une classe permanente de capitalistes « purs ». De surcroît :

> *« ...il vaudra pour toute situation de croissance équilibrée et non seulement pour un âge d'or à ''long terme'' » (Kaldor, 1966, p. 173).*

Par conséquent, ceci n'implique pas un équilibre de plein emploi, (2.60) demeurant valable dans le cadre d'un équilibre avec chômage. Examinons, désormais, le comportement du modèle de Kaldor (1966) en cas de déséquilibre.[2]

b) La dynamique en cas de choc

Attardons-nous sur le marché des biens et services. L'expression (2.57) peut se réécrire :[3]

(2.62) $$g = \frac{s_w}{v} + (s_f - s_w)r - c(v_r - x)g = \frac{s}{v}$$

s étant la propension à épargner globale de l'économie ; en effet, nous savons, au moins depuis Harrod (1939), que $g = s/v$. De (2.62) nous voyons qu'une hausse du taux de profit accroît l'épargne globale, tandis qu'une hausse du ratio d'évaluation

---

[1] De (2.60), nous obtenons aussi la répartition des revenus entre salaires et profits, ainsi : $P/Y = [(1-x)/s_f]I/Y$.

[2] Nous suivons Araùjo (1995) dont l'étude semble faire référence concernant le traitement de la dynamique.

[3] $v = K/Y$ est toujours le coefficient de capital et $g = I/K$ le taux de croissance du capital ; en outre, $s_f > s_w$, ce qui semble raisonnable.

stimule la consommation car les gains en capital augmentent. Il est possible de déduire une courbe d'équilibre sur le marché des biens et services (*IS*) de pente positive reliant r et v_r :

(2.62') $$r = (s_f - s_w)^{-1}\left[c(v_r - x) - \frac{s_w}{v} + g\right]$$

$$\partial r / \partial v_r = (s_f - s_w)^{-1} c > 0$$

Concernant le marché des titres, nous pouvons noter l'offre $S_p = xI$ et la demande $D_p = s_w W - c(v_r - x)I$. En égalisant l'offre de titres à la demande et en divisant l'expression par K, nous obtenons une droite (*LM*) de pente négative :

(2.63) $$\frac{D_p}{K} = \frac{s_w}{v} - s_w r - c(v_r - x)g = xg = \frac{S_p}{K}$$

(2.63') $$r = s_w^{-1}\left[\frac{s_w}{v} - c(v_r - x)g - xg\right]$$

$$\partial r / \partial v_r = -s_w^{-1} cg < 0$$

L'analyse de la stabilité est menée d'une manière standard. En imposant la règle d'ajustement suivante avec a et b des coefficients préservant les signes des déséquilibres, nous avons les expressions suivantes :

$$\frac{dr}{dt} = a\left[g - \frac{s}{v}\right] \qquad a > 0$$

$$\frac{dv_r}{dt} = b\left[D_p - S_p\right] \qquad b > 0$$

En calculant la jacobienne du système précédent nous voyons que le modèle est stable, car la trace de la matrice est négative.[1]

[1] *Cf.* Gandolfo (1996, p. 358). En ce qui concerne le type de retour à l'équilibre, il est nécessaire de calculer le discriminant de l'équation caractéristique associée au système différentiel précédent ; soit : $\Delta = (Tr\ J)^2 - 4Det\ J$. Si $\Delta \geq 0$, il y a convergence monotone, si $\Delta < 0$, il y a convergence oscillatoire. Des valeurs plausibles des paramètres montre que $\Delta > 0$.

$$(2.64) \qquad J = \begin{bmatrix} -a(s_f - s_w) & acg \\ -bs_w & -bcg \end{bmatrix}$$

$$Tr(J) = -a(s_f - s_w) - bcg < 0 \qquad Det(J) = abcgs_f > 0$$

Quelques calculs simples permettent de trouver le sens des variations du taux de profit et du ratio d'évaluation afin de construire le diagramme des phases :

$$\dot{r} > 0 \quad si \quad r < (s_f - s_w)^{-1}\left[c(v_r - x) - \frac{s_w}{v} + g\right]$$

$$\dot{v}_r > 0 \quad si \quad r < s_w^{-1}\left[\frac{s_w}{v} - c(v_r - i)g - ig\right]$$

Figure 2.7 – La dynamique du modèle néo-Pasinetti

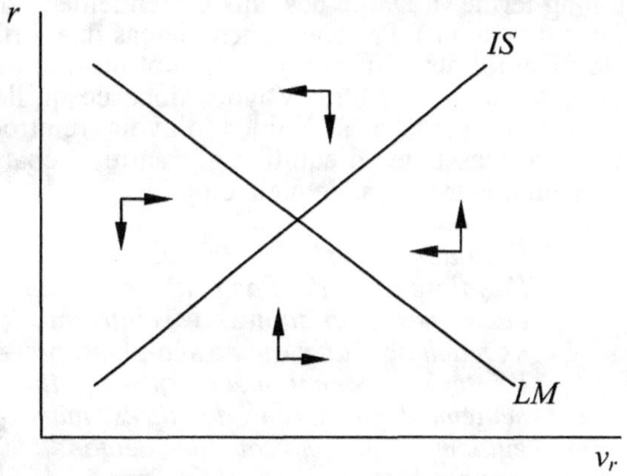

En dépit des conclusions attrayantes du théorème néo-Pasinetti de Kaldor, celui-ci n'est, malheureusement, pas exempt de défauts. Ainsi de nombreuses objections apparaîtront à la suite de l'article de 1966. Notre méthode consistera à les évaluer toutes, puis à analyser les réponses fournies pour les surmonter. En clair, l'unique question fondamentale que nous garderons à l'esprit est la suivante : le courant post-keynésien est-il parvenu à se débarrasser des critiques tout en conservant ses résultats forts concernant le taux de profit et la répartition des revenus ?

Des problèmes aux solutions : le chemin de la cohérence

Ce paragraphe se divisera en deux parties. D'abord nous évaluerons les critiques relatives au théorème néo-Pasinetti. Ceci nous permettra d'effectuer, en quelque sorte, un tri et de distinguer les vrais problèmes des faux. Ensuite, nous montrerons si, à travers les différentes tentatives d'amendement de Kaldor (1966), les économistes post-keynésiens parviennent à retrouver des résultats fidèles au théorème de Cambridge, seule issue permettant d'enterrer définitivement la théorie orthodoxe de la croissance et de la répartition.

a) Les critiques internes

Aussi étrange que cela puisse paraître, les critiques ne vinrent pas du camp néo-classique. Une raison permet d'expliquer cet état de fait. Kaldor (1966) retrouve les résultats de Pasinetti (1962) sans supposer l'existence de deux classes sociales à long terme (l'égalité des taux de rendement, des taux de croissance du capital). Par conséquent, le cas dual orthodoxe n'a plus de raison d'être. En fait, c'est plutôt de « l'intérieur » que des voix se firent entendre. Voyons donc ce qu'il en est. Davidson (1968) reproche à Kaldor d'avoir réintroduit le mécanisme néo-classique d'équilibrage entre l'épargne et l'investissement à leur niveau de plein emploi :

> *« Kaldor dans sa tentative de préserver l'analyse (...) de Pasinetti des attaques néo-classiques américaines, a réintroduit le ''deus ex machina'' du système néo-classique – le taux d'intérêt – comme mécanisme équilibrant, pas seulement du marché des titres, mais assurant également un niveau de demande toujours compatible avec le plein emploi » (ibid., p. 258).*

Comment le taux de rendement (ce que Davidson appelle le taux d'intérêt) intervient-il pour rétablir l'équilibre, alors que le coefficient d'évaluation et le taux de profit macroéconomique sont les deux seules variables endogènes du modèle néo-Pasinetti ? La démonstration ''formelle'' est fournie, quelques années plus tard, par Kahn (1972, p. 208-232). Le rendement global d'un titre est fonction des dividendes et des gains obtenus lors de sa vente :

(2.65)
$$r_e = \frac{(1-s_f)P + G}{pN}$$

Sachant que $pN = v_r K$, $P = rK$, $G = (v_r - x)I$ et $g = I/K$, nous pouvons écrire :[1]

$$r_e = \frac{(1-s_f)r + (v_r - x)g}{v_r} = g + \frac{r-g}{v_r}$$

Finalement, le ratio d'évaluation et le taux de rendement sont reliés inversement :

(2.66)
$$v_r = \frac{r-g}{r_e - g}$$

Supposons qu'il existe un déséquilibre, sur le marché des titres, tel que la demande soit supérieure à l'offre, de (2.53) il vient :

$$s_w W - cG > xI$$

La conséquence sur le marché des biens est de rendre la demande inférieure à l'offre. Nous savons de (2.54) qu'à l'équilibre $I = s_f P + xI$ avec $xI = s_w W - cG$. Nous obtenons donc le déséquilibre suivant pour le marché des biens :

$$I < s_f P + s_w W - cG$$

Ce sont les variations du taux de profit macroéconomique (donc de la répartition des revenus) et du ratio d'évaluation qui vont permettre de résorber les déséquilibres sur les deux marchés. Adoptons les notations suivantes : D_p et O_p représentent, respectivement, la demande de titres et l'offre de titres, D_B et O_B correspondent à la demande et l'offre de biens. Si $D_p > O_p$, le prix des titres va augmenter, ce qui se répercutera sur le ratio d'évaluation $v_r = pN/K$. En définitive, les gains en capital G vont croître et la demande nette de titres va diminuer jusqu'à s'égaliser à l'offre. Du côté du marché des biens, nous avons $D_B < O_B$ ce qui implique $r^* = (1 - x)g/s_f < r$. L'offre étant supérieure à la demande, les prix vont chuter, tandis que les salaires restent relativement stables. La consommation réelle

[1] De l'équation $I = s_f P + xI$, nous savons que $x = (g - rs_f)/g$.

s'élève (via les baisses de prix et les hausses du coefficient d'évaluation, réciproquement les baisses du taux de rendement), logiquement les profits vont décroître et le taux de profit global va revenir à sa valeur d'équilibre r^*. La répartition se modifie donc en faveur des salaires. En conséquence, si Davidson s'en prend à l'analyse de Kaldor, c'est parce qu'elle permettrait, indirectement, le retour à l'équilibre de plein emploi par l'intermédiaire des variations du taux de rendement. Araùjo (1995, p. 315), quant à lui, compare le théorème néo-Pasinetti à un modèle *IS-LM* complet, à prix et salaires flexibles, dans lequel le niveau du produit de plein emploi est fixé et l'égalité entre épargne et investissement est assurée par des variations du niveau des prix et des taux d'intérêt. Ainsi, à vouloir défendre Pasinetti des attaques néo-classiques, Kaldor serait tombé, sans s'en apercevoir, dans les tranchées adverses.[1]

Une autre difficulté avec le théorème néo-Pasinetti de Kaldor provient de l'endogénéité du ratio d'évaluation. Selon certains Post-keynésiens (Wood, 1975, p. 118), rien ne permet d'affirmer que v_r se comporte de manière accommodante, autrement dit qu'il évolue toujours dans le sens du retour à l'équilibre. En effet, nous savons que $v_r = pN/K$ est fonction du prix des titres. Ce prix dépend dans une très large mesure des anticipations des agents, souvent versatiles, dans un monde en proie à l'incertitude radicale. En définitive, il serait plus judicieux de considérer v_r comme une variable exogène pouvant prendre n'importe quelle valeur supérieure à zéro.

b) Répliques aux critiques du théorème néo-Pasinetti

Nous avons vu précédemment que de nombreux auteurs post-keynésiens accusaient Kaldor d'avoir construit un modèle dont les conclusions sont néo-classiques puisque l'équilibre de plein emploi serait toujours assuré. Il subsiste cependant une difficulté au sujet de ce type d'interprétation. Ce que Davidson (1968) et Araùjo (1995) dans une moindre mesure n'ont pas décelé, c'est que le modèle de Kaldor ne s'applique pas exclusivement à des situations de plein emploi, comme nous l'avons déjà souligné plus haut. Les mécanismes équilibrants n'assurent donc pas le plein emploi, simplement l'égalité épargne-investissement et rien de plus.

Un autre point mérite d'être souligné, le ratio d'évaluation (l'inverse du taux de rendement) n'est pas seul à agir. Dans le retour à l'équilibre, v_r se modifie conjointement à la répartition

[1] Ainsi, Davidson (1968, p. 92) cite une expression de Samuelson faisant allusion à « Jean-Baptiste Kaldor ».

des revenus, autrement dit au taux de profit. Dans cette logique, il peut être fort intéressant d'estimer l'importance de chaque variable dans l'apurement du marché des titres et des biens. Ainsi, supposons que le rapport P/Y, via le taux de profit, contribue, dans une plus large mesure, à résorber les déséquilibres sur le marché des biens que ne le permet le coefficient d'évaluation. Quelles en seraient les conséquences ? En fait, les critiques du théorème néo-Pasinetti deviendraient moins évidentes, puisque le mode d'ajustement dit néo-classique s'en trouverait fortement limité. C'est Rimmer (1993, p. 55-57) qui s'attache à démontrer cette proposition ; nous utiliserons donc sa démarche.[1] Les équilibres sur le marché des titres et des biens se notent donc :

$$s_h[W+(1-s_f)P]-(1-s_h)(v_r-x)I = xI$$

$$s_f P + s_h[W+(1-s_f)P]-(1-s_h)(v_r-x)I = I$$

Quelques manipulations, sachant que $W = Y - P$, nous donnent :

$$s_h - s_h s_f \frac{P}{Y} = [x(1-c)+cv_r]\frac{I}{Y}$$

$$s_h + (1-s_h)s_f \frac{P}{Y} = [(1-cx)+cv_r]\frac{I}{Y}$$

En écrivant les deux équations en différences, nous obtenons :

$$(2.67)\quad -s_h s_f \Delta\left(\frac{P}{Y}\right) - c\left(\frac{I}{Y}\right)\Delta v_r = [x + c(v_r - x)]\Delta\left(\frac{I}{Y}\right)$$

$$(2.68)\quad (1-s_h)s_f \Delta\left(\frac{P}{Y}\right) - c\left(\frac{I}{Y}\right)\Delta v_r = [1 + c(v_r - x)]\Delta\left(\frac{I}{Y}\right)$$

Supposons un taux de rétention s_f = 0.6, s_h = 0.1 et I/Y = 0.18. Ceci donne :

$$-s_h s_f = -(0.1)\quad(0.6) = -0.06$$

[1] Nous suivons Kaldor (1966, p. 172, note de bas de page 1) qui introduit une propension à épargner sur les salaires et les dividendes, ainsi $c = 1 - s_h$.

$$-c\frac{I}{Y} = -(0.9) \quad (0.18) = -0.16$$

$$(1 - s_h)s_f = (0.9) \quad (0.6) = 0.54$$

Nous voyons clairement qu'un déséquilibre sur le marché des titres provoque un changement plus important du coefficient d'évaluation que de la répartition des revenus. A l'inverse, à la suite d'un déséquilibre sur le marché des biens, le retour à l'équilibre sera essentiellement assuré par une variation dans la répartition des revenus, plutôt que par une variation du ratio d'évaluation, car $|s_f(1 - s_h)| > |- c(I/Y)|$.[1] Ainsi, l'impact du ratio d'évaluation dans l'apurement du marché des biens reste bien en deçà de ce qui a été affirmé par Davidson (1968) et Araùjo (1995). En revanche, la critique de Wood (1975), concernant l'endogénéité du ratio v_r, persiste. Nous allons donc voir si le courant post-keynésien est parvenu à surmonter les difficultés liées au coefficient d'évaluation, en le considérant comme constant.

A la suite de Kaldor, des Post-keynésiens (Moss, 1978 ; O'Connell, 1985, 1995) ont tenté d'élaborer des modèles « mixtes ». Les constructions théoriques sont donc plus proches de la réalité, puisqu'elles postulent, d'un côté, l'existence des ménages et des entreprises modernes par actions et, de l'autre, la division de ces mêmes ménages en travailleurs-capitalistes et capitalistes « purs ».[2] Toutefois, les résultats posent problème, car ils dépendent d'hypothèses parfois difficiles à justifier économiquement (absence de gains en capital, ratio v_r nécessairement égal à l'unité ou supposé accommodant...). Il semble qu'une solution ait vu le jour récemment, Commendatore (1999) étant parvenu à incorporer les analyses de Kaldor et Pasinetti en les enrichissant, et ceci sans formuler d'hypothèses *ad hoc*. Il élabore un modèle de croissance et de répartition « hybride » dans lequel il existe des ménages (travailleurs et capitalistes « purs ») et des sociétés par actions. Le ratio d'évaluation est supposé exogène, cependant il peut devenir supérieur à l'unité, ce qui permet de prendre en compte l'existence d'imperfections de long terme sur le marché des titres. L'investissement est financé soit sur fonds propres, par le biais d'un taux de rétention appliqué sur les profits des

---

[1] D'autres valeurs plausibles ne modifient pas fondamentalement les résultats.

[2] Tandis que Pasinetti (1962) supposait que les entrepreneurs étaient obligatoirement des capitalistes et que Kaldor (1966) distinguait uniquement les ménages, pris dans leur globalité, des sociétés par actions.

entreprises avant versement des dividendes, soit de manière externe, c'est-à-dire par émission de titres :

$$I = s_f P + xI$$

De surcroît, les gains en capital s'écrivent :

$$G = (v_r - x)I$$

La hausse de la richesse des capitalistes purs vient de l'épargne sur les dividendes ($rK_c = P_c$) et des gains en capital. Soit :[1]

$$(2.69) \quad v_r \dot{K}_c = s_c \left[(1 - s_f) r K_c + \frac{G}{K} K_c \right] + \varphi (1 - s_c) \frac{G}{K} K_c$$

$(G/K)K_c$ représente les gains en capital réalisés par les capitalistes, ils sont fonction du capital dont ceux-ci disposent, rapporté au stock de capital total K_c/K. La nouveauté provient du terme $\varphi(1 - s_c)(G/K)K_c$, φ équivalant au degré d'indifférence des agents entre les dividendes et les gains en capital. Si $\varphi = 0$, les agents ne font pas de distinction entre dividendes et gains, ils épargnent de la même manière sur les deux. Si $\varphi = 1$, la distinction est poussée à son paroxysme, les agents épargnent la totalité des gains réalisés lors de la vente de titres. Enfin, si $0 < \varphi < 1$, ils épargnent sur leurs gains comme sur leurs dividendes, mais ils conservent en plus une fraction φ de la consommation sur les gains en capital.[2] Quant aux travailleurs, leur richesse croît selon l'expression suivante :

$$(2.70) \quad v_r \dot{K}_w = s_w \left[W + (1 - s_f) r K_w + \frac{G}{K} K_w \right] + \varphi (1 - s_w) \frac{G}{K} K_w$$

Ensuite, nous avons la relation technologique entre le taux de profit et le coefficient de capital v, en provenance de Pasinetti (1974, p. 133) :

---

[1] Dans Pasinetti (1962) nous avions nécessairement $v_r = 1$.

[2] L'auteur précise qu'un φ différent selon les classes sociales ne modifierait pas les résultats.

$$(2.71) \qquad v = v(r)$$

Elle dispose des propriétés suivantes :[1]

$$rv = rv(r) < 1 \quad \text{si} \quad 0 < r < r_{\max}$$

$$r_{\max} v(r_{\max}) = 1 \quad \text{si} \quad r = r_{\max}$$

Enfin, nous savons que le taux de croissance des deux classes sociales doit être le même pour qu'aucune ne disparaisse. Soit : $S_c/K_c = S_w/K_w = g$. De plus, conformément à Kaldor (1966), g ne correspond pas nécessairement à la croissance de plein emploi. Il est possible d'obtenir la valeur du taux de profit macroéconomique en insérant la valeur de x dans G et celle de G dans l'équation (2.69), ceci nous donne :

$$(2.72) \qquad r = \frac{\left[v_r - s_{gc}(v_r - 1)\right]}{s_{pc}} g$$

où $s_{gc} = s_c + \varphi(1 - s_c)$ et $s_{pc} = s_c(1 - s_f) + [s_c + \varphi(1 - s_c)]s_f$. L'équation (2.72) est une version généralisée du théorème de Cambridge originel, car nous retrouvons les conclusions de Pasinetti (1962) et Kaldor (1966), à savoir le taux de profit et la répartition des revenus sont indépendants des propensions à épargner des travailleurs. Les agents essentiels dans la détermination de P/K et P/Y sont l'accumulation, les sociétés (via le taux de rétention s_f) et les capitalistes « purs » (par le biais de leur propension à épargner s_c). En outre, les résultats tiennent pour n'importe quelle valeur du ratio d'évaluation supérieure à zéro. Si $\varphi = 1$, nous retrouvons des résultats déjà établis par Pettenati (1967) et O'Connell (1985, 1995) :

$$r = \frac{g}{s_c(1 - s_f) + s_f}$$

De même, si $\varphi = 0$ et $v_r = 1$, autrement dit s'il n'existe pas d'imperfections sur le marché des titres à long terme, nous retombons sur le théorème de Pasinetti simple $r = g/s_c$.

Une autre conclusion importante apparaît lorsque nous étudions les conditions d'existence de deux classes sociales : le

[1] Nous rappelons que $rv = (P/K)(K/Y) = P/Y$.

théorème de Cambridge reste toujours une issue possible et raisonnable, tandis que le théorème dual des néo-classiques (nécessitant une égalité stricte entre l'inverse du rapport capital-produit et le taux de profit) $Y/K = g/s_w$ ne tient plus. Pour obtenir ce dernier, il faut supposer (Commendatore, 1999, p. 231) (i) que $K_c/K = 0$, (ii) que $\varphi = 0$ ($\varphi = 1$ rend le dual caduc) et (iii) que $v_r = 1$. Le théorème anti-Pasinetti n'a donc que peu de chance de se produire, au regard de toutes les hypothèses *ad hoc* qu'il faut poser. A première vue, les résultats post-keynésiens, en matière de croissance et de répartition, sont maintenus, et ceci en dépit des différentes objections dont ils ont fait l'objet. Toutefois, il reste un obstacle à franchir avant d'affirmer qu'un certain degré de cohérence règne au sein de ce courant de pensée. Jusqu'à présent, nous avions omis la présence de l'Etat. En réalité, une telle simplification est abusive et ne peut être maintenue sans s'exposer à des critiques lourdes de conséquences. Il faut donc approfondir l'analyse post-keynésienne, une nouvelle fois, et remettre en jeu les résultats qui semblaient acquis.

SECTION 3 : LES DEBATS AUTOUR DU BUDGET DE L'ETAT

L'introduction de l'Etat dans les modèles de croissance post-keynésiens et la réflexion sur ses conséquences sont apparues tardivement chez les économistes post-keynésiens. Ainsi il fallut attendre dix années pour qu'une contribution traite explicitement de cet agent économique. Cette section sera donc entièrement consacrée aux effets du budget de l'Etat sur le théorème de Cambridge. Dans un premier temps, nous aborderons les remises en cause formulées par certains auteurs, prétendant que celui-ci n'est plus qu'un cas très particulier parmi de nombreux autres envisageables. Dans un second temps, nous évaluerons la réplique post-keynésienne, prenant l'allure « d'un raz de marée », tant la quantité des contributions fut grande et la réponse unanime.

Les problèmes relatifs aux déséquilibres budgétaires

C'est Steedman (1972) qui s'est employé à intégrer l'Etat dans le modèle cambridgien de base. Les résultats sont encourageants pour le mouvement post-keynésien, puisqu'ils maintiennent le cas Pasinetti ; néanmoins, ils ne restent valides que dans le cadre d'un budget en équilibre. En outre, Fleck et

Domenghino, dix-sept ans après Steedman, analysent les situations de surplus et de déficit budgétaires et mettent à jour des conclusions antagoniques.

a) Le modèle avec un budget en équilibre

Les nouvelles variables sont les suivantes :

t_w : le taux d'imposition sur les revenus du travail
t_p : le taux d'imposition sur les revenus du capital (profits)
k : la fraction des dépenses de l'Etat versée aux travailleurs au titre des transferts[1]
G : le montant des dépenses publiques
T : la totalité des taxes reçues par l'Etat et qui correspondent à ses ressources

La croissance du stock de capital des travailleurs et des capitalistes se note de la sorte :

$$(2.73) \qquad S_w = \frac{dK_w}{dt} = s_w\left[(1-t_w)W + (1-t_p)rK_w + kG\right]$$

$$(2.74) \qquad S_c = \frac{dK_c}{dt} = s_c(1-t_p)rK_c$$

La condition de croissance équilibrée reste la même, à savoir $g_n = S/K = S_c/K_c = S_w/K_w$ et la rémunération du capital est la même à long terme $P/K = P_c/K_c = P_w/K_w = r$. En outre, Steedman (1972, p. 1390) suppose un budget toujours équilibré, soit $G = T$. En suivant la même procédure qu'au chapitre premier pour le modèle canonique de Pasinetti (1962) simple, nous obtenons la valeur du taux de profit macroéconomique :

$$g_n = \frac{S}{K} = \frac{S_c}{K_c} \Rightarrow g_n = \frac{s_c(1-t_p)P_c}{K_c}$$

$$(2.75) \qquad \frac{P}{K} = \frac{g_n}{(1-t_p)s_c}$$

[1] Si kG correspond aux transferts vers les ménages (allocations de toutes sortes, bourses…), alors $(1-k)G$ correspond aux biens de consommation achetés par l'Etat.

Ce dernier, bien que nous prenions en compte le budget de l'Etat, est indépendant de la méthode de production, de la productivité marginale du capital et de la propension à épargner des travailleurs. En définitive, le théorème de Cambridge est plus solide qu'il n'y paraît, étant donné que ses conclusions restent valides même avec la présence d'un État.

b) La remise en cause du théorème de Cambridge

Fleck et Domenghino (1987) tentent d'étendre l'analyse de Steedman au cas d'un budget déséquilibré (déficit ou excédent). Nous disposons des équations d'épargne habituelles : [1]

$$S_w = s_w(W + P_w) \qquad S_c = s_c P_c$$

Quant au gouvernement, il lève des impôts indirects T et il dépense ses recettes en achat de biens et services. Sa fonction d'épargne est la suivante :

$$S_T = s_T T \qquad T > 0 \tag{2.76}$$

Si $s_T = 0$ le budget est en équilibre, si $s_T > 0$ il y a un excédent et, enfin, si $s_T < 0$ le budget est en déficit. Les équations représentatives de l'équilibre global se notent :

$$Y = W + P_w + P_c + T \tag{2.77}$$

$$I = S = S_w + S_c + S_T \tag{2.78}$$

Regardons ce qu'il advient lorsque nous relâchons l'hypothèse d'un budget équilibré à long terme. A partir des équations d'épargne, de (2.76), (2.77) et (2.78) nous obtenons :

$$\frac{P_c}{K} = \left(\frac{1}{s_c - s_w}\right)\frac{I}{K} - \left(\frac{s_w}{s_c - s_w}\right)\frac{Y}{K} - \left(\frac{s_T - s_w}{s_c - s_w}\right)\frac{T}{K} \tag{2.79}$$

La valeur du taux de profit global étant $P/K = P_c/K + P_w/K$, avec un taux de profit similaire selon les classes sociales $P_w = rK_w$, nous trouvons que :

[1] Nous ne prenons pas en compte le solde de la balance commerciale comme le font Fleck et Domenghino pour deux raisons : (i) ceux-ci, lors des simulations graphiques, supposent que le solde de la balance commerciale est nul ($X - M = 0$) et (ii) ils n'introduisent pas explicitement de fonctions d'exportation et d'importation.

$$(2.79a)\qquad \frac{P}{K}=\left(\frac{1}{s_c - s_w}\right)\frac{I}{K}-\left(\frac{s_w}{s_c - s_w}\right)\frac{Y}{K} -\left(\frac{s_T - s_w}{s_c - s_w}\right)\frac{T}{K}+\frac{rK_w}{K}$$

En complément, l'égalité des taux de croissance de chaque classe sociale $S/K = S_w/K_w \Rightarrow S_w/S = K_w/K_w$ nous donne :

$$(2.80)\qquad \frac{S_w}{S}=\left(\frac{s_c s_w}{s_c - s_w}\right)\frac{Y}{I}-\left(\frac{s_w}{s_c - s_w}\right)-s_w\left(\frac{s_T - s_w}{s_c - s_w}\right)\frac{T}{I}$$

En introduisant (2.80) dans (2.79a), nous obtenons la valeur du taux de profit macroéconomique et la répartition des revenus entre salaires et profits :

$$(2.81)\qquad \frac{P}{K}=\frac{I - s_w Y-(s_T - s_w)T}{s_c(I - s_w Y)+s_w(s_c - s_T)T}\frac{I}{K}$$

$$(2.82)\qquad \frac{P}{Y}=\frac{I - s_w Y-(s_T - s_w)T}{s_c(I - s_w Y)+s_w(s_c - s_T)T}\frac{I}{Y}$$

Finalement :

> *« Le paradoxe de Pasinetti se résout (dissout) lui-même dans un système intégrant l'Etat : la propension à épargner des travailleurs demeure bien un élément essentiel de la répartition des revenus à long terme et également du taux de profit à long terme » (Fleck et Domenghino, 1987, p. 29).*

Les auteurs procèdent ensuite à une analyse graphique en trois dimensions, afin d'obtenir des renseignements supplémentaires quant à l'influence des différentes variables sur la répartition des revenus entre les salaires *W* et les profits *P*. Ils fixent les paramètres suivants :

$I/Y = 0.2 \quad T/Y = 0.1 \quad s_c = 0.5$
$s_T = [-0.2, 0.2] \quad s_w = [-0.1, 0.25]$

Ainsi, l'influence de la propension à épargner des travailleurs sur la répartition P/Y dépend de l'état du solde budgétaire. Par exemple, lorsque $s_T > 0$, une hausse de s_w entraîne une chute de P/Y. A l'inverse, lorsque $s_T < 0$, la hausse de s_w provoque l'augmentation de P/Y. Dans le cas $s_T = 0$, nous retrouvons le résultat de Pasinetti, autrement dit, la propension à épargner des travailleurs n'a aucune conséquence pour le taux de profit et la répartition.

Figure 2.8 – Les valeurs de la répartition en fonction des paramètres

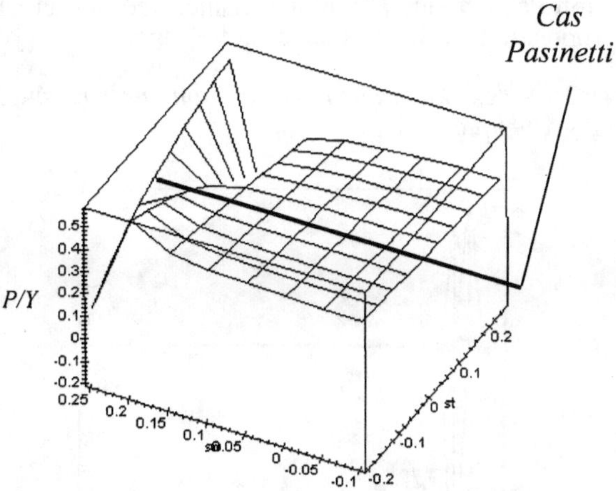

En conclusion, Fleck et Domenghino (1987) prétendent avoir réconcilié les Post-keynésiens avec les néo-classiques, car, d'un côté, le coefficient de capital v et la productivité marginale du capital ne sont pas réintroduits dans l'analyse et, de l'autre, ils tiennent compte de l'importance du comportement d'épargne des travailleurs.

La réplique des économistes post-keynésiens

L'article de Fleck et Domenghino conduisit à une « vague » de réfutation de la part des économistes post-keynésiens. Les objections portèrent sur la validité des résultats obtenus, mais aussi sur les hypothèses utilisées pour modéliser la présence de l'Etat, les Post-keynésiens jugeant ces dernières mal formulées et trop sommaires.[1]

a) Réflexions sur la méthode de Fleck et Domenghino

C'est en s'intéressant de près aux équations (2.81) et (2.82), censées remplacer les conclusions de Pasinetti (1962), qu'il est possible de mettre à jour l'incohérence de certains résultats. Pour cela, nous utiliserons la même méthode que Fleck et Domenghino (1987, p. 23).[2] Il est tout à fait possible d'accroître la « grille de définition » du graphique précédent en trois dimensions. Nous nous apercevons immédiatement que de nombreuses valeurs des paramètres s_w et s_T modifient la répartition des revenus P/Y d'une manière étrange. Examinons cette proposition par le biais de la figure suivante :[3]

Figures 2.9 – Les valeurs de la répartition après redéfinition de la grille graphique

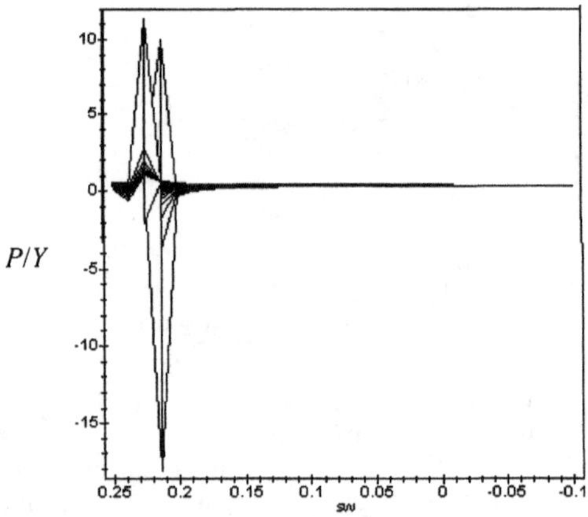

Le graphique 2.9 nous indique que la variable P/Y prend des valeurs incohérentes pour celles attribuées à la propension à

[1] Pour un maintien du théorème de Cambridge, dans le cadre d'une économie ouverte, avec un budget de l'Etat équilibré ou non, *cf.* Teixeira (1991).

[2] Le logiciel dont nous nous servons est Maple V, release 4.

[3] Les paramètres donnés sont les mêmes que ceux de Fleck et Domenghino (1987, p. 29) : $I/Y = 0.2$, $T/Y = 0.1$ et $s_c = 0.5$. La grille de définition du logiciel permet d'augmenter la précision du tracé du graphique ; si l'on accroît la grille cela a, en quelque sorte, un effet grossissant. De surcroît, en diminuant l'intervalle du solde budgétaire à des données plus proches de la réalité, par exemple $s_T = [-0.05, 0.05]$, les résultats demeurent toujours incohérents.

épargner des travailleurs. Le lecteur percevra sans peine les « sauts » effectués par la répartition des revenus en fonction des deux paramètres, la propension à épargner des travailleurs et l'état du solde budgétaire. Ce point peut également être démontré de manière algébrique. Considérons les quatre exemples suivants (il en existe de nombreux autres) afin d'étayer nos assertions :

(i)	$s_w = 0.2$	$s_T = -0.2$	$P/Y = 0$
(ii)	$s_w = 0.23$	$s_T = -0.1$	$P/Y = -0.5$
(ii)	$s_w = 0.23$	$s_T = -0.2$	$P/Y \cong 2.3$
(iv)	$s_w = 0.21$	$s_T = 0.2$	$P/Y \cong -1.4$

Alors que le non-respect de la condition $s_w < I/Y$ provoquait la disparition des capitalistes chez Pasinetti (1962), il aboutit à des résultats incohérents chez Fleck et Domenghino (1987). Désormais, il semble évident que ce modèle ne peut être conservé, au regard des conclusions qu'il fournit. Une part des profits supérieure à l'unité n'est pas logique, cela impliquerait que les travailleurs payent les entrepreneurs pour avoir le droit de travailler. Ces résultats surprenant trouvent peut-être leur origine dans la mauvaise spécification du budget de l'Etat et dans l'absence d'une véritable fonction d'imposition.

Selon Dalziel (1989), l'analyse de Fleck et Domenghino doit être rejetée, car elle ne prend pas correctement en compte le rôle de l'Etat. Ce dernier peut disposer d'un budget en équilibre, en déficit ou en excédent. En revanche, dans le modèle qu'ils construisent, l'Etat n'est pas en mesure de percevoir des profits, en cas d'excédent, ou d'effectuer le paiement des intérêts, en cas de déficit. Le gouvernement pourrait donc épargner, mais serait dans l'incapacité d'être rémunéré. En réalité, selon Dalziel (1989, p. 648), Fleck et Domenghino (1987) auraient commis, au sujet de l'Etat, la même erreur que Kaldor (1956), au sujet des travailleurs. Lorsque celle-ci est corrigée, Dalziel (1989, p. 651) démontre que (i) les conclusions de Fleck et Domenghino s'écroulent et (ii) le théorème de Cambridge reprend ses droits.

C'est Pasinetti (1989a, 1989b) qui, le premier, va définir correctement une fonction d'imposition complète dans le cadre d'un budget en déséquilibre. Cette dernière prend la forme suivante :

(2.83) $$T = t_w W + t_p (P_w + P_c) + t_i (1 - s_w) \left[(1 - t_w) W + (1 - t_p) P_w \right] + t_i \left[(1 - s_c)(1 - t_p) P_c + G \right]$$

t_w est le taux d'imposition sur les salaires, t_p le taux d'imposition sur les profits et t_i le taux d'imposition indirecte portant sur la consommation de biens et services, celui-ci s'appliquant également aux dépenses de l'Etat G. Evidemment tous les taux sont compris entre zéro et l'unité. Le solde budgétaire s_T est estimé de la manière suivante :

(2.84) $$\frac{T - G}{T} = s_T \quad \text{soit :} \quad G = (1 - s_T) T$$

Logiquement, si $s_T = 0$ le budget est équilibré, si $s_T > 0$ il subsiste un surplus et si $s_T < 0$, il existe un déficit. La fonction d'épargne globale se note :

(2.85) $$S = S_w + S_c + S_T$$

avec :

(2.86) $$S_w = s_w \left[(1 - t_w) W + (1 - t_p) P_w \right]$$

(2.87) $$S_c = s_c (1 - t_p) P_c$$

(2.88) $$S_T = s_T T$$

En tenant compte de (2.84) dans (2.83), de (2.83) modifiée dans (2.88) et après quelques manipulations, la fonction d'épargne globale se note (avec $\alpha = [1 - t_i(1 - s_T)]^{-1}$) :

(2.89) $$S = \{ s_w (1 - t_w) + s_T \alpha [t_w + t_i (1 - s_w)(1 - t_w)] \} W + \{ s_w (1 - t_p) + s_T \alpha [t_p + t_i (1 - s_w)(1 - t_p)] \} P_w + \{ s_c (1 - t_p) + s_T \alpha [t_p + t_i (1 - s_c)(1 - t_p)] \} P_c$$

En utilisant la méthode habituelle, nous notons que le théorème post-keynésien est à nouveau valide, corrigé des effets des taux d'imposition directe t_p et indirecte t_i et du solde budgétaire s_T :

$$(2.90) \quad r = \frac{1}{s_c(1-t_p) + s_T \alpha [t_p + t_i(1-s_c)(1-t_p)]} g_n$$

En outre, quand $s_T = 0$, nous retrouvons Steedman (1972). Les simulations graphiques donnent, à partir de (2.90), des conclusions attendues. Prenons $I/Y = 0.2$, $t_p = 0.3$ et $t_i = 0.2$, l'intervalle de s_T reste le même et, enfin, s_c, avant imposition, se situe entre 0.5 et 0.85, ce qui est de l'ordre du raisonnable. Il est clair que P/Y reste toujours compris entre zéro et l'unité ; de même, en réduisant le solde budgétaire à l'intervalle [-0.05, 0.05], la part des profits oscille entre 0.6 et 0.3.

Figure 2.10 – La répartition chez Pasinetti avec $s_T < 0$

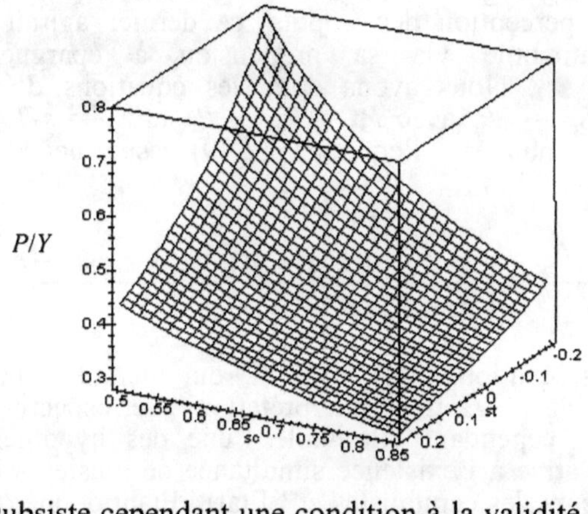

Il subsiste cependant une condition à la validité des résultats obtenus. Il est nécessaire que le théorème de l'équivalence ricardienne s'applique. Celui-ci implique que les agents considèrent pareillement un financement du déficit budgétaire par l'impôt ou par l'émission de titres, sachant que les intérêts seront remboursés aux agents privés par la levée de nouveaux impôts. Dans cette situation, le théorème de Cambridge est valide et l'analyse de Fleck et Domenghino (1987) doit être réfutée. Néanmoins, nous ne disposons pas véritablement d'enseignements généraux, car nous ne savons pas ce qu'il advient lorsque l'équivalence ricardienne ne s'applique plus, les agents considérant la dette publique comme une richesse nette leur rapportant un intérêt.

b) La généralisation des résultats post-keynésiens

Les propos précédents provoquèrent une contre-attaque de Fleck et Domenghino. D'abord, nous verrons pour quelles raisons elle doit être écartée. Ensuite, nous développerons les travaux post-keynésiens montrant que le théorème de Pasinetti est valide indépendamment de l'équivalence ricardienne, ce qui lui confère une portée générale. Fleck et Domenghino (1990, p. 491) précisèrent qu'une idée implicite était adoptée dans leur modèle de 1987. L'Etat perçoit effectivement des profits ; cependant il se comporterait à l'instar des capitalistes purs. Par conséquent, l'équation (2.76) se note de la sorte :

$$(2.76') \qquad S_g = s_T T + s_c P_{cg}$$

avec S_g l'épargne globale du gouvernement et P_{cg} ses profits. Quant à la perception des impôts, ce dernier agirait d'une manière autonome via sa propension à épargner (ou désépargner) s_T. Nous avons donc les équations d'épargne suivantes : $S_c = s_c P_c$ avec $P_c = P_{cp} + P_{cg}$ et $S_T = s_T T$.[1] Nous obtenons de nouveau l'équation (2.79) issue de Fleck et Domenghino (1987) :

$$\frac{P_c}{K} = \frac{P_{cp} + P_{cg}}{K} = \left(\frac{1}{s_c - s_w}\right)\frac{I}{K} - \left(\frac{s_w}{s_c - s_w}\right)\frac{Y}{K} - \left(\frac{s_T - s_w}{s_c - s_w}\right)\frac{T}{K}$$

ainsi que les équations (2.81) et (2.82) qui altèrent le théorème de Cambridge. Cette interprétation rétrospective est intéressante ; cependant elle viole l'une des hypothèses de Pasinetti, relative à l'existence simultanée de plusieurs classes (les travailleurs, les capitalistes et l'Etat).[2] Etant donné que $r = P/K = P_{cp}/K_{cp} = P_{cg}/K_{cg} = P_c/K_c$ et $S/K = S_c/K_c = I/K$, l'hypothèse de Fleck et Domenghino (1990) implique que :

$$\frac{P}{K} = \frac{P_c}{K_c} = \frac{P_c}{K}\frac{K}{K_c} = \frac{P_c}{K}\frac{S}{S_c} = P_c\frac{1}{S_{cp} + S_g}\frac{I}{K}$$

---

[1] P_{cp} correspond aux profits des capitalistes purs.
[2] *Cf.* Dalziel (1991-1992, p. 228-229).

$$= \frac{1}{s_c + s_T \frac{T}{P_c}} \frac{I}{K}$$

Cette expression s'explique par le fait que la fraction K_c/K du capital détenue par ceux qui ne travaillent pas doit être égale à leurs épargnes S_c/S, incluant l'épargne ou la désépargne de l'Etat sur ses recettes s_T. Il est bon de noter que cette équation est identique à (2.81) exprimée sous une autre forme ; pour ce faire il suffit de remplacer P_c par sa valeur dans (2.79). Quelles sont les conséquences de tout ceci ? En fait, à long terme, la fonction d'épargne du gouvernement, postulée par Fleck et Domenghino, provoque la disparition des capitalistes ! C'est le terme $s_T(T/P_c)$ qui pose problème, puisqu'il empêche de retrouver le théorème de Cambridge. Sachant que $K_c = P_c(K_{cg}/P_{cg})$, il peut se réécrire de la sorte :

$$s_T T / P_c = s_T T / rK_c = s_T T / rP_c(K_{cg} / P_{cg})$$

Cette expression est du signe suivant :[1]

$$0 < s_T T / rP_c(K_{cg} / P_{cg}) \quad \Rightarrow \quad 0 < s_T T / K_{cg}$$

Il est toujours possible de réécrire l'inégalité ainsi :

$$s_c r < s_c r + s_T \frac{T}{K_{cg}}$$

$$s_c \frac{P_{cp}}{K_{cp}} < s_c \frac{P_{cg}}{K_{cg}} + s_T \frac{T}{K_{cg}}$$

$$\frac{S_{cp}}{K_{cp}} < \frac{S_{cg}}{K_{cg}} \quad \Rightarrow \quad \frac{\dot{K}_{cp}}{K_{cp}} < \frac{\dot{K}_{cg}}{K_{cg}}$$

[1] Nous supposons que si $s_T < 0$, le solde du budget est déficitaire, alors $K_{cg} < 0$, le capital de l'Etat devient une dette, et inversement. En supposant $s_T < 0$, mais $K_{cg} > 0$, c'est l'Etat qui disparaît.

Ceci est incompatible avec le théorème de Cambridge, puisque, à long terme, le taux de croissance du capital appartenant à l'Etat est supérieur à celui des capitalistes. Ces derniers sont donc amenés à disparaître. En définitive, nous revenons à Samuelson et Modigliani (1966a), mais avec la présence d'un Etat. Admettons, malgré ceci, que les objections de Dalziel (1991-1992) puissent être ignorées ; il subsiste toujours le problème de l'incohérence des résultats obtenus par Fleck et Domenghino. Comment justifier le fait qu'un modèle de répartition, en lui attribuant des paramètres réalistes, puisse conclure à une part des profits dans le revenu de l'ordre de -15 ou 2.3 ?

Au regard des résultats de Pasinetti (1989a, 1989b), les économistes post-keynésiens envisagèrent l'étude de situations dans lesquelles le théorème de l'équivalence ricardienne n'était plus vérifié.[1] Désormais, les agents considèrent les titres publics, émis afin d'assurer le financement du déficit budgétaire, comme un stock de richesse et non plus comme une levée d'impôts futurs. Ainsi, Denicolò et Matteuzzi (1990, p. 341-342) démontrent que le modèle de Pasinetti reste valide, en cas de solde budgétaire négatif, lorsque l'équivalence ricardienne n'est plus vérifiée. Nous appellerons le stock de richesse A, ce dernier se décomposant en capital K et titres publics B. Soit : $A_w = K_w + B_w$ et $A_c = K_c + B_c$, de plus $B = B_c + B_w$. Dans un équilibre dynamique de long terme, les conditions suivantes s'appliquent :

$$\frac{S_w}{A_w} = \frac{S_c}{A_c} = \frac{\dot{B}}{B} = g_n \tag{2.91}$$

Les équations d'épargne se notent avec i le taux d'intérêt net sur les titres publics :[2]

$$S_w = s_w\left[(1-t_w)W + (1-t_p)P_w + iB_w\right]$$

$$S_c = s_c\left[(1-t_p)P_c + iB_c\right]$$

[1] Dans cette optique, *cf.* Denicolò et Matteuzzi (1990), Dalziel (1991) et Commendatore (1993).

[2] Pour ne pas alourdir les calculs inutilement, nous n'incluons pas l'imposition indirecte.

En tenant compte de (2.91), cette dernière expression se réécrit :

$$\frac{g_n}{s_c} = \frac{\left[(1-t_p)P_c + iB_c\right]}{K_c + B_c} = r \tag{2.92}$$

Le côté droit de (2.92) se définit comme le taux de profit net, car il rapporte la somme des gains des capitalistes à leurs actifs globaux. En supposant, comme nous l'avons déjà fait, qu'à long terme les différents rendements sont égaux, ceci implique $i = r$.[1] De la partie droite de (2.92), nous avons $i = (1 - t_p)(P_c/K_c) = r$, ce qui permet d'obtenir $r = g_n/(1 - t_p)s_c$, sachant que $P/K = P_c/K_c$. Nous retombons donc sur Steedman (1972) et, par extension, sur le théorème post-keynésien de Cambridge. Il est à noter, également, que ce dernier peut être obtenu si $B_c = 0$; dans ce cas, seuls les travailleurs possèdent des titres publics.

Dans ce second chapitre, nous sommes parvenus à démontrer comment l'analyse post-keynésienne, une fois enrichie, conserve ses conclusions originelles relatives au taux de profit et à la répartition. L'exclusion des travailleurs, de la technologie, le rôle essentiel des entreprises et du financement externe de l'investissement, la primauté de la propension à épargner, corrigée des impôts, des capitalistes et du taux de croissance naturel en sont les principales. En définitive, cette analyse offre une bonne résistance aux extensions diverses telles que le budget de l'Etat, équilibré ou non, l'introduction d'une distinction entre ménages et entreprises dans le cadre d'un modèle hybride (section 2), voire l'économie ouverte (Teixeira, 1991). En réalité, la théorie post-keynésienne renvoie à des résultats d'une grande généralité. Au cours de nos développements, nous avons montré que les modèles de Pasinetti (1962) et Kaldor (1966) constituent le socle de cette théorie post-keynésienne de la répartition et de la croissance et qu'ils peuvent être considérés comme les piliers du courant européen. Ainsi, les conclusions en matière de répartition des revenus ont été préservées, ce qui, selon nous, est une preuve de la cohérence de cette approche et ce, en dépit des nombreuses attaques dont elles furent l'objet. Nous pensons que ceci est dû, en grande partie, au fait que la majorité de ces économistes

[1] Certains auteurs, *cf.* Panico (1997, p. 66-67), estiment qu'il n'existe aucune raison économique valable pour que le taux d'intérêt des titres publics soit égal au taux de rendement du capital. Dans ce cas, le taux de profit n'est plus indépendant de la technologie. Toutefois, le lien positif entre accumulation et taux de profit demeure.

post-keynésiens se sont débarrassés de toute référence aux concepts de productivité marginale du capital et de fonction de production macroéconomique.

Dès lors, une question légitime peut venir à l'esprit : pour quelles raisons s'efforcent-ils d'expulser de leurs analyses ces concepts ? La réponse à cette question fera l'objet de notre prochain chapitre. Nous verrons que les résultats, en matière de répartition et de croissance, sont en accord avec le refus des fonctions de production néo-classiques.

CHAPITRE III : LES DEBATS SUR LE CAPITAL ET LES FONCTIONS DE PRODUCTION NEO-CLASSIQUES

Ce chapitre insiste sur les difficultés tenant à l'utilisation des fonctions de production néo-classiques dans l'analyse macroéconomique. Les développements qui suivent constituent une réponse directe et claire à ceux qui s'étonnent que les économistes post-keynésiens n'utilisent pas la théorie de la productivité marginale du capital et l'arsenal traditionnel des économistes orthodoxes. Ce que nous tenterons de démontrer tout au long de ce chapitre, c'est que, en réalité, cet arsenal n'a jamais été opérationnel dans un cadre macroéconomique. Par conséquent, l'objet du chapitre sera double. Dans un premier temps, il s'agira de retracer brièvement les controverses relatives à la fonction de production agrégée, puis d'examiner la réplique néo-classique aux objections formulées. Dans un deuxième temps, nous montrerons que les modèles orthodoxes s'appuyant sur cette fonction doivent être abandonnés, car ils résistent mal au passage à un monde multi-sectoriel. Ce sera également pour nous l'occasion d'établir un lien avec les analyses du chapitre II. Nous examinerons s'il en va de même des modèles de croissance et de répartition post-keynésiens, c'est-à-dire s'ils offrent une résistance convenable à l'introduction de plusieurs biens.

SECTION 1 : LES CONTROVERSES AUTOUR DE LA FONCTION DE PRODUCTION

Les fonctions de production agrégées étant à la source de ce second conflit entre Néo-classiques et Post-keynésiens, nous rappellerons quelques-unes de leurs propriétés. En outre, nous évaluerons les critiques formulées à leur égard et les solutions imaginées par les économistes orthodoxes.

Mise en perspective des débats

a) Rappel des résultats élémentaires

L'analyse macroéconomique néo-classique se fonde sur les fonctions de production agrégées avec des facteurs substituables. Traditionnellement, les facteurs pris en compte sont le travail et le capital. Il nous faut supposer qu'il existe une firme représentative de toutes les autres qui produit un bien unique, ce dernier pouvant être à la fois consommé et produit.[1] L'analogie avec la théorie microéconomique semble évidente : l'ensemble des résultats s'appuie sur la théorie de la productivité marginale et sur une analyse en terme de rareté relative des facteurs de production que sont le travail et le capital, ces éléments permettant également de fonder une théorie de la répartition macroéconomique des revenus. La production du bien unique Y dépend donc du capital K et du travail L, ceux-ci étant considérés comme homogènes :

(3.1) $$Y = F(K, L)$$

La fonction de production est supposée homogène de degré un, les rendements d'échelle étant constants :

$$Y = F(\lambda K, \lambda L) = \lambda F(K, L)$$

Les rendements marginaux sont positifs et décroissants :

$$\partial Y / \partial K > 0 \qquad \partial^2 Y / \partial K^2 < 0$$
$$\partial Y / \partial L > 0 \qquad \partial^2 Y / \partial L^2 < 0$$

---

[1] Le blé semble être l'exemple par excellence ; cependant, il existe d'autres possibilités, à l'instar de l'activité d'une ferme (Barro et Sala-i-Martin, 1995, p. 18), dans laquelle les animaux peuvent être consommés ou utilisés pour produire encore plus d'animaux.

La différentielle totale de l'expression (3.1) se note :

$$dY = (\partial Y / \partial K)dK + (\partial Y / \partial L)dL$$

A un niveau de production constant $dY = 0$, nous obtenons le taux marginal de substitution technique suivant :

$$\frac{dK}{dL} = -\frac{(\partial Y / \partial L)}{(\partial Y / \partial K)} < 0 \qquad (3.2)$$

En économie fermée et sans Etat, l'identité suivante permet de comprendre comment les productivités marginales du capital et du travail sont égales, respectivement, au taux de profit r et au taux de salaire w :

$$Y = W + P = wL + rK$$

Exprimons la valeur du capital en fonction des autres variables :

$$K = (Y - wL) / r$$

$$\frac{dK}{dL} = -\frac{w}{r} = -\frac{(\partial Y / \partial L)}{(\partial Y / \partial K)} < 0 \qquad (3.2')$$

Il est possible d'étudier la production par tête. Comme précédemment, nous noterons $y = Y/L = f(k)$ avec $k = K/L$. L'identité comptable se note désormais de la manière suivante :

$$y = w + rk \qquad (3.3)$$

En ce qui concerne la productivité marginale du capital :

$$\frac{dy}{dk} = r = f'(k) > 0$$

En outre, il est possible d'obtenir le sens des variations du taux de profit en fonction de celles du rapport capital/travail en dérivant deux fois dy/dk, ce qui montre les possibilités de substitution infinies (figure 3.1) :

$$d^2 y / dk^2 = dr / dk = f''(k) < 0$$

$$d^3 y / dk^3 = d^2 r / dk^2 = f'''(k) > 0$$

Figure 3.1 – Relation taux de profit et rapport capital/travail

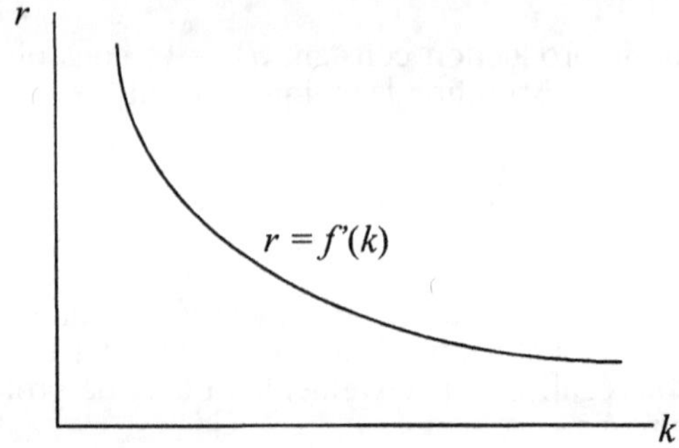

Il en va de même de la productivité marginale du travail :

(3.4) $$w = y - rk = f(k) - f'(k)k$$

$$dw/dk = -f''(k)k > 0 \quad \text{et} \quad d^2w/dk^2 = -f''(k) - kf'''(k)$$

Cette dernière expression est inférieure à zéro si $k > -f'(k)/f''(k)$. En utilisant la fonction Cobb-Douglas par tête traditionnelle $y = k^\alpha$, l'inégalité est respectée car $0 < \alpha < 1$.

$$k > \frac{\alpha(\alpha-1)k^{\alpha-2}}{\alpha(\alpha-1)(\alpha-2)k^{\alpha-3}} \quad \Rightarrow \quad \alpha < 3$$

Figure 3.2 – Relation taux de salaire et rapport capital/travail

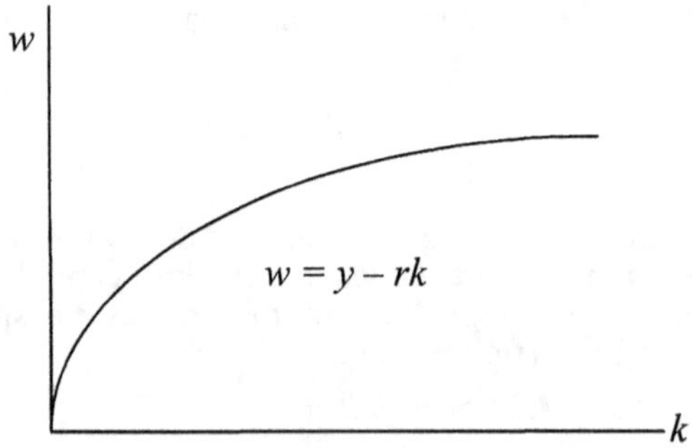

De (3.4) nous tirons la pente de la tangente à la frontière du prix des facteurs (w, r) $dw/dr = -k < 0$. De plus, celle-ci est convexe car la dérivée seconde est positive avec $k = (y - w)/r$:

$$d^2w / dr^2 = (y - w) / r^2 \quad (3.5)$$

Figure 3.3 – La frontière du prix des facteurs

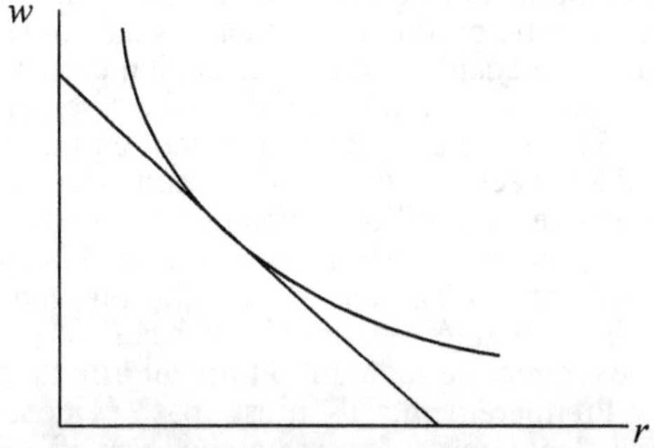

Ensuite, nous vérifions logiquement que le sens de variation du coefficient de capital $v = K/Y = k/y$ est similaire à celui du rapport capital/travail k :

$$\frac{dv}{dk} = \frac{d(k / f(k))}{dk} = \frac{y - rk}{y^2} > 0 \quad (3.6)$$

Nous obtenons en complément des informations précises sur la répartition des revenus en utilisant la Cobb-Douglas. La répartition est fixée d'emblée par les coefficients de la fonction de production agrégée $(dY/Y)/(dK/K) = \alpha = rK/Y$ et $(dY/Y)/(dL/L) = 1 - \alpha = wL/Y$. Supposons que la quantité de capital augmente, le rapport k va croître, ceci provoque la baisse du taux de profit car nous savons que $dr/dk < 0$. La hausse de K s'accompagne de la baisse du facteur travail car $dK/dL < 0$. A ce niveau plus élevé de capital est associé un niveau plus bas de la quantité de travail utilisé et un taux de salaire plus élevé, en effet, nous savons de (3.4) que $dw/dk > 0$. En définitive, les conclusions macroéconomiques de l'analyse néo-classique reposent entièrement sur la fonction de production agrégée, celle-ci impliquant la théorie de la productivité marginale et la substitution entre les facteurs.

b) Les critiques des fonctions de production macroéconomiques

Les objections des Post-keynésiens à l'encontre des fonctions de production macroéconomiques utilisées par les Néo-classiques sont au nombre de deux ; la première est une critique externe qui consiste à refuser la substituabilité et la productivité marginale, la seconde est plus fondamentale puisqu'il s'agit d'une critique de cohérence interne concernant l'homogénéité du capital.

Il existe une longue tradition post-keynésienne qui consiste à refuser les fonctions de production à facteurs substituables car, le plus souvent, à une quantité donnée de capital correspond une autre de travail qui lui est indissociable et inversement. Selon Blaug (1986, p. 514) cette critique remonterait en fait à Hobson au début du XXe siècle. Prenons l'exemple du modèle de croissance canonique ; l'équilibre dynamique est assuré par la modification des prix relatifs (le rapport *w*/*r*) et la capacité du système à substituer du capital au travail, ou inversement. Cependant, une difficulté de taille subsiste lorsque nous modifions, par exemple, le montant du travail afin de retourner à l'équilibre. Premièrement, il n'est pas évident qu'une production équivalente puisse être maintenue ; en effet à chaque unité de travail est attribuée une quantité déterminée de machines et, en augmentant la quantité de travail, il est probable qu'il faille utiliser un montant plus élevé de capital. Deuxièmement, en suivant ce raisonnement, il semble quasiment impossible d'appréhender une hausse de la production émanant du seul facteur travail $\partial Y/\partial L > 0$, une hausse de celui-ci s'accompagnant quasi invariablement d'une hausse de la quantité de capital. De même, une autre difficulté s'ajoute, celle de voir, en plus de la quantité, la qualité du capital changée. Dès lors que toute variation de la quantité de travail s'accompagne de changements dans l'organisation du capital, est-il encore possible d'attribuer les variations de la production à l'unique facteur travail ?

A la suite de Robinson (1953), les Post-keynésiens refusent expressément tout recours aux fonctions de production agrégées utilisant le capital comme facteur de production. Il est à préciser que ce refus s'adresse à Solow et à l'ensemble de ses prolongements, à l'instar du modèle de croissance optimale de Cass (1965), ainsi qu'aux modèles de cycles réels. Le raisonnement est logique et remonte, entre autres, à Wicksell (1901). Notons K le capital agrégé, K_i les différentes sortes de capital nécessaires à l'élaboration du produit et p_i leurs prix. Nous avons l'expression suivante :

$$K = \sum_{i=1}^{n} p_i K_i$$

Lorsque nous calculons la productivité marginale du capital $\partial Y / \partial K > 0$, celle-ci signifie que le produit global varie par l'unique modification des quantités physiques de capital, c'est-à-dire les K_i. La difficulté provient du fait qu'une variation du montant des K_i peut parfaitement entraîner celle des prix p_i, auquel cas nous ne pouvons plus rien dire au sujet de la productivité marginale du capital. Pour échapper à ce problème, la tactique des économistes néo-classiques fut, dans un premier temps, de considérer le capital agrégé comme un bien homogène (ce qui en fait un bien unique) et malléable (assurant en permanence la substituabilité des facteurs).

Toutefois, face à cette « croisade » menée contre les fonctions de production macroéconomiques par les Post-keynésiens, les Néo-classiques devaient trouver une réponse plus générale. C'est donc Samuelson qui prit la tête de la contre-attaque, avec comme objectif affiché l'éradication pure et simple de toute critique issue du courant post-keynésien.

La réplique des économistes néo-classiques

Samuelson (1962) désire démontrer que les conclusions des économistes néo-classiques, se fondant sur la fonction de production agrégée, peuvent être conservées, car elles constituent des paraboles, rejoignant strictement les conclusions des modèles plus complexes à biens capitaux hétérogènes. Pour cela, il utilise un modèle à deux secteurs, basé sur des fonctions de production à facteurs complémentaires, hypothèse qu'il juge, à l'instar de ses collègues du MIT, extrême. Evaluons donc la méthode de Samuelson.

a) Présentation d'un modèle bi-sectoriel

Samuelson (1962, p. 196-198, 204-205) utilise un modèle à deux secteurs. Le premier secteur produit le bien d'investissement à partir de lui-même et de travail. Le second secteur produit le bien de consommation par le biais du bien d'investissement et de travail. Pour répondre aux critiques de Joan Robinson et des Post-keynésiens, il suppose que les coefficients de production sont fixes. Les fonctions de production sont donc à facteurs complémentaires et ont la forme suivante :

(3.7) $$Y_1 = \min\left[\frac{K_1}{a_{11}}, \frac{L_1}{l_1}\right]$$

(3.8) $$Y_2 = \min\left[\frac{K_2}{a_{12}}, \frac{L_2}{l_2}\right]$$

Y_1 est le bien d'investissement, Y_2 le bien de consommation ; K_1, K_2, L_1 et L_2 sont les quantités de capital et de travail dans chaque secteur, les indices 1 et 2 se rapportent, respectivement, aux biens d'investissement et de consommation ; a_{11}, a_{12}, l_1 et l_2 sont les coefficients techniques. Il est possible de définir un rapport capital/travail optimal et unique dans chaque secteur, qui permet le plein emploi des facteurs de production.[1] Soit :

$$a_{11}Y_1 = K_1 \qquad l_1Y_1 = L_1$$

(3.9) $$\frac{a_{11}}{l_1} = \frac{K_1}{L_1}$$

$$a_{12}Y_2 = K_2 \qquad l_2Y_2 = L_2$$

(3.10) $$\frac{a_{12}}{l_2} = \frac{K_2}{L_2}$$

Nous supposons qu'il existe un seul et même taux de salaire w pour les deux secteurs. Il en va de même du taux de profit r. Nous notons p_1 le prix du bien d'investissement et p_2 celui du bien de consommation. En outre, la dépréciation des machines s'effectue au taux d équivalent pour les deux secteurs. Nous avons donc les deux expressions suivantes :

$$p_1(Y_1 - dK_1) = rp_1K_1 + wL_1 \qquad p_2(Y_2 - dK_2) = rp_1K_2 + wL_2$$

qui se réécrivent de la sorte :

(3.11) $$p_1Y_1 = (r+d)p_1K_1 + wL_1$$

(3.12) $$p_2Y_2 = (r+d)p_1K_2 + wL_2$$

[1] Autrement, il existe du chômage ou une surcapacité de production.

En remplaçant Y_1, Y_2, K_1, K_2, L_1 et L_2 par leurs valeurs issues des coefficients techniques, nous obtenons les équations de prix du modèle bi-sectoriel :

$$p_1 = (r+d)p_1 a_{11} + wl_1 \tag{3.13}$$

$$p_2 = (r+d)p_1 a_{12} + wl_2 \tag{3.14}$$

Toutes les quantités ont été éliminées, il ne reste plus que le prix des deux biens, ainsi que les prix du capital et du travail. Désormais, il convient d'évaluer les conclusions auxquelles Samuelson (1962) et le courant néo-classique aboutissent, en ce qui concerne l'utilisation des fonctions de production macroéconomiques. Notamment, nous allons voir comment ils retrouvent les paraboles de l'analyse néo-classique sans en passer par la fonction de production traditionnelle.

b) Conséquences pour la macroéconomie néo-classique

Il est possible de simplifier les équations (3.13) et (3.14) en choisissant le bien de consommation comme numéraire. En posant $p_2 = 1$, ceci nous donne :

$$1 = (r+d)p_1 a_{12} + wl_2 \tag{3.15}$$

Ce système de prix comprend deux relations uniques entre, d'un côté, le taux de salaire w et p_1 le prix du bien d'investissement et, de l'autre, le taux de profit r. Quelques substitutions nous donnent les expressions suivantes :

$$w = \frac{1 - a_{11}(r+d)}{l_2[1 + a_{11}(m-1)r]} \tag{3.16}$$

$$p_1 = \frac{l_1}{l_2[1 + a_{11}(m-1)r]} \tag{3.17}$$

avec $m = a_{12}l_1/a_{11}l_2$. Samuelson (1962, p. 196-197) suppose, pour simplifier l'analyse, que $m = 1$. La relation technique entre le taux de salaire et le taux de profit se réécrit ainsi :

$$w = \frac{1 - a_{11}(r+d)}{l_2} \tag{3.18}$$

Elle exprime les différentes valeurs d'équilibre possibles entre w et r, lorsqu'il n'existe qu'une seule technique de production pour chaque secteur. L'expression (3.18) est tracée dans la figure 3.4 suivante avec les valeurs limites.

Figure 3.4 – La frontière salaire-profit à technique unique

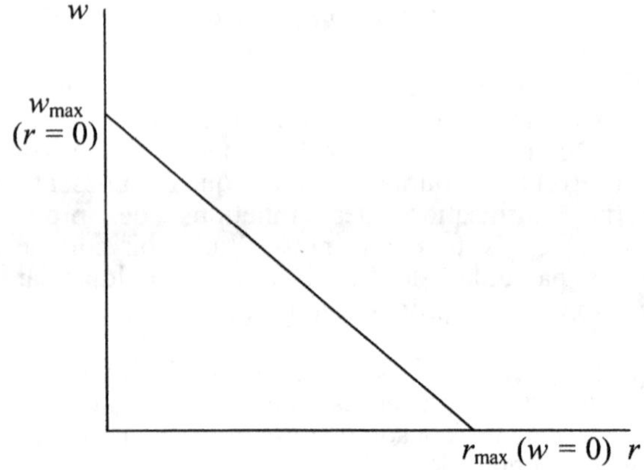

En fait, Samuelson, à partir de ce modèle simple à deux secteurs, essaie de retrouver les résultats de l'analyse néo-classique traditionnelle. Pour cela, calculons le prix du bien d'investissement et le rapport capital-travail. Puisque $m = 1$, l'expression du prix p_1 est simplement la suivante :

(3.19) $$p_1 = \frac{l_1}{l_2}$$

Déterminons le rapport capital-travail k en nous servant des équations (3.9) et (3.10) :

(3.20) $$k = p_1\left[\frac{K_1 + K_2}{L}\right]$$

$$= p_1\left[\frac{(a_{11}L_1 / l_1) + (a_{12}L_2 / l_2)}{L}\right]$$

$$= p_1\left[a_{12} / l_2 \frac{L_1 + L_2}{L}\right] = \frac{a_{11}}{l_2}$$

De surcroît, nous savons de (3.18) que :

(3.21) $$\frac{\partial w}{\partial r} = -\frac{a_{11}}{l_2} < 0$$

Nous retrouvons les résultats néo-classiques ($\partial w/\partial r = -k < 0$).

Nous allons voir qu'en supposant l'existence d'une infinité de techniques de production, Samuelson (1962) sera à même de retrouver toutes les paraboles de la fonction de production agrégée. Désormais, pour chaque secteur, les entrepreneurs disposent d'un très grand nombre de techniques. Pour le moment, supposons qu'il existe deux techniques *a* et *b* pour lesquelles les coefficients techniques de production sont différents. La figure 3.4 illustre notre raisonnement. De quelle manière les entrepreneurs choisissent-ils leur technique de production ? Pour un taux de salaire donné, ils utilisent la technique qui va maximiser le taux de profit. Si w se situe entre w_{max} et w_s ils décident d'adopter la technique de production *a*, car celle-ci permet un taux de profit supérieur. Si, à l'inverse, w se situe entre w_s et 0, les entrepreneurs choisissent la technique de production *b*. Le point S est appelé communément point de changement de technique (« *switching* »). Si w est égal à w_s les entrepreneurs sont indifférents entre les deux techniques, elles sont également profitables.

Figure 3.5 – La frontière salaire-profit pour deux techniques

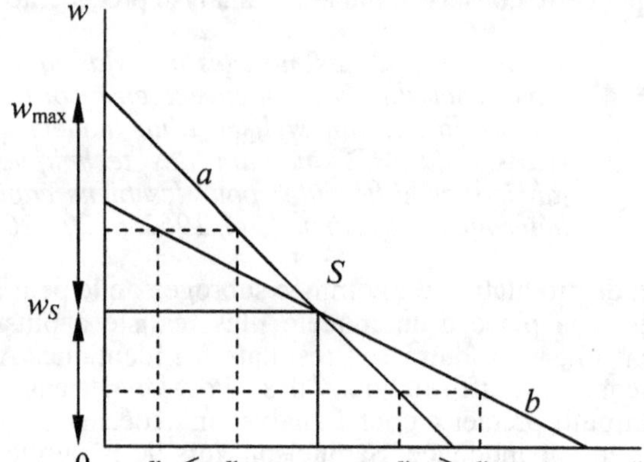

Est-il possible de retrouver le rapport inverse entre le coefficient de capital v et le taux de profit r, tant critiqué par les Post-keynésiens et Pasinetti ? Nous savons que :

$$v = \frac{k}{y} = \frac{a_{11} / l_2}{rk + w}$$

Quelques calculs mènent à la valeur du coefficient de capital :

$$v = \frac{a_{11}}{1 - da_{11}} \tag{3.22}$$

qui correspond à l'inverse de la valeur maximale du taux de profit $r_{max} = (1 - da_{11})/a_{11}$. En définitive, pour une technique de production particulière, plus le taux de profit maximal est élevé et plus le coefficient de capital est faible. De même, puisque $v = k/y$, à un rapport k supérieur correspond un coefficient de capital également supérieur et, *in fine*, un taux de profit maximal plus faible. Lorsque nous supposons que le nombre des techniques est infini nous retrouvons l'ensemble des résultats néo-classiques, à savoir les relations décroissantes et convexes entre le taux de salaire et le taux de profit, entre le taux de profit et le rapport capital-travail, ainsi qu'entre le coefficient de capital et le taux de profit (*cf.* figure 3.6).

En conclusion, la fonction de production agrégée des néo-classiques peut être conservée puisque l'analyse précédente :

> *« ...montre que les modèles néo-classiques, au sens strict du terme, peuvent être considérés comme la version stylisée d'un modèle quasi réaliste du MIT incluant des techniques de fabrication différentes pour les biens capitaux hétérogènes » (Samuelson, 1962, p. 201-202).*

La fonction de production est nommée subrogée ; elle peut donc être utilisée à la place d'un modèle plus réaliste à plusieurs secteurs, car elle reproduira ses résultats à l'identique. Ainsi, contrairement aux affirmations des Post-keynésiens, elle demeure un outil précieux pour l'analyse macroéconomique et ne doit pas être abandonnée. Samuelson, lors de la publication de cet article, pensait sans doute parvenir à faire cesser toute critique. Nous allons expliquer comment les Post-keynésiens se sont organisés afin de mettre définitivement un terme aux controverses.

Figure 3.6 – Les résultats néo-classiques pour un grand nombre de techniques

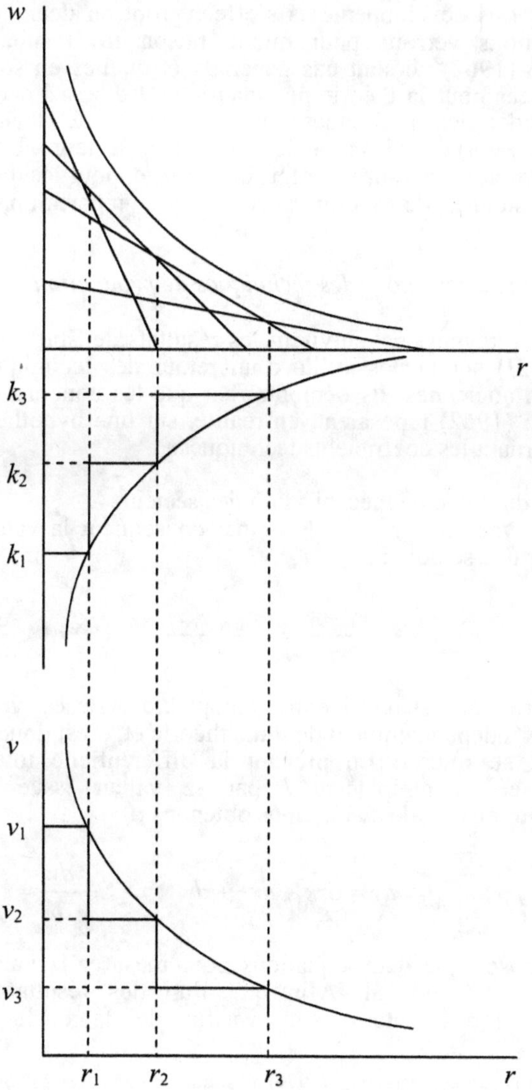

SECTION 2 : LA MISE EN DIFFICULTE DE LA THEORIE NEO-CLASSIQUE

Dans cette section nous traiterons de la « réplique à la réplique ». Les développements s'effectueront en deux temps. D'abord, nous verrons pour quelle raison les résultats de Samuelson (1962) ne sont pas généraux et quelles en sont les conséquences pour la théorie néo-classique. Ce sera l'occasion d'appréhender les problèmes dus au retour de technique (« *reswitching* ») dans les modèles à plusieurs secteurs. Ensuite, nous nous attarderons sur les effets du passage, pour les théories post-keynésiennes de la croissance et de la répartition, à un monde bi-sectoriel.

La possibilité d'un retour des techniques de production

Les Post-keynésiens[1] suivirent les résultats de Sraffa (1960, chapitre XII) sur la possibilité d'un retour des techniques de production anciennes. Ils démontrèrent que les conclusions de Samuelson (1962) reposaient, en réalité, sur une hypothèse *ad hoc* concernant les coefficients techniques.

a) Le rôle du degré de mécanisation des secteurs

Nous savons que $y = rk + w$; par conséquent la valeur du capital par tête se note :

(3.23) $$k = \frac{y - w}{r} = \frac{w_{\max} - w}{r}$$

Cette expression est une identité comptable : elle est vraie en tout temps indépendamment de toute théorie et, c'est donc à elle qu'il faut se référer. En prenant la différentielle totale de l'identité et en remplaçant r par sa valeur issue de la productivité marginale dy/dk, nous obtenons :

(3.24) $$dy = drk + dkr + dw \quad \Rightarrow \quad -\frac{dw}{dr} = k$$

Nous disposons de deux équations pour mesurer la valeur du capital par tête global. Afin que l'un des résultats néo-classiques fondamentaux soit vérifié, le taux de profit

[1] *Cf.* Pasinetti (1966c), Garegnani (1970) ainsi que les controverses entre Post-keynésiens et Néo-classiques contenues dans le *Quarterly Journal of Economics* de 1966.

s'égalisant à la productivité marginale du capital $r = dy/dk$, il faut que la condition suivante soit respectée :

$$-\frac{dw}{dr} = \frac{w_{\max} - w}{r} = \frac{a_{11}}{l_2} = k$$

Cette condition demeure vraie tant que $m = 1$. L'hypothèse de Samuelson (1962) implique donc l'égalité suivante :

$$\frac{a_{11}}{l_1} = \frac{a_{12}}{l_2} \quad \Leftrightarrow \quad \frac{K_1}{L_1} = \frac{K_2}{L_2}$$

Ceci signifie que $m = 1$ correspond à un degré de mécanisation identique dans les deux secteurs de production. Cette hypothèse est très restrictive et, surtout, sans fondement économique. *A priori*, rien n'explique ce choix, si ce n'est le désir de trouver des résultats compatibles avec l'analyse macroéconomique néo-classique. Si m est différent de l'unité, il vient immédiatement que les expressions précédentes ne s'appliquent plus et le taux de profit r ne peut être égalisé à la productivité marginale du capital. En définitive, les relations techniques entre le taux de salaire et le taux de profit ne sont plus représentées par des droites, mais par des courbes. Nous allons donc étudier celles-ci de manière détaillée.

Afin d'établir la relation générale entre le taux de salaire et le taux de profit, reprenons l'équation (3.16). En dérivant deux fois celle-ci nous saurons (i) si la pente est toujours négative et (ii) nous connaîtrons sa forme.

(3.25) $$\frac{dw}{dr} = \frac{-a_{12}l_1}{l_2^2\left[1 + a_{11}(r + d)(m - 1)\right]^2} < 0$$

$$\frac{d^2w}{dr^2} = \frac{2a_{12}l_1a_{11}l_2(m-1)}{\left[l_2\left[1 + a_{11}(r + d)(m - 1)\right]\right]^3}$$

En ce qui concerne le dénominateur, celui-ci est toujours positif. Nous savons que si $m > 1$, l'expression $l_2[1+a_{11}(r + d)(m - 1)]$ est supérieure à zéro. Si $m < 1$, le dénominateur va dépendre de la valeur du taux de profit. Nous connaissons la valeur du taux de profit maximal $r_{max} = (1 - da_{11})/a_{11}$; en insérant celle-ci dans le dénominateur nous obtenons la valeur l_2m qui reste positive quel que soit m compris entre zéro et l'unité. Si pour la valeur la plus élevée du taux de profit le dénominateur reste positif, alors pour toutes les autres valeurs inférieures il sera aussi positif. Par conséquent, le signe de la dérivée seconde va dépendre uniquement de la valeur de m au numérateur. La relation technique entre le taux de salaire et le taux de profit est décroissante convexe si le secteur du bien de consommation est plus mécanisé que le secteur du bien de production $K_2/L_2 > K_1/L_1$. Elle est décroissante concave si le secteur du bien de consommation est moins mécanisé $K_2/L_2 < K_1/L_1$. Elle est décroissante linéaire si les deux secteurs utilisent la même quantité de capital par travailleur $K_2/L_2 = K_1/L_1$; ce dernier cas correspond à celui privilégié par Samuelson (1962). Finalement :

$$d^2w/dr^2 > 0 \quad si \quad m > 1$$

$$d^2w/dr^2 = 0 \quad si \quad m = 1$$

$$d^2w/dr^2 < 0 \quad si \quad m < 1$$

Il est maintenant possible d'examiner les conséquences, pour la théorie néo-classique, de la relation technique généralisée. Il s'agit du problème du *reswitching*.

b) Le phénomène du retour de technique ou « *reswitching* »

Le retour de technique ou *reswitching* signifie qu'une technique de production peut être utilisée à deux niveaux différents du taux de profit et ne pas l'être à un niveau intermédiaire. Ce type de phénomène se produit lorsque les relations techniques entre taux de profit et taux de salaire ne sont plus linéaires, autrement dit lorsque m est différent de l'unité. Dans ces cas, il se produit un renversement du montant de capital par tête lorsque le taux de profit varie, ce qui vient contredire les conclusions néo-classiques traditionnelles en matière de substitution des facteurs. Le renversement de capital, ou effet Wicksell négatif, signifie que pour un taux de profit plus élevé le rapport capital-travail sera également supérieur.

(i) Le secteur du bien de consommation est plus mécanisé. Dans cette situation, nous avons $m > 1$, soit $K_2/L_2 > K_1/L_1$; la relation technique entre taux de salaire et taux de profit est décroissante convexe. Il est possible de connaître la valeur du capital par tête pour deux taux de salaire différents, comme l'illustre la figure 3.7. Le montant du capital par tête k pour un taux de salaire w_a fixé nous est donné par la tangente de l'angle a. Ainsi, *Tang a* =

$(w_{max} - w_a)/r_a = k_a$. Il en va de même en ce qui concerne le taux de salaire w_b, T*ang* $b = (w_{max} - w_b)/r_b = k_b$. Nous voyons que $k_b < k_a$, ce qui signifie que la relation entre r et k est décroissante.

Figure 3.7 – La relation salaire-profit convexe pour une seule technique

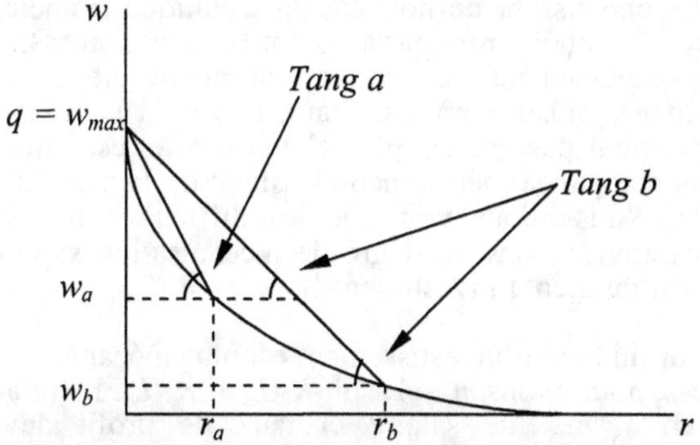

Figure 3.8 – Technique convexe et renversement de capital avec reswitching

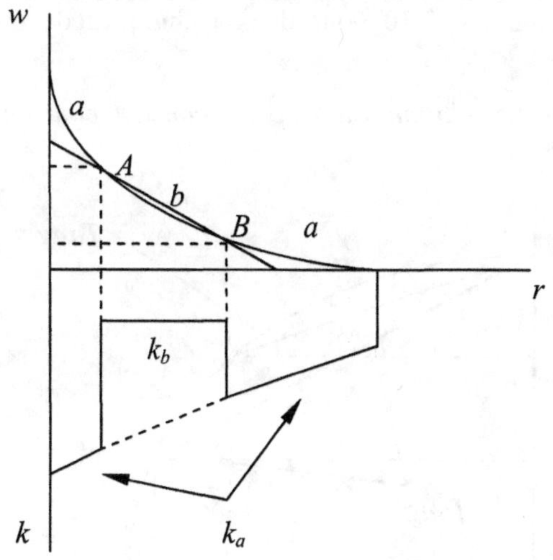

Toutefois, comme le montre la figure 3.8, des difficultés surviennent lorsqu'il existe plus d'une technique, la seconde étant linéaire pour l'exemple. Le point A est un point de changement de technique ou point de *switching*. Pour un taux de salaire donné entre les points A et B, la technique *b* est la plus rentable, elle est donc toujours choisie. Le point B est un point de retour de technique ou point de *reswitching*, car les entrepreneurs choisissent de nouveau la technique *a* ancienne pour tout taux de salaire inférieur au point B. A ce point B, il se produit un renversement de capital, autrement dit un effet Wicksell négatif, puisque pour un taux de profit supérieur le montant du capital par tête est plus élevé. L'effet est l'inverse de celui annoncé par la théorie néo-classique de la substitution des facteurs. Nous allons voir que les difficultés persistent lorsque nous envisageons un degré de mécanisation supérieur dans le secteur du bien d'investissement.

(ii) Le secteur du bien d'investissement est plus mécanisé. Dans ce second cas, nous avons $m < 1$, soit $K_2/L_2 < K_1/L_1$. La relation technique entre taux de salaire et taux de profit devient décroissante convexe (cf. figure 3.9). En utilisant la même procédure que précédemment, nous obtenons $Tang\ a = (w_{max} - w_a)/r_a = k_a$ et $Tang\ b = (w_{max} - w_b)/r_b = k_b$, soit $k_b > k_a$. Ceci signifie que pour un taux de profit supérieur, la valeur du capital par tête est plus importante. Les résultats sont tracés dans le graphique 3.10 pour deux techniques de production différentes.

Figure 3.9 – La relation salaire-profit concave pour une seule technique

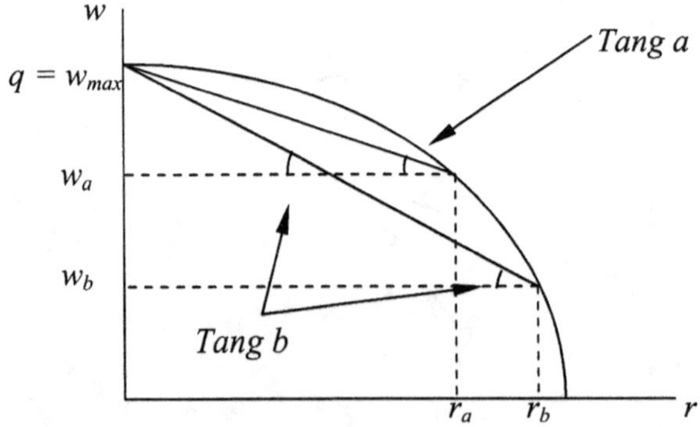

Figure 3.10 – Technique concave et renversement de capital avec reswitching

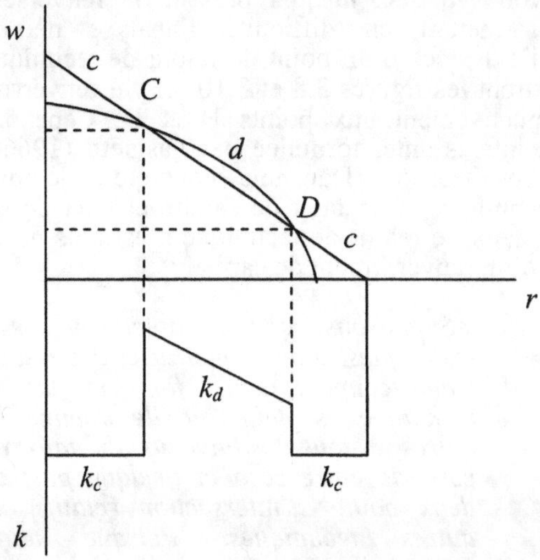

Le point C est le point de *switching* et le point D celui de *reswitching*. Le renversement de capital s'effectue en D, car pour un taux de profit supérieur le montant du capital par tête est supérieur. Par conséquent, la relation inverse continue entre *r* et *k* n'est plus valide dans le cadre d'un modèle bi-sectoriel général et les conclusions de l'analyse macroéconomique orthodoxe s'effondrent.

Renversement de capital et maintien de la théorie post-keynésienne

Dans ce second paragraphe nous allons examiner une conséquence imprévue, pour la théorie néo-classique, du passage à une économie comprenant plus de deux techniques de production dans un cadre général, autrement dit lorsqu'il existe des relations salaire-profit linéaires et non-linéaires. Par la suite, nous verrons ce qui se produit quand les modèles de croissance cambridgiens sont étudiés dans un univers bi-sectoriel. Ceci nous permettra de comparer la résistance des conclusions des deux courants face au relâchement des hypothèses.

a) Le renversement de capital dans une économie à plus de deux techniques

Nous avons vu que, jusqu'à présent, le renversement de capital qui mettait en difficulté l'analyse néo-classique nécessitait l'existence d'un point de retour de technique. C'est ce que montrent les figures 3.8 et 3.10 : il y a renversement de capital respectivement aux points B et D. Cependant, une proposition intéressante, formulée par Pasinetti (1966c), vient généraliser ces assertions. Dans une économie où le nombre des relations techniques entre taux de salaire et taux de profit est supérieur à deux, le retour de technique n'est plus nécessaire à l'existence d'un renversement de capital :

> *« Supposons, par exemple, un cas à trois techniques, dans lequel deux des relations w-r s'entrecoupent deux fois, et la troisième technique est telle qu'elle domine les deux autres à tous les niveaux du taux de profit compris entre zéro et quelque part entre les deux points d'intersection relatifs aux deux autres techniques. Puisque toutes les intersections relatives à des techniques qui ne sont pas rentables doivent être ignorées, il y a un cas dans lequel les points de switching sont au nombre de deux : de la troisième technique à la seconde, et de la seconde à la première, à mesure que le taux de profit augmente de zéro à sa valeur maximale. Par conséquent, il ne devrait se produire aucun retour de technique. Au premier point de changement de technique, la nouvelle technologie entraînerait une valeur plus faible du stock de capital par travailleur, et au second changement de technique la nouvelle technologie entraînerait une valeur plus élevée du stock de capital par travailleur » (Pasinetti, 1966c, p. 515-516).*

En réalité, ceci prouve simplement que le renversement de capital est un phénomène encore plus général que la simple analyse du retour des techniques de production ne le présageait. L'exemple de Pasinetti (1966c) est tracé dans la figure 3.11 précédente.[1] Ainsi, dans celle-ci le retournement de capital se

[1] Il existe de nombreuses autres configurations envisageables du renversement de capital ; *cf.* l'exemple contenu dans Lavoie (1987).

produit au point B, alors qu'il n'existe que des points de *switching* et aucun point de *reswitching*. La théorie néo-classique est donc prise en défaut dans des conditions relativement générales, c'est-à-dire avec ou sans retour des techniques de production.

Figure 3.11 – Renversement de capital sans reswitching avec trois techniques

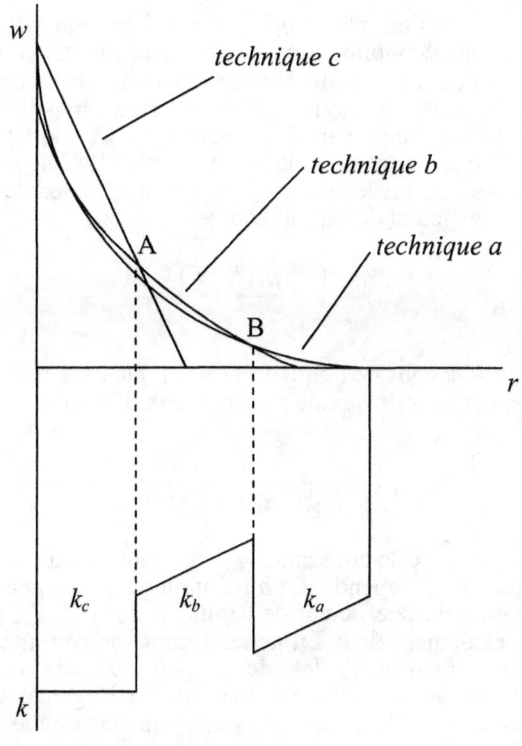

b) Le passage des modèles post-keynésiens à un monde bi-sectoriel

Dans son modèle de croissance et de répartition, Kaldor (1956) suppose que le coefficient de capital est constant. Ceci lui permet de mettre en évidence le fait que le taux de profit dépend positivement du taux de croissance par le biais des différentes propensions à épargner. En effet, de l'équation (1.25) nous savons que :

$$\frac{P}{K}=\left(\frac{1}{s_p - s_w}\right)\frac{I}{K}-\frac{s_w}{(s_p - s_w)v}$$

$$\frac{\partial(P/K)}{\partial(I/K)}=\left(\frac{1}{s_p - s_w}\right)>0$$

Toutefois, ce résultat ne s'applique plus lorsque nous nous situons dans une économie à plus d'un bien. En fait, le résultat $\partial r/\partial g_n$ est toujours admis implicitement dans un monde à un bien unique. Lorsque nous relâchons cette hypothèse, les difficultés surviennent, car il se peut que le coefficient de capital varie également de manière à annuler l'effet positif du taux de croissance sur le taux de profit. Dans le modèle à deux secteurs le coefficient de capital vaut :

$$v=\frac{k}{y}=\frac{p_1(K/L)}{y}$$

En outre, nous savons de l'équation (3.17) que dans le cas de la relation générale entre taux de profit et taux de salaire :

$$p_1=\frac{l_1}{l_2\left[1+a_{11}(m-1)r\right]}$$

Une hausse du taux de croissance g_n provoque la hausse du taux de profit global r ; cependant, en même temps, elle peut causer l'augmentation du coefficient de capital $v = p_1(K/L)/y$, puisque p_1 dépend également de r. En général, nous ne sommes pas en mesure de connaître l'effet de g_n sur le taux de profit macroéconomique. L'étude systématique de Hagemann (1991, p. 463, tableau 25.2) démontre, dans une économie à deux secteurs avec une fonction d'épargne kaldorienne, que $\partial r/\partial g_n$ est positif lorsque $m = a_{12}l_1/a_{11}l_2 \geq 1$. A l'inverse, avec $m < 1$, il est parfaitement possible d'obtenir $\partial r/\partial g_n \leq 0$. Il en va de même en ce qui concerne l'effet de s_p sur le taux de profit. Quand $m < 1$, la configuration $\partial r/\partial s_p \geq 0$ devient envisageable.

En définitive, le modèle de Kaldor (1956) résiste mal au passage à une économie bi-sectorielle. La validité et la généralité de ces résultats dépendent de la réalisation de l'une des deux conditions suivantes : soit (i) il n'existe qu'un seul bien dans l'économie considérée, soit (ii) le degré de mécanisation du secteur produisant le bien de consommation est le même que celui produisant le bien d'investissement. En fait, le problème vient du fait que le coefficient de capital v est présent dans la définition du taux de profit global, ce qui n'est pas le cas de tous les modèles de croissance cambridgiens.

Si le modèle de Kaldor originel connaît des difficultés, il n'en va pas de même de Pasinetti (1962) et Kaldor (1966), dans lesquels le coefficient de capital est absent de l'explication du taux de profit.[1] Les résultats suivants demeurent donc valides dans un modèle à deux biens :

Pasinetti (1962)

$$\partial r / \partial g_n = 1 / s_c > 0$$
$$\partial r / \partial s_c = -g_n / s_c^2 < 0$$

Kaldor (1966)

$$\partial r / \partial g = (1-x) / s_f > 0$$
$$\partial r / \partial s_f = -(1-x) g / s_f^2 < 0$$

En conclusion, alors que le premier modèle de croissance et de répartition post-keynésien connaît des difficultés lors de l'extension à un monde bi-sectoriel, ces successeurs, les modèles de Pasinetti (1962) et Kaldor (1966), y résistent convenablement. En ce qui concerne l'analyse néo-classique, celle-ci semble incapable de conserver ses résultats traditionnels en dehors du monde à bien unique, à savoir l'égalité du taux de profit et de la productivité marginale, la relation inverse entre le taux de profit et le coefficient de capital, ainsi qu'entre le taux de profit et le capital par tête. En fin de compte, la fonction de production subrogée de Samuelson (1962) n'est pas parvenue à sauvegarder la macroéconomie néo-classique. Face à ce constat, la quasi-totalité des Post-keynésiens adoptèrent le même comportement : le refus opiniâtre des modèles macroéconomiques de croissance fondés sur une fonction de production agregée.

---

[1] Une solution, afin de sauver Kaldor (1956), consiste à faire l'hypothèse que les travailleurs dépensent en totalité leurs revenus salariaux, ce qui implique que $s_w = 0$. Dans ce cas, le coefficient de capital est chassé de la définition du taux de profit et Hagemann (1991, p. 458, tableau 25.1) démontre que les résultats du monde à un seul bien restent valides dans celui à plusieurs biens. Néanmoins, cette hypothèse demeure très restrictive.

Quelles conclusions pouvons-nous tirer de cette première partie ?

D'abord, il semble bien qu'il existe un « noyau dur » en matière de croissance et répartition chez les Post-keynésiens. Ce dernier est constitué des analyses de Kaldor (1966) et Pasinetti (1962). Comme nous l'avons démontré, le modèle de Pasinetti (1962) a dépassé les critiques que lui adressait le courant orthodoxe. En ce qui concerne le modèle de Kaldor (1966), la situation semble encore plus claire car, en plus de préserver les conclusions post-keynésiennes originelles, il est imperméable aux critiques de Samuelson et Modigliani (1966), Meade et Hahn (1965), ainsi que Meade (1963, 1966), formulées à l'encontre de Pasinetti (1962). En effet, Kaldor ne postule pas l'égalité des taux de rendement des différents actifs et la coexistence à long terme de deux classes sociales. De surcroît, les conclusions de Kaldor demeurent valides à court terme comme à long terme, que nous nous situions au plein emploi ou non. Nous verrons que ceci est particulièrement utile dans l'étude des fluctuations macroéconomiques. Il est d'ailleurs remarquable qu'aucun économiste orthodoxe n'ait attaqué le théorème néo-Pasinetti de Kaldor.[1]

Ensuite, la force de ce « noyau dur » provient de son émancipation à l'égard de la théorie néo-classique de la croissance et de la répartition fondée sur la théorie de la productivité marginale des facteurs de production. Le refus des fonctions de production néo-classiques est en phase avec les résultats de la controverse sur le capital grâce auxquels il a été démontré par les Post-keynésiens, et accepté par leurs adversaires, que la théorie néo-classique du capital et ses prolongements dans la théorie de la répartition ne sont valides que dans un monde à un seul bien.

Enfin, malgré la résistance opiniâtre du courant post-keynésien face aux critiques externes, il demeure certains problèmes. Pasinetti (1962) suppose que g_n est le taux de croissance de plein emploi, ce qui empêche d'étudier les problèmes de chômage à long terme. De plus, les conditions du financement de l'investissement ne sont pas prises en compte dans ce dernier ; les capitalistes sont possesseurs et gestionnaires des firmes, ce qui ne semble pas correspondre aux économies capitalistes modernes. Quant au modèle de Kaldor (1966), bien qu'une variable de financement de l'investissement soit intégrée à l'analyse et que le taux de croissance puisse être

---

[1] Samuelson et Modigliani avaient promis de répondre à l'article de Kaldor de 1966, toutefois ils ne le firent jamais ; *cf.* Lavoie (1998, p. 431, note de bas de page 2).

différent de celui de plein emploi, certains points, à l'instar du ratio d'évaluation, posent encore des difficultés. Ensuite et surtout, dans tous ces modèles le taux de croissance est donné de manière *ad hoc* : en quelque sorte il « tombe du ciel ». Selon nous, le fait qu'il n'existe pas de détermination endogène de l'accumulation restreint considérablement l'analyse post-keynésienne de la croissance et de la répartition.

En définitive, le lien entre, d'un côté, les concepts d'accumulation et de répartition et, de l'autre, d'accumulation et de financement ne semble pas évident *a priori*. Aussi il convient d'analyser le second courant post-keynésien principal dont les travaux sont centrés autour du financement et de l'accumulation du capital. De surcroît, nous verrons, dans le cadre d'un rapprochement entre les deux courants (accumulation-répartition et accumulation-financement), comment le problème de la répartition des revenus est abordé dans les théories insistant sur le financement de l'investissement.

DEUXIÈME PARTIE

CROISSANCE, FINANCEMENT ET REPARTITION

L'accumulation et les difficultés liées à son financement sont des thèmes caractéristiques du courant post-keynésien américain. Ceux-ci ont été diffusés essentiellement au milieu des années 1970 par le biais des travaux d'Hyman Minsky. Ce dernier prolonge, en quelque sorte, le message de Keynes (1936) en mettant l'accent sur l'endettement et ses conséquences au niveau macroéconomique. Selon lui, la structure financière des entreprises influe fortement sur l'accumulation du capital. Ainsi, dès le départ, Minsky s'inscrit en faux contre le théorème de Modigliani-Miller qui énonce la neutralité de la structure financière à l'égard du montant de l'investissement. Nous verrons qu'un pan nouveau de la macroéconomie post-keynésienne est apparu ; celui-ci se fonde sur les analyses de Minsky et ses conclusions en matière d'équilibre et de stabilité des économies capitalistes sont à l'opposé de celles de la théorie néo-classique.

Notre objectif, nous le rappelons, est de savoir s'il existe ou non une continuité dans la théorie post-keynésienne concernant deux thèmes fondamentaux : le lien accumulation-répartition et le lien accumulation-financement. Comme nous l'avons vu lors de la première partie, des difficultés persistent en ce qui concerne les théories post-keynésiennes de la croissance et de la répartition, à savoir l'existence de taux d'accumulation et de financement externe exogènes. D'autant que les tentatives récentes de modèles hybrides ne sont, en réalité, que partiellement concluantes[1]. D'abord, l'accumulation est toujours fixée de manière *ad hoc*. Ensuite, bien que le taux de financement par appel aux marchés financiers soit endogène chez certains auteurs (Commendatore, 1999, p. 227), il n'existe pas véritablement de détermination endogène de sa dynamique. Enfin, même si dans ces modèles le théorème dual ($Y/K = g_n/s_w$) de Samuelson et Modigliani (1966) ne s'applique plus, il est toujours possible que les capitalistes disparaissent ; ce qui laisse la place à une société de travailleurs-entrepreneurs, résultat peu réaliste comparé au fonctionnement de nos économies modernes et peu compatible avec une approche post-keynésienne.

A première vue, le lien entre les deux thèmes (accumulation-répartition et accumulation-financement) semble compromis. Deux solutions sont envisageables pour maintenir une cohérence interne à la théorie post-keynésienne. Soit les développements relatifs au second thème (accumulation-financement), issus de Minsky, corrigent les imperfections des premiers modèles de croissance et de répartition tout en conservant les résultats originels. Soit il conviendra de trouver un fil conducteur entre les deux courants afin d'éviter l'écueil que représente un manque de cohérence interne pour la théorie post-keynésienne dans sa globalité.

La prochaine partie sera organisée de la manière suivante. Tout d'abord, nous évaluerons les travaux fondateurs de Minsky et leurs extensions à l'économie ouverte. Ce sera l'occasion de saisir le caractère essentiel de sa théorie au regard d'épisodes économiques récents. Ensuite, nous passerons en revue les développements post-keynésiens que Minsky a suscités. Nous verrons que ceux-ci gravitent principalement autour de deux notions : l'émergence de crises ou celle de fluctuations macroéconomiques. Finalement, nous montrerons que ces analyses souffrent d'imperfections qui les rendent incompatibles avec les modèles de répartition post-keynésiens originels. Toutefois, nous suggèrerons une piste de recherche alternative afin d'assurer l'unité du courant post-keynésien. Nous montrerons qu'elle passe par le modèle de Kaldor (1966). Finalement, ceci nous permettra de dresser quelques propositions d'ordre général concernant la macroéconomie post-keynésienne : l'affaiblissement des critiques concernant le caractère accommodant du ratio d'évaluation, ainsi que l'endogénéité des taux de financement externe et de croissance.

---

[1] *Cf.* Commendatore (1999), O'Connell (1985, 1995).

CHAPITRE IV :
INVESTISSEMENT, FINANCEMENT ET INSTABILITE : L'APPORT DE MINSKY

Comme nous l'avons déjà signalé, l'approche de Minsky insiste sur l'accumulation et les difficultés posées par son financement. Ce dernier élabore sur les traces de Keynes une théorie financière de l'investissement dans laquelle l'endettement et les anticipations sont mis en avant. Il semble donc qu'il y ait une possibilité de faire progresser la théorie post-keynésienne dans sa globalité. L'endogénéisation de l'accumulation et du financement, via les travaux de Minsky, constituerait ainsi un socle solide permettant de corriger les manquements des premiers modèles de croissance et de répartition post-keynésiens. Cependant, avant d'en arriver à ce point, une analyse approfondie de cet économiste est nécessaire.

Par conséquent, ce premier chapitre aura pour objectif d'exposer la théorie financière de l'investissement de Minsky et ses conclusions en matière d'instabilité macroéconomique. Ensuite, ce qui est une manière de montrer son caractère fondamental, nous évoquerons rapidement son application possible aux crises financières en économie ouverte. Ce chapitre constitue donc un point de passage obligé avant d'appréhender les développements importants que constituent les modèles macroéconomiques à la Minsky.

SECTION 1 : LA THEORIE FINANCIERE DE L'INVESTISSEMENT

L'apport de Minsky est considéré par de nombreux auteurs comme fondamental à bien des égards (*cf.*, par exemple,

Jarsulic, 1988 ; Palley, 1996). En ce qui nous concerne, nous avancerons trois raisons. D'abord, dans la lignée de Keynes (1936), Minsky estime que les politiques macroéconomiques peuvent affecter le cours de l'économie et empêcher les récessions de se transformer en dépressions.[1] Ensuite, il est l'un des rares économistes hétérodoxes dont les contributions sont reconnues par l'économie dominante.[2] Enfin, et peut-être est-ce là le plus important, Minsky va développer des thèmes abordés par Keynes et Kalecki, à la suite de la Grande dépression de 1929, pour formuler une théorie financière de l'investissement.[3]

La comparaison de deux prix

La théorie financière de l'investissement de Minsky se fonde sur ce qu'il est désormais convenu d'appeler le modèle à deux prix :

> *« La caractéristique basique d'une économie capitaliste, (...), est l'existence de deux prix : l'un représente la production courante, l'autre les biens capitaux » (Minsky, 1986, p. 175).*

Le fait marquant, tant pour chaque firme qu'au niveau global, est qu'il existe un prix de demande des actifs et un prix d'offre de ceux-ci. Cet ensemble de prix intervient dans la détermination du volume d'investissement. Par conséquent, il convient d'étudier leur formation de manière détaillée. Ce sera l'objet des prochains points.

a) Le prix de demande des actifs

Comme le souligne Minsky (1986, p. 174), les actifs en capital peuvent être produits, et la valeur agrégée de leur production correspond à l'investissement global. Le prix P_k qu'un entrepreneur est prêt à payer pour un actif dépend très fortement des recettes anticipées que ce même actif rapportera au cours de sa conservation ou de son utilisation. Ainsi, lorsque les recettes monétaires escomptées augmentent, le prix que

---

1 *Cf.*, entre autres, Minsky (1996, p. 71).

2 Dans cette optique, *cf.* Greenwald et Stiglitz (1993).

3 Minsky reprend à Keynes (1936) et Kalecki (1937) le principe des risques prêteur et emprunteur. Dans la logique de Keynes (1931), il souligne les difficultés des firmes à obtenir un financement externe en période de crise et les conséquences pour l'investissement global. Concernant ce dernier point, le lecteur pourra se reporter avec profit à l'un des rares textes de l'auteur en français (*cf.* Minsky, 1985, p. 311-314) dans lequel l'influence de Keynes apparaît clairement.

l'entrepreneur est disposé à payer s'élève. Nous les nommerons « *cash flows* » ou « *quasi-rents* ». Toutefois, dans un monde où il existe des marchés secondaires, tant pour les actifs financiers que physiques, ces recettes ont en réalité deux attributs :

> *« L'un est la monnaie qui s'accumule lorsque le contrat est rempli ou lorsque l'actif physique est utilisé dans la production ;le second est le cash qui peut être reçu si l'actif est vendu ou mis en gage. La capacité d'un actif à rapporter du cash lorsque cela est nécessaire et avec de faibles variations de sa valeur est appelée sa liquidité. Le prix P_k, de tout bien capital dépend du rendement escompté des cash flows par son possesseur et de la liquidité intrinsèque de cet actif. Les cash flows rapportés dépendront de l'état du marché et de l'économie, tandis que la liquidité dépendra de la facilité et de l'assurance de revente de l'actif » (Minsky, 1986, p. 180).*

Ce prix dépend également de la quantité de monnaie disponible au sein de l'économie :[1]

> *« Il existe une relation fonctionnelle entre le prix P_k d'un bien capital particulier ou représentatif ou d'un actif financier et la quantité de monnaie M. Normalement, le prix d'un actif physique est une fonction croissante de la quantité de monnaie, ainsi à mesure que la quantité augmente la valeur d'assurance contenue dans la monnaie diminue. Comme le prix de la monnaie est toujours ''un'', cela implique que le niveau du prix des actifs rapportant un revenu augmente » (Minsky, 1986, p. 181).*

A priori, la relation n'est pas évidente à cerner, nous allons tenter de l'expliquer en détail. La monnaie représente la liquidité ultime, car elle correspond à l'instrument de règlement des contrats. Dans un monde en proie à l'incertitude radicale, dans lequel les contrats, et par extension les dettes, sont libellés en monnaie, la monnaie fournit un rendement subjectif à son

---

[1] *Cf.*, aussi, Minsky (1975, p. 104-105) et Minsky (1985, p. 320-323).

possesseur, puisqu'elle permet de faire face aux événements imprévus qu'il pourrait rencontrer. Déjà Keynes (1937a, p. 216) disait de la monnaie qu'elle calmait notre inquiétude quant au futur. Ainsi, lorsque la préférence pour la liquidité augmente (les agents préfèrent la monnaie), le prix des autres actifs moins liquides va diminuer. A l'inverse, quand les agents sont plus confiants au sujet de l'état futur de l'économie, ils acceptent de se débarrasser de celle-ci (la préférence pour la liquidité diminue) en se reportant vers les autres actifs physiques et financiers. Finalement, leur prix dans l'économie va s'élever. Ce raisonnement s'applique aux entrepreneurs qui savent qu'ils trouveront aisément des liquidités à bon marché (un faible taux d'intérêt), s'ils doivent faire face à des charges financières imprévues. En outre, si la quantité de monnaie en circulation est abondante, la valeur subjective de la monnaie, c'est-à-dire l'assurance qu'elle offre contre le risque, diminue et les prix d'actifs augmentent. Si la quantité de monnaie en circulation est réduite, sa valeur de protection augmente et les prix d'actifs baissent. Ceci apparaît dans la figure 4.1, lorsque la banque centrale fait varier la masse monétaire. Le graphique représente la corrélation positive entre la quantité de monnaie et les prix d'actifs et l'effet d'une baisse de la préférence pour la liquidité, correspondant à une hausse de la courbe P_{k1} passant à P_{k2}, avec une quantité de monnaie fixée à M_0 et des *cash flows* Q.

Figure 4.1 – La relation entre monnaie et prix d'actif

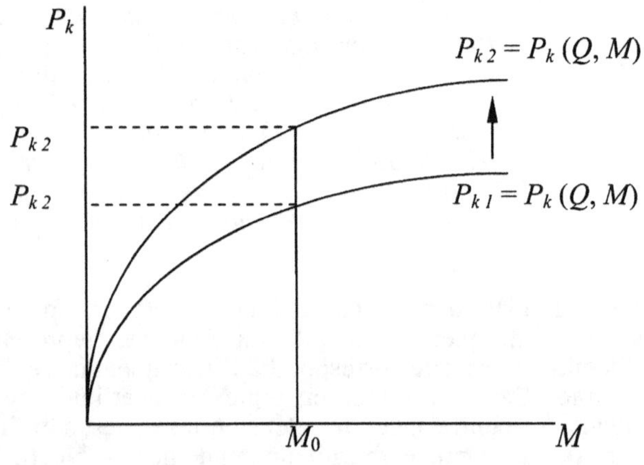

b) Le prix d'offre des biens d'investissement

Le prix d'offre P_I des biens d'investissement nouveaux dépend de considérations économiques tels que le taux de salaire monétaire et le taux de marge appliqué sur les coûts du travail. En outre, la mise en œuvre de la production nécessite souvent un financement, ce dernier étant assuré par le crédit bancaire à court terme.[1] Comme nous le verrons par la suite, une hausse des taux courts a donc un effet sur l'économie par l'intermédiaire du prix d'offre des biens d'investissement. Finalement, selon Minsky (1985, p.323 ; 1986, p. 187-188), le prix d'offre augmente au-delà d'un certain niveau d'investissement ; celui-ci correspondrait à une limite physique. C'est l'intersection des deux prix (P_k, P_I) qui détermine le montant de l'investissement global comme le montre la figure suivante :

Figure 4.2 – Niveau d'investissement sans prise en compte des conditions de financement

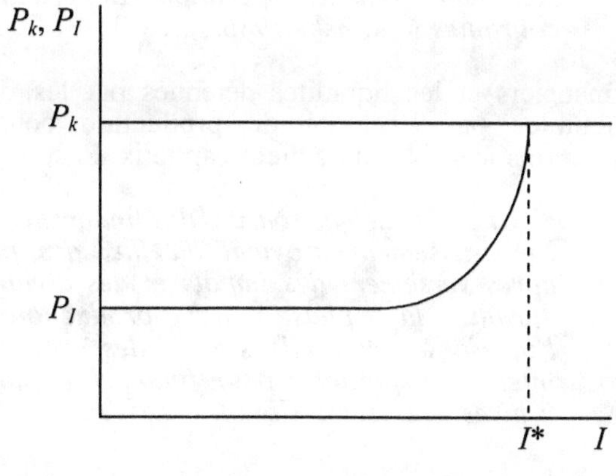

Toutefois, ce schéma de détermination du montant de l'investissement ne reste valide que lorsqu'il n'existe aucune difficulté de financement pour les entrepreneurs. Nous allons voir que la prise en compte des conditions du financement de l'investissement va modifier considérablement l'issue des

[1] Plusieurs arguments peuvent justifier ce recours au crédit bancaire. Par exemple, les activités saisonnières qui nécessitent l'emploi permanent de main d'œuvre, les biens dont la période de gestation est longue (centrale nucléaire, avion, arsenal militaire, transporteur pétrolier...) et dont les revenus des ventes ne sont pas immédiats, alors que les coûts en travail sont, dès le départ, élevés.

développements précédents et remettre en cause le théorème de Modigliani-Miller. Celui-ci énonce que la structure financière (la combinaison entre les dettes de toutes sortes et les capitaux propres de l'entreprise) n'a aucune répercussion sur le montant de l'investissement décidé par les firmes.

L'introduction du financement externe

a) La contrainte des ressources internes

Dès lors que le prix de demande des actifs physiques excède suffisamment le prix d'offre des biens d'investissement, la décision d'investir va dépendre des conditions auxquelles le projet peut être financé. Minsky distingue trois sortes de financement :

> *« Le premier provient du cash et des actifs équivalents (Bons du Trésor, effets de commerce, etc....) à disposition et qui ne sont pas requis par les opérations de production courantes » (Minsky,1986, p. 189).*

Les actifs financiers et les liquidités détenues par les firmes laissés disponibles par l'activité de production courante[1] peuvent servir à financer l'achat de biens capitaux. Ensuite :

> *« Une deuxième source de financement de l'investissement provient du flux des profits après versement des impôts et des dividendes durant la phase de production de l'investissement ; il s'agit des ressources internes disponibles pour financer les projets d'investissement. » (Ibid.).*

Enfin :

> *« La troisième source de financement est issue des fonds externes. Ceux-ci sont empruntés aux banques ou aux autres intermédiaires financiers ou obtenus par l'émission d'obligations ou d'actions » (Ibid., p. 190).*

---

[1] Il est à noter que Minsky ne semble pas faire de distinction entre les actifs financiers risqués (actions, obligations du secteur privé) et les actifs sûrs (Bons du Trésor, effets de commerce).

Alors que le financement par accumulation des *cash flows* ou par vente d'actifs financiers est l'unique manière de préserver l'indépendance des firmes à l'égard des financiers, il n'en va pas toujours de la sorte avec la dernière méthode de financement. Ainsi, le financement de l'investissement par la dette a un coût, celui de l'intérêt. Les émissions d'actions représentent également un inconvénient ; en effet, elles impliquent le versement de dividendes durant toute la vie de l'entreprise, à moins que cette dernière ne décide de racheter ses propres titres, ce qui constitue une opération coûteuse. Il est à présent possible, selon Minsky, d'obtenir le montant de l'investissement qui peut être financé par l'intermédiaire des ressources internes des entreprises.[1] Nous appellerons Q_I le financement interne disponible et anticipé par les firmes, I le montant de l'investissement et P_I le prix d'offre de ce dernier. La relation $P_I I = Q_I$ nous indique le montant des biens d'investissement qui peut être financé via les ressources propres, ainsi que la forme de la contrainte associée à celles-ci dans le diagramme minskyen à deux prix :[2]

Figure 4.3 – La contrainte de financement

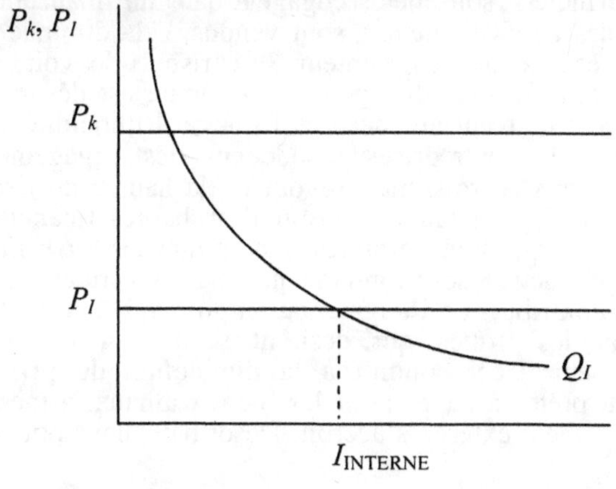

[1] *Cf.*, par exemple, Minsky (1975, p. 107 ; Minsky, 1985, p. 323 ; 1986, p. 191).
[2] Désormais, nous omettrons la partie croissante du prix d'offre P_I du bien d'investissement afin de faciliter la clarté de l'exposition graphique.

Dans le diagramme précédent, la contrainte de financement interne est représentée par une hyperbole équilatère car le montant des ressources internes est donné :

$$P_I I = Q_I = \text{Constante}$$

Nous voyons que tout niveau d'investissement, supérieur à ce que rend possible la contrainte des ressources internes, implique un endettement à l'égard du système bancaire et financier. Toutefois, une difficulté survient dès lors que l'achat des biens capitaux s'effectue par le biais d'un financement externe. Deux sortes de risques vont apparaître : un risque emprunteur et un risque prêteur.[1]

b) La détermination du volume d'investissement

Comme le souligne Minsky (1985, p. 324 ; 1986, p. 190), dans les économies capitalistes modernes, les emprunts et les prêts s'établissent sur la base de « marges de sécurité ». Dès lors que les firmes désirent obtenir un montant supérieur à ce que leur autofinancement permet (soit le montant $I_{INTERNE}$ sur la figure 1.3), il n'existe que deux possibilités. Soit elles vendent des actifs financiers, soit elles s'engagent dans un financement externe. Si des actifs financiers sont vendus, cela diminue les marges de sécurité des emprunteurs. Le risque de voir, par exemple, le ratio de liquidité générale diminué est désormais plus élevé, ceci pouvant amener des firmes à l'illiquidité.[2] En outre, lorsque les entreprises s'endettent, les engagements financiers futurs s'accroissent, provoquant la hausse du risque de faillite. En effet, il faudra couvrir des charges financières supplémentaires qui sont certaines, tandis que les *cash flows* issus de la production sont fondamentalement incertains. Tous ces facteurs contribuent à l'augmentation du risque emprunteur supporté par les firmes qui désirent se fournir en biens d'investissement. Ceci conduit à la diminution du prix P_k qu'elles sont prêtes à payer pour les biens capitaux, à mesure que le financement externe s'accroît. Désormais, nous pouvons

---

[1] *Cf.*, entre autres, Minsky (1985, p. 324) qui attribue la paternité de ces concepts à Keynes (1936) et Kalecki (1937).

[2] L'illiquidité se définit comme une situation dans laquelle l'entreprise considérée ne peut plus faire face à ses échéances. Le ratio de liquidité générale est le rapport de l'actif circulant (stocks, créances et surtout les actifs financiers) aux dettes à court terme. Il permet de vérifier que les dettes à court terme peuvent être remboursées par ces actifs. Pour plus de précisions le lecteur pourra se reporter à Vernimmen (2000, p. 288-293), ouvrage de base de l'analyse financière.

nous intéresser au risque prêteur. Alors que le risque emprunteur est subjectif, le risque prêteur, lui, est objectif parce qu'il apparaît explicitement dans les contrats de prêt. Ce risque est supporté par le système bancaire et il provoque la hausse du prix d'offre du bien d'investissement. Les faillites des firmes peuvent parfaitement engendrer de graves difficultés pour les établissements bancaires. Ceux-ci font donc « payer » de pareilles éventualités à leurs clients emprunteurs :

> *« Le risque prêteur se manifeste de plusieurs manières dans les contrats financiers : taux d'intérêt plus élevés, prêts à plus court terme, la nécessité de mettre en gage des actifs spécifiques en tant que collatéral, et des restrictions sur le paiement des dividendes et les futurs emprunts font partie de celles-ci » (Minsky, 1975, p. 110).*

Dans cette optique, les banquiers peuvent demander des garanties collatérales qui empêchent les entrepreneurs de prendre de nouveaux emprunts ou même de vendre des actifs liquides pour rembourser les autres créanciers. Il s'agit d'autant d'éléments assurant les prêteurs contre le risque, mais fragilisant les emprunteurs. Finalement :

> *« L'investissement sera porté au point où la courbe d'offre d'investissement, qui contient le risque prêteur, croise la courbe de demande d'investissement, qui traduit le risque de l'emprunteur » (Minsky, 1986, p. 192).*

Ensuite, Minsky (1975, p. 113) suppose que son modèle peut être étendu au niveau macroéconomique en agrégeant les résultats obtenus pour une firme individuelle ; les résultats sont tracés dans la figure 4.4 suivante. Un aspect remarquable du passage au niveau global se traduit, selon lui, par le fait que le point *I** peut être un point d'équilibre de sous emploi.[1] Ainsi, rien ne garantit que le niveau d'investissement déterminé par les firmes sera porté jusqu'au point où la main d'œuvre est utilisée pleinement. Si *I** correspond à l'investissement d'équilibre des firmes, il n'y a aucune raison pour qu'une dépense additionnelle se produise.

[1] *Cf.* Minsky (1985, p. 324).

Figure 4.4 – Niveau d'investissement avec contraintes financières

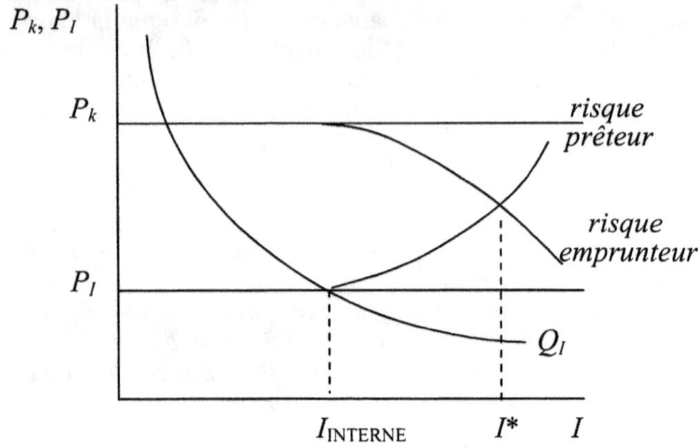

SECTION 2 : L'EMERGENCE DE L'INSTABILITE FINANCIERE

Minsky utilise sa théorie financière de l'investissement afin d'expliquer l'apparition d'une économie financièrement fragile. Cette fragilité financière s'avère être le déclencheur d'une instabilité macroéconomique conduisant à un sous emploi endémique. Dans un premier temps, nous analyserons ce processus de fragilisation. Dans un second temps, nous traiterons de quelques controverses importantes relatives à la théorie de Minsky.

Le processus de fragilisation financière

a) Le rôle des anticipations de profit

Une première question en rapport avec la contrainte de financement interne doit être posée. Que se passe-t-il lorsque les profits réalisés non distribués (les *cash flows*) sont égaux à ceux qui étaient anticipés ? Puisque les réalisations sont conformes aux prévisions, cela accroît la confiance des banquiers-prêteurs et des entrepreneurs-emprunteurs quant aux chances de succès futurs. A titre d'exemple, la confirmation des anticipations de *cash flows* diminue le risque, pour les prêteurs, de subir un défaut de paiement de l'emprunteur. Les agents de l'économie acceptent des marges de sécurité plus basses, chacun étant grisé par le succès des prévisions passées.

Figure 4.5 – Réalisation des prévisions et diminution des risques

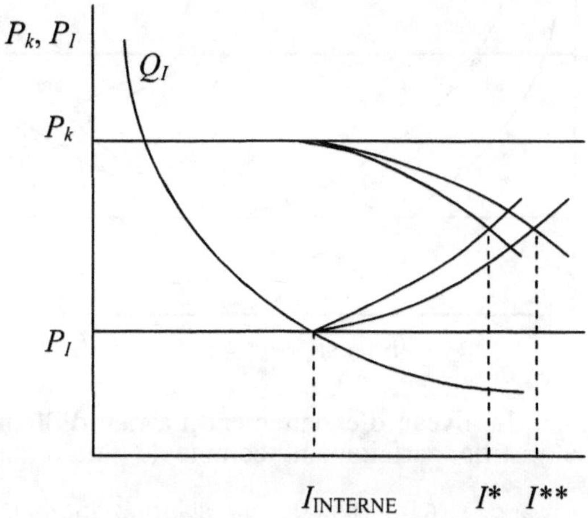

Il se produit donc un étalement des courbes P_k et P_I permettant de financer de manière externe un montant d'investissement supérieur. La figure 4.5 précédente montre ce phénomène. D'un autre côté, si les profits réalisés sont supérieurs à ceux anticipés, il va se produire un boom de l'investissement financé de manière externe. L'hyperbole équilatère des profits non distribués va se déplacer, dans le diagramme minskyen, vers la droite de Q_I^1 à Q_I^2. Cette erreur d'anticipation de la conjoncture joue en faveur des emprunteurs et des prêteurs. Désormais, les risques sont considérés comme très faibles, les risques de non recouvrement des créances et les probabilités de faillite sont fortement réévalués à la baisse. Tous ces événements positifs se traduisent par un nouvel aplatissement des courbes des risques prêteur et emprunteur, augmentant à nouveau le montant de financement externe comme le montre la figure 4.6 suivante :

Figure 4.6 – Réalisations supérieures aux prévisions et diminution des risques

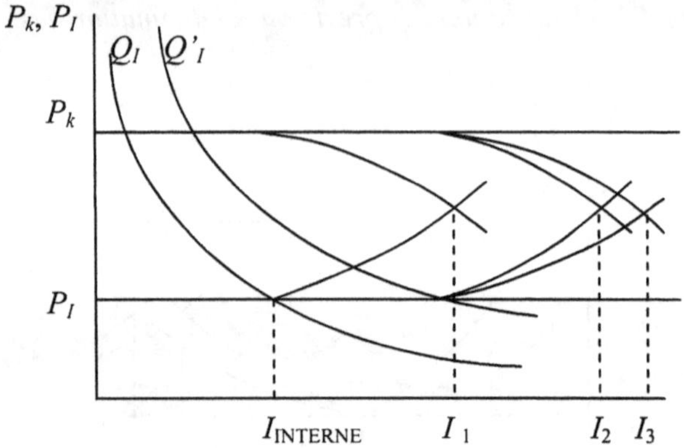

L'accroissement du niveau d'endettement n'a rien d'illogique ; ce dernier se justifie parfaitement comme le fait remarquer Brossard :

> « (...), *pour Minsky, la fragilité financière se constitue de manière endogène parce qu'il est individuellement rationnel pour les firmes de s'endetter plus, et pour les banques de prêter plus. En effet une firme qui n'utiliserait pas tout le levier disponible risquerait de voir sa valeur de marché s'effondrer (puisqu'elle distribuerait moins de dividendes que d'autres firmes plus endettées). De plus, à long terme, elle ne pourrait se maintenir sur un marché concurrentiel* » *(Brossard, 1998, p. 422-423).*

C'est surtout la rentabilité des capitaux propres qui joue un rôle important dans ce cas. Pour illustrer ces propos nous pouvons considérer deux firmes dont le montant total des bilans est identique, mais dont la structure du passif est différente. Chaque firme (A ou B) dispose d'un actif de 100. La firme A a un passif avec 70 de capitaux propres et 30 de dettes. La firme B a un passif constitué de 50 de capitaux propres et de 50 de dettes. Elles dégagent un profit équivalent de 10 et donc un taux de profit de 10 %. En outre, le taux d'intérêt sur la dette est supposé égal à 4 %. Il est plus rentable pour un investisseur de placer sa richesse dans la firme B car la rentabilité des capitaux propres (16 %) est supérieure à celle de l'entreprise A moins endettée (12.5 %). Ceci se démontre aisément par les ratios financiers suivants :

$$R^{A}_{CP} = (10 - 0.04 * 30)/70 = 0.125$$

$$R^{B}_{CP} = (10 - 0.04 * 50)/50 = 0.16$$

Tableau 4.1 – Dettes et rentabilité des capitaux propres

Firme A		*Firme B*	
A	P	A	P
AC 100	70 CP 30 D	AC 100	50 CP 50 D

Les investisseurs constatant ce différentiel de rendement vont se détourner des actions de la firme A, moins attractive, et se porter sur B. Ceci qui aura pour conséquence de faire chuter la valeur de A en bourse.

b) Le retournement de conjoncture

Selon Minsky (1975, p. 115), une fois le boom de l'économie commencé, celui-ci connaît une vie précaire pour de nombreuses raisons. La hausse des taux d'intérêt, la hausse des coûts de production agissant sur le prix d'offre, la dynamique contradictoire entre profits et salaires (Ibid. p. 141) en sont les principales causes. Keynes avait déjà souligné, au chapitre 11 de la *Théorie Générale*, que les risques prêteur et emprunteur pouvaient devenir anormalement bas lors d'une période d'emballement boursier. Ce dernier conduisait de la sorte à des comportements risqués de la part des banquiers et des firmes. Minsky estime qu'il est probable, à la suite d'une hausse des taux d'intérêt provoquant (i) une reconsidération du passif des entreprises et (ii) un risque d'illiquidité, que les firmes doivent trouver des fonds ou vendre les actifs dont elles disposent pour faire face à leurs échéances. Le problème réside dans le fait que :

> *« (...), pour certaines unités le fardeau de la dette sous la forme d'engagements financiers peut devenir si grand qu'elles sont forcées de vendre ou d'hypothéquer des actifs physiques afin d'acquérir du cash et remplir les engagements d'endettement » (Minsky, 1975, p. 115).*

Cela entraîne deux conséquences essentielles. D'abord, le risque de l'emprunteur augmente très fortement. Les firmes deviennent très pessimistes quant à leur capacité de rembourser les dettes présentes et futures. Pour les firmes fragilisées (celles qui survivent), le fait de liquider des actifs implique la reconstitution totale des marges de sécurité. La situation est pire pour celles qui, ayant vendu tous les actifs financiers, doivent commencer à liquider l'autre partie de l'actif du bilan (l'actif immobilisé) pour survivre. En effet, cela diminuera d'autant les cash flows futurs. Ensuite, les prêteurs peuvent réagir fortement face aux difficultés financières rencontrées par les emprunteurs en imposant des garanties collatérales toujours plus contraignantes ou des prêts plus courts. Dès que les ventes d'actifs physiques et financiers se font en quantité suffisante, cela entraîne une chute généralisée des prix gonflant la valeur des dettes et diminuant les garanties offertes par les firmes lors des demandes de prêts. L'économie entre alors dans un cycle de type *debt-deflation* à la Fisher (1933). Les principales caractéristiques de cette crise sont les suivantes : un taux de chômage élevé qui résulte de l'effondrement de l'investissement, une déflation qui annihile les perspectives de profits futurs puisque les rendements escomptés sont monétaires, un alourdissement du poids des dettes dû à la baisse des prix et, enfin, une faillite quasi-totale du système bancaire issue des défauts de paiement en cascade.[1] A mesure que les passifs des bilans sont nettoyés des dettes et que les firmes survivantes estiment de nouveau leur structure financière peu risquée, une reprise de l'activité se produit :

---

[1] En outre, il est inutile d'attendre de la baisse des prix un quelconque effet d'encaisse réelle positif relançant la consommation. C'est ce qu'a montré Challe (2000, p.11, 22-26). En effet, à mesure que les dettes sont remboursées, leur contrepartie, la monnaie issue des crédits accordés, disparaît également. Le rapport de la masse monétaire au niveau des prix peut donc stagner ou diminuer.

> *« Une telle reprise s'effectue avec le souvenir pesant des difficultés issues des passifs détériorés durant la déflation par la dette et avec des structures financières purgées de l'endettement. Toutefois, le succès amène l'audace et, à mesure que le temps passe, le souvenir du désastre passé s'amenuise. La stabilité – même de l'expansion – est déstabilisante car les modes de financement de l'investissement plus aventureux rapportent aux leaders, et les autres suivent » (Minsky, 1975, p. 127).*

Un boom peut commencer jusqu'à ce qu'il prenne fin de nouveau pour les mêmes raisons. Par conséquent, selon Minsky, les économies capitalistes seraient intrinsèquement instables.

c) Le rôle des taux d'intérêt

Le taux d'intérêt est un facteur prépondérant de l'analyse minskyenne des crises et des cycles. Deux taux d'intérêt sont pris en compte : le taux court appliqué lors des crédits accordés par le système bancaire et les taux longs relatifs aux émissions de titres de la part des entreprises.

Figure 4.7 – L'effet d'une hausse des taux d'intérêt

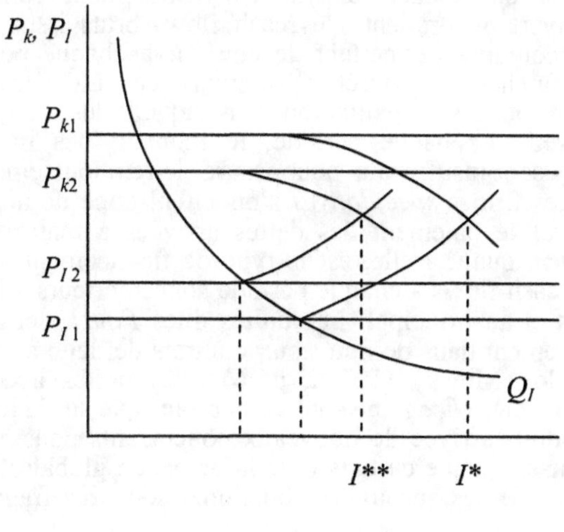

Selon Minsky (1986, p. 194), les conditions du financement des biens capitaux, autrement dit les taux d'intérêt, affectent le montant de l'investissement par l'intermédiaire du prix de demande et du prix d'offre. Si les taux courts s'accroissent, alors le prix d'offre des biens d'investissement augmente puisque les charges financières pèsent plus sur les entreprises productrices. Si les taux d'intérêt à long terme sur les titres montent, le prix de demande des biens capitaux diminue car les profits anticipés couvrent moins largement les charges financières.

Finalement, l'investissement s'en trouve amoindri d'autant. C'est ce que montre la figure 4.7 précédente, dans laquelle est regroupé l'effet conjugué d'une hausse des taux courts et longs sur le niveau d'investissement avec des risques prêteur et emprunteur inchangés.

d) L'évolution de la structure financière

Nous allons voir comment la structure financière des économies capitalistes et la théorie financière de l'investissement sont les deux facteurs prépondérants de l'hypothèse d'instabilité financière. La structure financière joue, en effet, un rôle indispensable pour comprendre la conception des cycles et des crises chez Minsky.

A la suite de ses travaux, on distingue traditionnellement trois sortes de structures financières.[1] La *hedge finance* correspond à un financement de l'investissement considéré comme couvert ou prudent : les cash flows bruts issus de la production courante permettent de couvrir, à chaque période, les charges financières (intérêt et principal) dues. La *speculative finance* correspond à une situation dans laquelle les cash flows bruts couvrent, à chaque période, le montant des intérêts ; toutefois, ils sont insuffisants pour assurer le remboursement du principal. Les firmes *speculatives* s'endettent donc de nouveau afin d'assurer le paiement des dettes arrivées à maturité. La finance *Ponzi*, quant à elle, est le type de financement le plus risqué : les cash flows à chaque période sont inférieurs à la fois aux intérêts et au principal. Les unités dites *Ponzi* s'engagent systématiquement dans de nouveaux contrats de dette à chaque période. Selon Minsky (1977a, p. 67), les unités avec une structure financière *hedge* ne sont vulnérables que sur le marché de leur produit (arrivée de nouveaux concurrents poussant les prix à la baisse, risque de baisse de la demande globale…). En revanche, les firmes speculative ou Ponzi sont très fragilisées

[1] *Cf.*, principalement, Minsky (1977a ; 1977b ; 1986 et 1996).

puisqu'elles sont doublement sensibles sur le marché de leur produit. Tout comme les unités *hedge* elles craignent les nouveaux concurrents mais, en complément, elles sont vulnérables à la baisse des prix qui gonflerait la valeur de leurs dettes. Ensuite, elles sont fragilisées sur les marchés financier et monétaire, lors d'une dégradation des conditions de financement (hausse des taux). Conformément à la théorie financière de l'investissement qu'il développe et aux différentes modalités de financement, Minsky énumère trois éléments participant au processus de fragilisation financière d'une économie capitaliste ; la structure financière y tient une place de choix :

> *« Un déterminant de la robustesse-fragilité d'un système financier est le mélange des financements prudents, spéculatifs et Ponzi dans l'économie. Un autre déterminant de la robustesse-fragilité est le poids du cash ou des actifs similaires dans les portefeuilles : à savoir la liquidité strictement définie des différentes classes d'agents. Un troisième déterminant est la mesure dans laquelle l'investissement en cours est financé par dette » (Minsky, 1977b, p. 142).*

La fragilisation financière passe donc par plusieurs étapes. D'abord, les agents réduisent leur marge de sécurité de manière inconsidérée ; les bilans sont purgés au maximum de leurs liquidités (actifs financiers sûrs et risqués, ainsi que la monnaie).

Ensuite, et c'est la suite logique de la première étape, les agents s'endettent très fortement. On assiste à une dégradation de la structure du passif qui se produit en deux temps ; (i) la part des dettes dans le passif devient très élevée et, surtout, (ii) la structure même des dettes se modifie avec une explosion de l'endettement à court terme. Ainsi, selon Minsky le financement à court terme de positions longues devient un « véritable mode de vie ».[1] Trois raisons expliquent cette attitude (*cf.* Minsky, 1986, p. 211) : le rendement des actifs physiques est nettement supérieur au taux d'intérêt à court terme ; les paiements globaux – intérêts et principal – seront faibles en comparaison des flux de profits anticipés et, enfin, les taux courts sont plus bas que les taux longs servant à financer

[1] *Cf.* Minsky (1986, p. 213 ; 1996, p. 83).

de manière prudente les achats d'actifs physiques. Par conséquent, la part des financements courts croît fortement de période en période simplement parce qu'il existe des opportunités de profit non exploitées, situation que la capitalisme « abhorre » (Ibid. p. 213). A titre d'exemple, un entrepreneur peut décider d'acquérir une machine, dont la durée de vie est de trois ans, en s'endettant à un an, simplement parce que cela est plus avantageux et que les anticipations de profits futurs sont exagérément optimistes.[1]

Enfin, les entreprises se retrouvent fragilisées par le risque d'illiquidité émanant de la hausse des taux et de la part trop importante des dettes courtes dans les bilans. Il est à noter que ce processus est accentué par les étapes précédentes. Plus les phases de tranquillité financière et d'expansion sont longues et plus le risque d'instabilité future est fort. En effet, l'aveuglement des agents, concernant la poursuite infinie de la croissance, les pousse à adopter un mode de financement des actifs physiques et financiers de plus en plus dangereux. C'est d'ailleurs ce que fait remarquer Minsky :

> *« (...), le succès pousse à l'insouciance quant à la possibilité d'erreur ; l'absence de sérieuses difficultés financières durant une longue période conduit au développement d'une économie euphorique dans laquelle les financements à court terme de positions longues deviennent un mode de vie normal » (Minsky, 1986, p. 213).*

En définitive, l'analyse de Minsky démontre que l'instabilité économique provoquée par le processus de fragilisation financière est une caractéristique propre des économies capitalistes. Cet auteur a donc tenté de construire une théorie de l'instabilité qui a pour fondement le comportement des firmes et des banques. Ainsi, ses travaux nous semblent essentiels, encore plus aujourd'hui qu'hier, étant donné certains développements récents de la macroéconomie orthodoxe, centrés majoritairement sur l'idée que les cycles seraient provoqués par des chocs de politique économique ou des chocs technologiques.

[1] Il est clair que, dans ce cas, la durée de vie de la machine et les flux de revenus qu'elle amène sont totalement déconnectés des flux de remboursement. Ceci implique donc un refinancement continu.

Les ambiguïtés de l'analyse de Minsky

L'apport de Minsky à la théorie macroéconomique des cycles et des crises semble indéniable. Cependant, ces différents écrits contiennent certaines imprécisions qui risqueraient d'atténuer la portée des développements précédents. Celles-ci vont contribuer à créer des discussions sur la validité de sa théorie de l'instabilité.

a) Le retournement est-il véritablement endogène ?

Une première interrogation porte sur la question de savoir si le retournement est réellement endogène. En effet, à la lecture de certains travaux (*cf.* Minsky, 1957a), le retournement de conjoncture est parfois difficile à saisir. Ainsi Lavoie (1983) s'interroge-t-il sur le caractère véritablement endogène du taux d'intérêt dans l'analyse de Minsky, faisant le parallèle avec le modèle *IS-LM* standard dans lequel les variations du taux d'intérêt proviennent des politiques macroéconomiques, c'est-à-dire de chocs exogènes. Deux réponses sont apportées sur ce sujet, elles permettront de confirmer les développements précédents. La première provient de Brossard (2001), la seconde de Nasica (1997).

Minsky (1957a) explique les hausses brutales de taux d'intérêt par l'épuisement des liquidités oisives (*shortage of cash*) pouvant être prêtées aux entreprises pour le financement de leur activité. Toutefois, ce phénomène n'a rien d'endogène, puisqu'il n'apparaît que par la faute des autorités monétaires qui refusent d'alimenter l'économie en liquidité, par le biais de l'open market (achat de titres par la Banque centrale qui émet de la monnaie). Selon Brossard (2001, p. 283), cette ambiguïté proviendrait d'une utilisation imparfaite du concept keynésien de préférence pour la liquidité. Il souligne l'importance décisive des anticipations de prix d'actifs, élément expliquant de manière endogène la variation des taux d'intérêt et le retournement de l'activité :

> « ...*lorsqu'un besoin de financement apparaît, il peut être financé par la conversion de liquidités oisives en titres nouveaux à condition que les anticipations de prix d'actifs soient au moins stables ; et il le sera plus sûrement encore si elles sont en hausse » (Ibid., p. 284).*

Le problème est que rien ne permet de dire que, au moment de l'émission des titres, la préférence pour la liquidité des agents va se réduire (les anticipations des prix des titres sont en hausse) et qu'ils se porteront acheteurs ; ceci permettant de garder les taux d'intérêt à des niveaux bas. Si les anticipations se dégradent, le nombre d'acheteurs de titres sera faible et les taux s'élèveront, augmentant les charges financières des projets d'investissement qui, *in fine*, pourront être ajournés. L'avantage indéniable de l'utilisation du concept de préférence pour la liquidité vient du fait que :

> *« ..., même si l'on se place dans une situation où il existe des liquidités oisives au sens de Minsky, le prix [le taux d'intérêt] auquel elles s'échangent contre des titres peut s'élever brutalement si les anticipations du prix des titres deviennent massivement baissières : le cash se fait alors rare même si la quantité de monnaie existante dépasse de beaucoup les besoins liés aux transactions non financières » (Brossard, 2001, p. 285).*

Dans cette configuration, ce sont les détenteurs de liquidités oisives qui ne veulent plus se défaire de celles-ci, quelle que soit la politique de la Banque centrale en matière d'open market. Le retournement de la conjoncture – la variation des taux d'intérêt fragilisant les entreprises et réduisant l'investissement – ne provient donc pas d'une simple manipulation de la politique monétaire par la Banque centrale. Cette dernière n'est pas responsable en ce sens qu'il ne s'agit pas d'une erreur d'appréciation de la conjoncture ou qu'une politique de laisser-faire, défendue par la Nouvelle macroéconomie classique, eût été préférable.

La seconde réponse est issue de Nasica (1997, p. 868-871). Selon ce dernier, Minsky (1957b) et (1986) auraient démontré qu' « indépendamment de toute variation de la préférence pour la liquidité », les hausses de taux d'intérêt seraient endogènes, propres aux économies capitalistes et également indépendantes de la politique monétaire de la Banque centrale. A mesure que la structure financière de certaines banques se dégrade, elles :

> *« ...peuvent se retrouver confrontées à des coûts de refinancement de plus en plus onéreux, en raison de la ''surveillance collégiale'' exercée par les banques et les autres institutions du marché monétaire » (Nasica, 1997, p. 870).*

Par conséquent, les banques moins fragilisées « sanctionnent » les plus fragilisées par des taux d'intérêt plus élevés afin de se prémunir contre le risque de défaut de paiement. La réaction logique de ces banques sera désormais d'augmenter les taux sur tous les nouveaux prêts qu'elles accordent, ainsi que sur les dettes qu'elles acceptent de refinancer ; elles espèrent ainsi compenser les coûts de refinancement croissants qu'elles supportent. Ensuite, la très forte expansion des prêts accordés conduit les banques à demander, sous la pression extérieure des établissements bancaires moins fragilisés, des taux d'intérêt plus élevés afin de limiter le risque croissant de défaut de paiement. L'argument de Nasica (1997), nous semble-t-il, est plus centré sur le taux d'intérêt à court terme du crédit bancaire, qui affecte le prix d'offre P_I du bien d'investissement à la hausse. A l'inverse, le renforcement du concept de préférence pour la liquidité de Brossard (2001) se répercute plus directement sur le taux d'intérêt long des titres. La hausse de la préférence pour la liquidité – le retournement à la baisse des anticipations de prix d'actifs – touche donc le prix de demande P_k des biens capitaux. Quoi qu'il en soit, l'évolution à la hausse des taux d'intérêt, associée à des prises de risques inconsidérés fragilisant les bilans de toutes les unités économiques, provoque le retournement de conjoncture par la baisse de l'investissement global, puis la montée du chômage. Les fluctuations qui en résultent sont bien évidemment indépendantes d'une quelconque politique monétaire de la Banque centrale, contrairement aux assertions des Nouveaux classiques, ou même de chocs technologiques sur la fonction de production macroéconomique.

b) Le passage d'un modèle microéconomique à un modèle macroéconomique

Certains auteurs (*cf.* Lavoie et Seccareccia, 2001) estiment que la représentation graphique de Minsky, soit le modèle à deux prix qui fonde sa théorie financière de l'investissement, souffre d'un défaut de construction logique dès lors que l'étude est menée d'un point de vue macroéconomique. Durant la phase de boom rien n'indique, au niveau agrégé, que les ratios de dette vont s'accroître, contrairement à ce qu'affirme Minsky, bien que le montant des dettes augmente fortement. Comment les auteurs expliquent-ils ce phénomène ?

Selon Lavoie et Seccareccia, Minsky n'a pas su tenir compte de l'équation des profits de Kalecki qui fait jouer à l'investissement un rôle majeur dans la détermination du montant des profits au niveau macroéconomique. Une hausse de l'endettement permet d'accroître le niveau de l'investissement global ; cependant cette élévation provoque, en retour, un effet positif sur les flux de profits futurs. Ceci peut être démontré pratiquement en reprenant la figure 4.5 de ce chapitre. L'aplatissement des courbes représentant le risque permet un niveau d'investissement plus élevé, mais comme cela provoque des *cash flows* plus importants, l'hyperbole équilatère se déplace vers la droite. Plus rien ne permet de justifier la hausse du ratio dette sur fonds propres puisque le numérateur et le dénominateur augmentent en même temps. En définitive, ce ratio peut croître, stagner ou diminuer. Ceci remet donc en cause la procyclicité des ratios de dette. Désormais, l'hypothèse de fragilité financière de Minsky ne tiendrait plus, selon Lavoie et Seccareccia (2001, p. 83) qu'à la présupposition suivante : le flux des *cash flows* conservés croît moins vite que l'investissement.

En réalité, les événements ne sont pas aussi simples que les apparences le laissent présager. Le ratio dette sur fonds propres n'augmente pas immédiatement chez Minsky ; en effet, les opportunités de profits et la hausse de l'investissement ne provoquent pas une hausse subite des ratios d'endettement. C'est d'ailleurs ce que ce dernier reconnaît implicitement. Ainsi, ce n'est qu'à la suite d'une certaine période de stabilité, une fois bien ancrée la croyance des agents (banquiers, firmes et ménages) dans l'avènement d'une nouvelle ère de croissance infinie, que les choses se compliquent. A ce moment seulement, on assiste à une sous-estimation exacerbée des différents risques provoquant la hausse inconsidérée de l'endettement, alors que rien ne le justifie sérieusement. C'est peut-être ce qui rend si peu aisée à prouver empiriquement la procyclicité des ratios de dettes. Ceci étant dit, une piste simple pourrait servir de solution.

Ce qui est essentiel chez Minsky est la structure financière et, en particulier, la proportion des dettes à court terme dans le passif des firmes. En fait, la distinction entre les dettes courtes et longues n'intervient pas dans le modèle à deux prix minskyen ; elle en est totalement absente. Or, ce sont les dettes à court terme qui entraînent l'illiquidité, voire l'insolvabilité. Les entreprises dans une telle situation peuvent accroître leur endettement sans que cela modifie le flux des profits. En définitive, les ratios d'endettement finiront bien par s'élever. En outre, d'un point de vue macroéconomique, la baisse du *quick ratio* (ratio de liquidité générale) peut être aggravée par un retournement à la baisse des anticipations de prix d'actifs dans l'optique de Brossard (2001), même si l'économie n'est pas encore en récession ; ceci diminuant la valeur des actifs liquidables aisément par les entreprises. Lors des négociations pour la reconduction de la dette des firmes – ou pour la demande de nouveaux prêts – les garanties collatérales de ces dernières, représentées par les titres financiers, seront plus faibles et les taux des banques plus « punitifs » par peur d'un défaut de paiement.

En conclusion, au regard des développements précédents, il nous semble que l'hypothèse de fragilité financière reste valide également au niveau macroéconomique. Elle s'explique, nous pensons, d'abord par la fuite en avant vers des financements à court terme d'actifs en capital longs. Ainsi, c'est le phénomène de l'endettement court qui est à mettre au premier plan des facteurs déclenchant l'instabilité financière. Jusqu'alors nous ne nous sommes intéressés à Minsky que du point de vue d'une économie fermée. Même si cela peut sembler constituer une légère digression en comparaison de notre sujet, nous pensons qu'une brève évaluation de ses travaux étendus à l'économie ouverte, mettra en évidence leur caractère relativement général.

SECTION 3 : POSSIBILITE D'EXTENSION AUX CRISES FINANCIERES INTERNATIONALES

En abordant Minsky, il nous semblait indispensable de souligner l'actualité et la généralité de sa théorie de l'instabilité financière, dans l'explication possible des crises financières internationales. Quelques auteurs post-keynésiens (Kregel, 1998 ; Arestis et Glickman, 2002) se sont penchés sur ces problèmes ; aussi nous examinerons leurs contributions dans cette section. Dans un premier temps, nous verrons les aménagements nécessaires à apporter à sa théorie pour assurer le passage à l'analyse macroéconomique ouverte. Dans un second temps, la généralisation de l'hypothèse d'instabilité financière nous permettra de fournir une typologie des crises à la Minsky dans le contexte de l'économie internationale.

La fragilité financière en économie ouverte : taux de change et taux d'intérêt

Nous avons souligné l'importance que Minsky accordait à la structure financière, notamment au fait que les firmes de type spéculatif et *Ponzi* sont plus exposées que les firmes à financement prudent (*hedge*). Dès lors que nous nous situons en économie ouverte, une nouvelle source de fragilité apparaît. Elle touche les firmes dont la proportion de biens importés, nécessaires à la production, est élevée ou qui ont contracté de nombreux emprunts en devises étrangères. Dans ces cas, une hausse du taux de change de la monnaie étrangère a le même effet sur les engagements financiers à l'égard de l'étranger qu'un accroissement du taux d'intérêt. Ceci amène d'ailleurs Kregel à souligner le fait que :

> *« Pour les pays opérant dans un système ouvert ces deux changements exogènes se produisent traditionnellement et se renforcent l'un l'autre puisque des taux d'intérêt sont souvent utilisés pour défendre une monnaie faible et stabiliser une monnaie après une dévaluation. Les marges de sécurité doivent ainsi être plus larges pour les entreprises opérant dans des pays avec des marchés de capitaux ouverts » (Kregel, 1998, p. 4).*

Ainsi, pour certains emprunteurs les marges de sécurité ne sont pas suffisantes pour les protéger à la fois des variations des taux de change et des taux d'intérêt. Par conséquent, il n'est pas improbable qu'ils sautent directement de la *hedge* finance à la *Ponzi* finance. Ce phénomène a une portée générale puisqu'il s'applique également aux banques commerciales qui ont la possibilité, dans le cadre d'une économie de finance libéralisée, de prêter et d'emprunter sur les marchés de capitaux internationaux. Elles sont d'autant plus fragilisées qu'elles s'exposent à la sanction des banques étrangères qui réévalueront à la hausse les taux d'intérêt des prêts.[1] Ceci provoquera la hausse des taux qu'elles appliquent à leurs clients nationaux afin de compenser le surcoût dû aux charges financières. Une précision reste à apporter quant à la nature du choc. Dans les développements précédents, la fragilité financière survient à la suite d'une hausse de la valeur de la monnaie étrangère ; il s'agit donc d'un choc exogène. Toutefois, un processus de fragilisation endogène peut parfaitement être engendré dans le cadre de l'économie ouverte. L'aphorisme minskyen selon lequel « la stabilité est déstabilisante » reste valide :

---

[1] La dépréciation de la monnaie nationale provoque la hausse des dettes libellées en monnaie étrangère et, *in fine*, accroît le risque de défaut de paiement.

> *« …une période prolongée de stabilité du taux de change peut mener à des anticipations trop optimistes quant à la stabilité en valeur des engagements financiers en monnaie étrangère et à une réduction correspondante des marges de sécurité (…). Ce changement endogène des marges fait que le passage d'un système fragile à un système instable est plus probable en cas de choc exogène » (Kregel, 1998, p. 6).*

Ainsi, l'aveuglement des unités économiques (firmes, ménages et banques commerciales) sur la poursuite de la croissance et la croyance en la stabilité du taux de change à long terme constituent les deux piliers de l'instabilité financière en économie ouverte. Il est désormais possible de dresser une liste des crises à la Minsky dans un pareil cadre.

Une typologie des crises à la Minsky dans un cadre international

Arestis et Glickman (2002, p. 243-244) recensent trois sortes de crises à la Minsky dans le cadre de l'économie ouverte. Leur ordre d'exposition renvoie à une gravité économique et financière croissante.

Le premier type a des origines purement internes ; il s'agit du processus de fragilisation financière classique (abaissement des marges de sécurité dû à un excès d'optimisme, baisse du ratio de liquidité générale, retournement des anticipations de prix d'actifs, hausse endogène des taux d'intérêt des banques commerciales…). En revanche, cette crise a également un effet sur la situation extérieure du pays considéré. Les investisseurs internationaux liquident leurs positions et se reportent vers d'autres monnaies jugées plus sûres, phénomène risquant d'aggraver les difficultés internes.

En ce qui concerne le second type de crise, il s'agit de l'opposé du premier. En effet, il a des origines purement externes car il provient d'un choc exogène venant modifier les variables macroéconomiques internes. Il peut s'agir d'une modification du taux de change ou de la politique monétaire d'un pays étranger élevant les taux d'intérêt afin d'attirer les capitaux internationaux.

Enfin, le troisième type de crise est sans doute le plus grave. Il s'agit d'un mélange des deux précédents. Les conditions financières se détériorent de manière endogène et l'économie subit, au même moment, des chocs exogènes négatifs. Il se crée donc un processus d'interaction entre les deux sortes de crises ; la fragilisation financière endogène et interne accentuant l'ampleur des chocs externes négatifs et inversement.

En définitive, les analyses de Minsky semblent pertinentes tant d'un point de vue fondamental qu'appliqué. D'abord, d'un point de vue fondamental, Minsky a élaboré une théorie dans laquelle l'instabilité financière endogène dégénère en une instabilité macroéconomique. Celle-ci est fondée sur la dégradation de la structure financière des différentes unités économiques, qui est la conséquence de comportements risqués durant la phase d'expansion économique. L'apparition de l'illiquidité – venant de la baisse du ratio de liquidité générale – et l'accroissement inconsidéré des dettes à court terme dans le passif des bilans en sont les principales causes. Ce processus de fragilisation financière est d'autant plus dangereux qu'il ne touche pas seulement les firmes, mais également les banques commerciales et les ménages.[1] De surcroît, comme cela été démontré (*cf.* Brossard, 2001 ; Nasica, 1997), le retournement de la conjoncture ne provient pas des politiques économiques mais plutôt d'un retournement des anticipations de prix d'actifs ou d'une hausse des taux d'intérêt bancaire et ceci sans intervention des autorités monétaires. Ensuite, la théorie de Minsky ne fait pas défaut dès lors qu'il s'agit de l'appliquer à des phénomènes économiques externes. En effet, lors de son extension à l'économie ouverte, dans le cadre des crises financières internationales, elle fait preuve d'un grand pouvoir explicatif ; c'est ce que certains Post-keynésiens (Arestis et Glickman, 2002 ; Kregel, 1998) ont récemment contribué à montrer : lorsque l'économie est ouverte, les possibilités de fragilisation financière s'en trouvent considérablement accrues.

Il convient à présent d'évaluer une partie majeure de la macroéconomie post-keynésienne actuelle. Il s'agit des développements suscités par les thèses de Minsky. Nous verrons que ces derniers se focalisent en grande partie sur l'accumulation et le financement. Cela nous permettra, par la suite, de comparer deux thèmes clés de la théorie post-keynésienne – le lien accumulation-répartition et le lien accumulation-financement – et de voir s'il est possible de les articuler.

---

[1] Un exemple de fragilisation financière progressive des ménages est correctement représenté par la situation des ménages américains avant l'éclatement de la bulle sur les marchés d'actions au début de l'année 2000. Ces ménages s'endettaient auprès des banques afin d'acheter des titres en Bourse. Cependant, les garanties qu'ils offraient aux banques se composaient majoritairement d'actions ne tenant leur valeur que de la bulle spéculative.

CHAPITRE V : LES APPROCHES FORMALISEES HETERODOXES DE MINSKY

Ce chapitre est consacré aux modèles macroéconomiques post-keynésiens fondés sur les travaux de Minsky. Ce courant influent de la macroéconomie post-keynésienne s'est principalement développé pour deux raisons. La première tient à certaines caractéristiques insatisfaisantes de la théorie orthodoxe à l'instar de la théorie de la répartition fondée sur le concept de productivité marginale ou des influences insuffisamment prises en compte de la sphère financière sur la sphère réelle. La seconde a trait à la conception particulière des cycles économiques soutenue par la Nouvelle économie keynésienne, à savoir leur caractère totalement exogène. Ceci est d'ailleurs reconnu comme une faiblesse par certains de ses membres :

> *« ...la nouvelle économie keynésienne doit encore fournir une explication complète du cycle. Elle montre, en effet, comment des chocs peuvent induire des variations importantes et persistantes de l'investissement et de l'emploi, mais elle traite ces chocs comme exogènes, et non comme des phénomènes endogènes » (Greenwald et Stiglitz, 1987, p. 173).*

En outre, même si ses représentants ne l'envisagent pas comme une difficulté, ce point précis se retrouve dans la Nouvelle macroéconomie classique,[1] qui considère que les cycles sont la conséquence de politiques macroéconomiques non anticipées par les agents. L'optique est similaire en ce qui concerne la théorie des cycles réels qui insiste sur les chocs technologiques aléatoires frappant la fonction de production.[2]

Compte tenu de l'ampleur des contributions post-keynésienne suscitées par Minsky, il est difficile de prétendre à une quelconque exhaustivité. Toutefois, une typologie simple permettra de classer ces modèles afin d'y voir plus clair. Notre point de départ consiste à distinguer deux types de modèles se réclamant de Minsky ; nous les isolerons en fonction de leurs résultats. D'abord, nous étudierons les travaux qui sont centrés sur l'apparition de crises macroéconomiques. Nous attribuons à ce terme la signification particulière que lui donne originellement Minsky, c'est-à-dire la possibilité que l'économie s'effondre complètement lorsqu'aucune intervention extérieure aux mécanismes de marché ne se produit. Cette perspective prend comme référence la grande crise de 1929 qui comporte tous les stigmates du désastre économique et d'un effondrement généralisé. Un aspect central de cette conception de la crise, illustrée par celle de 1929, est l'absence de reprise spontanée du système économique, les mécanismes rééquilibrants, mis en avant par les Néo-classiques, ne s'étant jamais mis en route (Rosier, 1995, p. 51).

Ensuite, nous consacrerons la seconde section aux modèles macroéconomiques débouchant sur des cycles. Dans cette optique, le cadre d'analyse est différent. L'économie serait victime d'une instabilité chronique, conduisant fatalement à une phase descendante du cycle. Néanmoins, il n'existe plus l'idée de rupture profonde et durable de l'économie. En effet, dans ce cas la crise est un point d'inflexion marquant le retournement de conjoncture, l'existence même d'une phase de récession impliquant celle de reprise économique. En conclusion, nous verrons que cette typologie, (i) insistant sur l'idée de chute profonde et durable du système et (ii) intégrant de manière standard la crise au phénomène du cycle, semble justifiée par la comparaison avec les travaux de Minsky.

---

[1] *Cf.*, par exemple, Mc Callum (1980), Minford et Peel (1983) et Sheffrin (1986).

[2] Pour une présentation abordable de la théorie des cycles réels, le lecteur pourra se reporter à celle faite par Mc Callum (1989).

SECTION 1 : LES MODELES HETERODOXES DE CRISE

Les modèles exhibant des crises sont les premiers à avoir vu le jour dès le milieu des années quatre-vingt. L'étude de référence est, sans conteste, celle de Taylor et O'Connell (1985), même si, avant eux, Weise et Kraft (1981) présentent un modèle simple de théorie des jeux basé sur les conclusions de Minsky (1975, 1977a). L'article de Taylor et O'Connell a ouvert la voie à une macroéconomie hétérodoxe formalisée et alternative aux modèles des Nouveaux classiques. Dans ces derniers, les sphères monétaire et financière n'influencent la sphère réelle que parce qu'il existe des erreurs d'anticipations des agents (qui d'ailleurs sont nulles en moyenne). Contre cette logique, tous les modèles minskyens adoptent le point de vue de Keynes (1937a, p.214) quant au traitement de l'incertitude ; celle-ci est dite non probabilisable ou encore « radicale ». Ainsi, la monnaie et la finance influencent de manière permanente le cours de l'économie.[1]

Les premiers modèles macroéconomiques

a) Le modèle canonique

Comme nous l'avons déjà précisé plus haut, le modèle de Taylor et O'Connell (1985) est considéré comme le modèle de référence dans la mise en évidence de crises financières. Ce dernier se divise en un marché des biens et un marché de la monnaie. L'équation d'équilibre du marché des biens *IS* se note de la sorte :

$$(5.1) \qquad g^d - g^s = g_0 + h(r + \rho - i) - sr = 0$$

la demande d'investissement dépend positivement d'une constante g_0, du taux de profit r et d'un terme ρ reflétant la différence entre le taux de profit anticipé et le taux de profit effectif ; ρ peut être interprété comme l'état de la confiance des entrepreneurs. Enfin, i équivaut au taux d'intérêt. L'offre d'épargne sr dépend, quant à elle, des profits auxquels il est appliqué une propension à épargner s comprise entre zéro et l'unité. En résolvant (5.1) pour le taux de profit, il vient que $r = [g_0 + h\ (\rho - i)]/(s - h)$.Enfin, en introduisant cette dernière

[1] Dans cette optique, *cf.* Shackle (1972) et Davidson (1991).

expression dans l'offre d'épargne $g^s = sr$, nous obtenons la valeur du taux d'accumulation suivante :[1]

(5.2) $$g = I/K = s[g_0 + h(\rho - i)]/(s - h)$$

$$g_\rho = \partial g/\partial \rho > 0 \qquad g_i = \partial g/\partial i < 0$$

Taylor et O'Connell (1985, p. 874-878) analysent ensuite la richesse R des ménages, celle-ci se décomposant en bons du trésor à court terme, monnaie et actions, soit, respectivement, B, M et p_eE, avec p_e le prix des actions et E la quantité :

(5.3) $$R = B + M + p_eE = F + p_eE$$

avec $F = B + M$, la dette financière totale. Les agents répartissent leur richesse entre les différents actifs selon les équations suivantes, représentant l'équilibre offre-demande sur les trois marchés (monnaie, bons et actions) :

(5.4) $$M = \mu(i, r + \rho)R$$

(5.5) $$p_eE = \varepsilon(i, r + \rho)R$$

(5.6) $$B = \beta(i, r + \rho)R$$

avec $\mu + \varepsilon + \beta = 1$. Si les marchés de la monnaie et des actions sont équilibrés, le marché des bons du trésor l'est également. Il est donc possible de n'étudier que les deux premiers. En plaçant (5.5) dans (5.3) nous obtenons :

(5.7) $$R = \frac{F}{(1 - \varepsilon(i, r + \rho))}$$

Il est désormais possible de préciser l'équation d'équilibre du marché de la monnaie LM indépendamment de la richesse R, en insérant (5.7) dans (5.4), puis en notant $\alpha = M/F$ le ratio monnaie sur dette financière totale :

(5.8) $$\mu(i, r + \rho) = \alpha(1 - \varepsilon(i, r + \rho))$$

[1] Les auteurs supposent la condition $s > h$ toujours vérifiée pour assurer la stabilité sur le marché des biens.

Les auteurs précisent le rôle des anticipations de profit et de la politique monétaire – par le biais du ratio α – sur le niveau du taux d'intérêt, soit :

$$i_\alpha = \partial i / \partial \alpha < 0 \qquad i_\rho = \partial i / \partial \rho < 0$$

En conséquence, une politique monétaire restrictive – ce qui implique un ratio α plus faible – de vente des titres et de résorption de la masse monétaire accroît le taux d'intérêt. De même, une détérioration des anticipations de profit entraîne une hausse du taux d'intérêt. Dans ce dernier cas, les agents modifient la composition de leurs portefeuilles en vendant des actions, ce qui cause la baisse des cours p_e, et en conservant leur richesse en monnaie. En fait, il se produit une augmentation de la préférence pour la liquidité qui conduit à l'augmentation du taux d'intérêt. Désormais, ce dernier doit être plus élevé pour inciter les ménages à se dessaisir de leurs encaisses oisives. Finalement, nous possédons les relations suivantes $i = i\ (\alpha,\rho)$ et $g = g\ (i,\rho) = g\ (i\ (\alpha,\rho),\rho)$. Les variables clés sont le rendement anticipé et le ratio monnaie sur dette financière totale. Taylor et O'Connell (Ibid., p. 879-880) élaborent donc un modèle dynamique constitué des variables endogènes α et ρ, afin de montrer les possibilités d'occurrence d'une crise financière. Ils proposent les relations suivantes :[1]

$$\dot{\rho} = -\beta\,(i - \bar{i}) = -\beta\,(i(\alpha,\rho) - \bar{i})$$

(5.9)

$$\dot{\alpha} = \alpha\,(\hat{M} - g) = \alpha\,(\hat{M} - g(i(\alpha,\rho),\rho))$$

Le rendement anticipé varie en fonction de la différence entre le taux d'intérêt effectif et sa valeur normale de long terme. Le ratio monnaie sur dette dépend de la différence entre le taux de croissance, supposé fixe, de la quantité de monnaie et le taux de croissance du stock de capital. Le calcul à l'équilibre de la matrice jacobienne du système (5.9) nous donne les informations suivantes :

---

[1] La seconde équation se forme ainsi : $\alpha = M/F = (M/K)\ (K/F)$, en passant en logarithmes (avec $f_{KF} = F/K$ = constante), nous obtenons $ln\ \alpha = ln\ M - ln\ K - ln\ f_{KF}$. Ensuite, en dérivant par rapport au temps l'expression précédente, nous trouvons : $d\alpha/dt = [(dM/dt)/M - g]$.

$$J = \begin{bmatrix} -\beta i_\rho & -\beta i_\alpha \\ -(g_i i_\rho + g_\rho) & -g_i i_\alpha \end{bmatrix}$$

$$Det(J) = -\alpha\beta i_\alpha g_\rho > 0 \qquad Tr(J) = -\beta i_\rho - g_i i_\alpha < 0$$

Le modèle est stable [$Tr(J) < 0$] tant que $-\beta i_\rho < g_i i_\alpha$, c'est-à-dire tant que l'influence du taux de rendement anticipé sur le taux d'intérêt est modeste. Lorsque i_ρ est élevé, la trace de la matrice devient positive et le modèle perd sa stabilité. La figure 5.1 illustre la dynamique entre α et ρ dès lors que i_ρ est faible.

Figure 5.1 – La dynamique après un choc négatif sur les anticipations

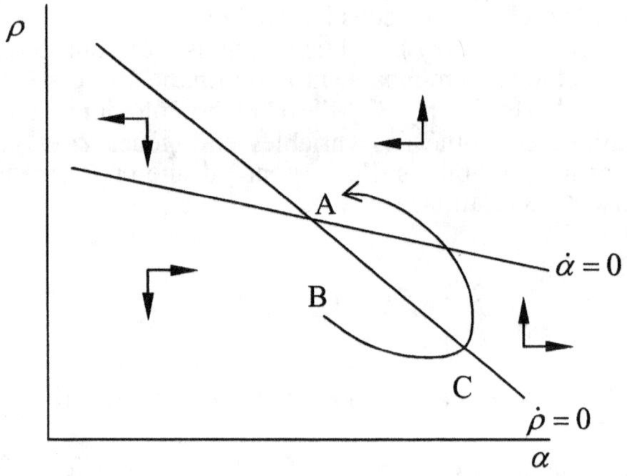

A l'inverse, lorsque la valeur de i_ρ est forte et qu'il se produit une baisse des profits anticipés ou une baisse du ratio monnaie sur dette financière totale, l'économie ne bifurque pas au point C pour retourner à l'équilibre. Dans ce cas de figure, les agents se débarrassent en masse de leurs actions, provoquant un effondrement boursier et une baisse de la richesse financière. La situation est d'autant plus grave que le taux d'intérêt auquel les ménages acceptent de se dessaisir de leurs encaisses atteint des niveaux rédhibitoires pour les entrepreneurs. Ceci diminue donc le taux de croissance du stock de capital et plonge l'économie en dépression, accélérant un peu plus la chute des profits anticipés.

b) L'introduction de la répartition : première tentative

Le modèle de Taylor et O'Connell (1985) a été modifié pour prendre en compte les interactions entre accumulation, financement et répartition. Ainsi, Downe (1987), en conservant la structure de leur modèle, a tenté de montrer que pour empêcher la chute des prix d'actifs et celle du taux de croissance de l'investissement, une intervention extérieure était nécessaire.[1] D'un côté, le gouvernement accroît les dépenses publiques afin de maintenir les cash flows des entreprises, de l'autre, la banque centrale agit comme prêteur en dernier ressort, elle accepte de refinancer les banques commerciales qui elles-mêmes reconduisent les crédits aux entrepreneurs et aux ménages. Ces actions permettent d'éviter une crise économique profonde, toutefois :

> *«...les politiques de lutte contre la déflation par la dette font surgir le risque d'inflation pour deux raisons : (1) un marché du travail relativement tendu qui permet aux travailleurs de demander des salaires plus élevés afin de bénéficier d'une longueur d'avance sur l'inflation et (2) une productivité décroissante relative au coût relativement bas de la perte de son emploi » (Downe, 1987, p. 453).*

En effet, à mesure que les gouvernements interviennent, les tensions inflationnistes s'accroissent. De plus, le coût moyen de la perte d'emploi étant faible (car le travailleur qui perd son emploi a de fortes chances d'en trouver rapidement un autre en période de croissance prolongée), cela tend à diminuer la productivité des travailleurs qui ne craignent plus le chômage. Tous ces facteurs contribuent donc fortement à réduire la part des profits dans le revenu total, ce qui rend le retournement de conjoncture inéluctable. Les explications précédentes se fondent sur la notion d'armée de réserve de chômeurs, issue de Marx (*cf.* Downe, 1987, p. 448). Selon cette logique, les travailleurs sont contraints durant les phases de récession, mais favorisés en période de croissance car l'armée de réserve s'étiole. Ceux-ci en profitent donc pour demander des hausses de salaires qui

[1] *Cf.* également Lavoie (1986-1987) pour une présentation qui diffère de celle de Taylor et O'Connell (1985) et qui prend en compte l'inflation et le financement externe dans l'émergence de crises macroéconomiques.

seront difficilement contestées par les firmes dont l'un des moyens de pression – l'armée de chômeurs des périodes de récession – s'affaiblit. Dès lors, un point mérite d'être souligné : cette présentation n'a aucun rapport avec la théorie du salaire d'efficience des Nouveaux keynésiens. La raison en tient à ce que Downe (1987) ne considère à aucun moment une détermination du salaire via la théorie de la productivité marginale du travail, contrairement aux modèles Nouveaux keynésiens de fixation des salaires. En définitive, il ressort des analyses précédentes une idée ancienne, déjà émise par Keynes (1936) et reprise par Minsky (1975), selon laquelle le capitalisme porte en lui les germes de son instabilité.

Une analyse différente a été entreprise par Jarsulic (1988). Ce dernier introduit explicitement le rôle de la dette et les relations qu'elle entretient avec l'accumulation du capital et la répartition des revenus. Ses travaux se fondent sur trois équations principales. La première nous renseigne sur la répartition et la provenance de l'épargne. Les profits sont réinvestis en totalité, soit $s_f = 1$, la seule consommation se faisant donc sur les salaires. La deuxième équation est relative au taux de croissance du capital, elle montre qu'une hausse de l'endettement, avec des anticipations constantes, a un effet dépressif sur l'investissement. Quant à la troisième équation, elle donne l'évolution du stock de dette. Celle-ci est fonction de l'écart entre les dépenses d'investissement et les *cash flows* issus de la production. Formellement :

(5.10) $$I = sW + P$$

(5.11) $$I = I^* - cD$$

(5.12) $$\dot{D} = I - (P - iD)$$

avec $I = dK/dt$ l'investissement, P les profits, W les salaires, s la propension à épargner sur ceux-ci, dD/dt la variation de la dette et i le taux d'intérêt. De (5.10), nous obtenons $Y/K = mI/K$ avec $m = 1/\,[(1-\omega) + s\omega]$ et $\omega = W/Y$. En tenant compte du fait que $I/K = g$, $d = D/K$ et $x = m\,(1-\omega)$, cela donne :

(5.11') $$g = g^* - cd$$

(5.12') $$\dot{D} = I - (1-\omega)Y + iD) = (1-x)I + iD$$

Il est maintenant possible de préciser l'évolution du ratio dette sur capital d en le passant en logarithme, en dérivant par rapport au temps et en y insérant les expressions (5.11') et (5.12') précédentes. En outre, Jarsulic (1988, p. 551) suppose que le taux d'intérêt varie en fonction du taux de profit $r = P/K = xg$, soit $i = h\,xg$ avec h une constante comprise entre zéro et l'unité.[1]

$$(5.13) \qquad \dot{d} = \left[(1-x) + (hx-1)d\right](g^* - cd)$$

Cette équation a deux solutions : $d_1 = (1-x)/(1-hx)$ et $d_2 = g^*/c$. Le cas intéressant est celui où est $d_1 < d_2$, ceci implique qu'au niveau maximal d'équilibre du ratio de dette d_2, le taux d'accumulation g est égal à zéro. De plus, l'auteur démontre (Ibid., p. 552) que lorsque d est supérieur à d_1 l'économie se dirige inéluctablement vers d_2. Ce processus d'instabilité financière se produit d'autant plus vite que :

(i) g^* est faible, ce qui signifie que les entrepreneurs ont peu confiance en l'avenir de la croissance.
(ii) c est élevé, les firmes sont très sensibles au poids des dettes.
(iii) $x = m(1-\omega)$ est faible ce qui implique que la répartition ne s'effectue pas en faveur des profits.
(iv) h est grand, ce qui indique un niveau du taux d'intérêt élevé en comparaison du taux de profit.

Ce modèle, bien qu'instructif, dispose de quelques inconvénients. D'abord, il explique la détermination du taux d'accumulation de manière très fruste. Ensuite, les interactions entre l'accumulation et la dette semblent insuffisantes. Ainsi, il ne prend pas en compte le fait que, au moins dans un premier temps, la dette permet d'accroître l'investissement et donc les profits. Après, et surtout, la répartition est supposée fixe. Enfin, le modèle est totalement instable, il n'existe aucune autre solution. Par exemple, il serait plus cohérent de considérer la coexistence de deux équilibres, l'un instable – g faible et d élevé – et l'autre stable – d faible et g élevé – avec le passage du second au premier comme la conséquence de l'instabilité financière, voire un équilibre stable et unique se modifiant progressivement, sous l'effet d'un changement de certains

[1] Nous rappelons que $x = m(1-\omega) = m\,P/Y = P/I$ car $m = Y/I$ et donc que $xg = (P/I)(I/K) = P/K$.

paramètres, pour devenir instable. C'est vers ces voies de recherche que les travaux plus récents se sont engagés.

Fragilisation financière et équilibres multiples

a) L'émergence de l'instabilité financière

Les travaux de Delli Gatti et Gallegati (1990) constituent une avancée indéniable dans la formalisation des idées de Minsky concernant la fragilisation financière.[1] Leur point de départ consiste à construire un modèle dans lequel la demande d'investissement joue un rôle crucial, en effet, celle-ci permet de déterminer le revenu global et la production. Le modèle se fonde sur la théorie financière de l'investissement issue de Minsky, la fonction de consommation corrigée de Kaldor (1956) et une demande de monnaie keynésienne. Il existe un marché des biens et un marché de la monnaie. Nous étudierons d'abord le premier. Le revenu se note :

$$Y = p_C Q_C + p_I Q_I \tag{5.14}$$

p_C est le prix des biens de consommation, Q_C la quantité de biens de consommation, p_I le prix des biens d'investissement et Q_I leur quantité. La fonction de consommation est :

$$p_C Q_C = cw(N_I + N_C) + c'(1 - s_f)\Pi \tag{5.15}$$

avec w le salaire nominal, N_C et N_I l'emploi utilisé, respectivement, dans les secteurs du bien de consommation et du bien de production, Π les profits globaux, $0 < c < 1$ la propension marginale à consommer les salaires, $0 < c' < 1$ celle à consommer sur les profits et s_f la propension à épargner des firmes. Le revenu national est aussi égal à la somme de la masse salariale et des profits, soit :

$$Y = w(N_I + N_C) + \Pi \tag{5.16}$$

En outre, les prix sont fixés par la règle de mark-up suivante :

$$p_C = w(1 + \tau_C) / \mu_C \qquad p_I = w(1 + \tau_I) / \mu_I$$

---

[1] *Cf.*, dans une optique légèrement différente, aussi Delli Gatti et Gallegati (1992) qui, bien que prenant en compte le marché du crédit, formulent quelques hypothèses très restrictives, à savoir l'égalité des propensions à consommer et, surtout, la constance de la répartition des revenus.

μ_C et μ_I représentent la productivité moyenne dans les deux secteurs, τ_C et τ_I sont les taux de mark-up dans les deux industries. Compte tenu de la définition de la productivité moyenne, l'emploi dans chaque secteur est égal à :

$$N_C = Q_C / \mu_C \qquad N_I = Q_I / \mu_I$$

Quelques calculs nous donnent la valeur de l'emploi total :

$$(5.17) \quad N = N_C + N_I$$
$$= \frac{1}{(1+\tau_C - c)}\left[\frac{Q_I}{\mu_I}(1+\tau_C) + c'(1-s_f)\frac{\Pi}{w}\right]$$

Il est également possible de trouver la valeur des profits en fonction de l'investissement, à la manière des premiers modèles post-keynésiens, soit :

$$(5.18) \qquad \Pi = \frac{(w/\mu_I)[c\tau_C + \tau_I(1+\tau_C - c)]}{(1-c)+\tau_C[1-c'(1-s_f)]}Q_I$$

Ensuite, Delli Gatti et Gallegati (1990, p. 360) relâchent l'hypothèse d'un montant d'investissement fixe. Ils introduisent la théorie financière de Minsky basée, d'un côté, sur la différence entre le prix de demande et le prix d'offre du capital et, de l'autre, les *cash flows* disponibles des firmes.

$$(5.19) \qquad Q_I = Q_I(p_K - p_I, s_f\Pi)$$

$p_K - p_I$ équivaut à la distance verticale séparant prix de demande et d'offre du capital dans le diagramme minskyen standard. En suivant Minsky (1975, 1986), nous savons que la hausse des profits ou du prix de demande du capital conduit à l'expansion de l'investissement :

$$\partial Q_I / \partial p_K = Q_I^{p_K} > 0 \qquad \partial Q_I / \partial \Pi = Q_I^{\Pi} > 0$$

Une hausse (baisse) des risques peut être appréhendée par une baisse (hausse) de $Q^{pK}{}_I$. L'équilibre sur le marché des biens s'exprime de manière standard :

$$(5.20) \quad x(p_K, \Pi) = I - S$$
$$= p_I Q_I(p_K, \Pi) - [\gamma \Pi + \delta Q_I(p_K, \Pi)] = 0$$

avec :

$$\gamma = \frac{(1-s_f)[\tau_C(1-c') + (1-c)]}{(1+\tau_C - c)} > 0$$

$$\delta = (1-c)\frac{w(1+\tau_C)}{\mu_I(1+\tau_C - c)} > 0$$

L'équation précédente est équivalente à une courbe *IS*, elle peut être réécrite de la sorte :

$$x(p_K, \Pi) = \varepsilon\, Q_I(p_K, \Pi) - \gamma \Pi = 0$$

avec :

$$\varepsilon = p_I - \delta = w(\tau_I + c\tau_C) / \mu_I(1+\tau_C - c)$$

En prenant la différentielle totale de l'équation précédente, nous obtenons la pente de *IS* qui est indéterminée à cause du dénominateur :

$$d\Pi / dp_K = -(\partial x / \partial p_K)/(\partial x / \partial \Pi) = \varepsilon\, Q_I^{p_K} /(\gamma - \varepsilon\, Q_I^{\Pi})$$

Désormais, il convient d'étudier le marché de la monnaie. Les auteurs distinguent trois sortes de demande de monnaie, dans la ligne de pensée de Keynes. La demande de monnaie pour les transactions dépend du revenu national :

$$(5.21) \qquad A^d = a[w(N_C + N_I) + \Pi]$$

avec $0 < a < 1$ une constante. La demande de monnaie au motif de spéculation pour un agent j se note :

$$H_j = \alpha_j (p_K - p_j^a)$$

p^a_j est le prix futur anticipé des actifs en capital par l'unité j, α_j mesure la sensibilité de la demande de monnaie au titre de la spéculation à la différence entre le prix actuel et le prix anticipé des biens capitaux. Lorsqu'un gain en capital est anticipé par un agent ($p_K < p^a_j$), l'incitation à détenir des encaisses liquides devient nulle ($H_j = 0$). A l'inverse, si des pertes sont anticipées ($p_K > p^a_j$), toute la richesse est conservée en monnaie ($R_j = H_j$). Au final, la demande de monnaie au motif de spéculation vient de la somme des demandes individuelles :

$$H^d = p_K \sum_j \alpha_j - \sum_j \alpha_j p_j^a \tag{5.22}$$

Les auteurs ajoutent ensuite une demande monnaie pour le motif de financement, dans l'optique des travaux de Keynes (1937b, 1937c) :

$$F^d = p_I Q_I - s_f \Pi \tag{5.23}$$

Cette demande correspond à l'écart entre l'investissement réalisé par les firmes et ce qu'elles sont à même de dépenser par le biais de leurs ressources internes – c'est-à-dire les profits moins le paiement des dividendes. L'équilibre sur le marché de la monnaie s'exprime de la manière suivante avec M l'offre de monnaie de la banque centrale :

$$\begin{aligned} M &= aw(N_C + N_I) - (s_f - a)\Pi \\ &+ \frac{w}{\mu_I}(1+\tau_I)Q_I + p_K \sum_j \alpha_j - \sum_j \alpha_j p_j^a \end{aligned} \tag{5.24}$$

Quelques substitutions donnent l'expression suivante relatif à l'équilibre sur le marché de la monnaie :

$$\begin{aligned} m(p_K, \Pi) &= M - M^d \\ &= M - \left[\eta Q_I(p_K, \Pi) + (k - s_f)\Pi + \lambda p_K - \varphi\right] = 0 \end{aligned}$$

avec :

$$\eta = w\left[a(1+\tau_C) + (1+\tau_I)(1+\tau_C - c)\right] / \mu_I(1+\tau_C - c) > 0$$

$$k = \left[ac'(1 - s_f)/(1 + \tau_C - c)\right] + a > 0$$

$$\lambda = \sum_j \alpha_j \qquad \varphi = \sum_j \alpha_j p_j^a$$

A l'instar de l'équation *IS*, nous pouvons calculer la pente de la courbe *LM* en prenant la différentielle totale de l'équation ci-dessus, sa forme est indéterminée de nouveau :

$$\begin{aligned} d\Pi / dp_K &= -(\partial m / \partial p_K)/(\partial m / \partial \Pi) \\ &= (\eta Q_I^{p_K} + \lambda)/-(\eta Q_I^{\Pi} + k - s_f) \end{aligned}$$

Malgré ces difficultés, il est possible de préciser graphiquement l'émergence de l'instabilité financière. Delli Gatti et Gallegati (1990, p. 368) définissent le levier d'endettement comme l'écart entre investissement et ressources internes, rapporté aux ressources internes.[1] Ils considèrent qu'une hausse de celui-ci est une approximation correcte d'une fragilité financière croissante. En outre, ils montrent (Ibid.) qu'il existe dans le plan Π-p_K des courbes d'iso-levier de pente négative. Si nous suivons Minsky, la hausse des profits entraîne celle de l'investissement et ses effets sur celui-ci sont de plus en plus prononcés à mesure que l'économie croît. Ceci se traduit par une tendance à la hausse de Q_I^{Π}.

En se reportant aux équations donnant la pente de *IS* et *LM* nous nous apercevons que les deux équations se déplacent dans le sens inverse des aiguilles d'une montre.[2] C'est ce que montre la figure 5.2. En effet, à mesure que Q_I^{Π} augmente, la pente de *IS* se raidit et celle de *LM* s'aplatit. Cette dernière devient positive lorsque le dénominateur devient positif, cette situation peut se produire lorsque les firmes augmentent le taux de rétention sur les profits. Indépendamment de cela, il suffit que Q_I^{Π} diminue (la période de croissance s'essouffle) pour que *IS* reste positive et *LM* le devienne également.

---

[1] Soit : $L = [\, p_I Q_I (p_K, \Pi) - s_f \Pi \,]/s_f \Pi$.

[2] Nous supposons que $\gamma - \varepsilon Q_I^{\Pi} > 0$, la pente de *IS* est donc positive. De même, $\eta Q_I^{\Pi} + k - s_f > 0$, ce qui signifie que *LM* est de pente négative au départ.

Figure 5.2 – L'émergence de l'instabilité[1]

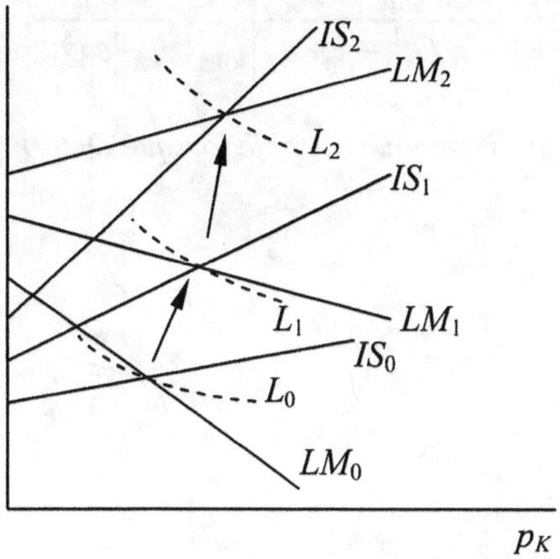

L'étude de la dynamique du modèle permet de démontrer que ce cas de figure fait entrer l'économie dans une aire instable. Les auteurs proposent les règles d'ajustement :

$$\frac{d\Pi}{dt} = x(p_K, \Pi) = I(p_K, \Pi) - S(p_K, \Pi)$$

$$\frac{dp_K}{dt} = m(p_K, \Pi) = M - M^d(p_K, \Pi)$$

Il suffit de remplacer les expressions $x(.)$ et $m(.)$ par leur valeur issues de (5.20) et (5.24). Le calcul de la matrice des dérivées partielles nous indique que lorsque les deux pentes sont positives avec la pente de *IS* supérieure à celle de *LM*, l'équilibre est un point selle :

$$J = \begin{bmatrix} \varepsilon\, Q_I^{\Pi} - \gamma & \varepsilon\, Q_I^{p_K} \\ -\eta\, Q_I^{\Pi} - k + s_f & -\eta\, Q_I^{p_K} - \lambda \end{bmatrix}$$

$$Det(J) = (\varepsilon\, Q_I^{\Pi} - \gamma)(-\eta\, Q_I^{p_K} - \lambda) - \varepsilon\, Q_I^{p_K}(-\eta\, Q_I^{\Pi} - k + s_f)$$

[1] Les trois courbes nommées *L* sont les courbes d'iso-levier.

$$Det(J) < 0 \quad si \quad \left. \frac{\eta\, Q_I^{p_K} + \lambda}{-\eta\, Q_I^{\Pi} - k + s_f} \right|_{LM} < \left. \frac{\varepsilon\, Q_I^{p_K}}{\gamma - \varepsilon\, Q_I^{\Pi}} \right|_{IS}$$

Figure 5.3 – La dynamique instable lorsque Det(J) < 0

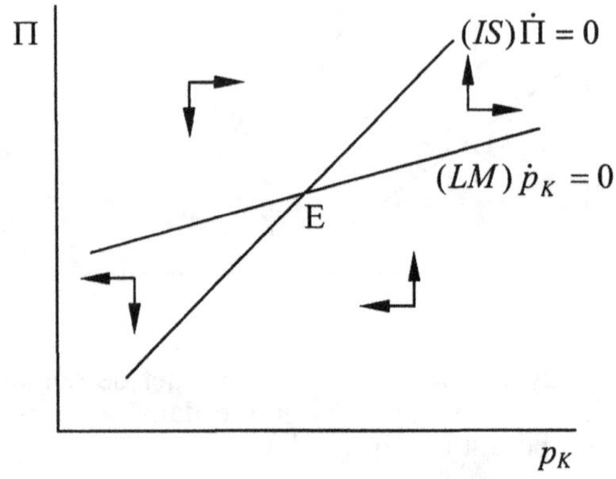

Le diagramme des phases est tracé dans la figure 5.3 précédente avec E = (Π*, p_K*). Deux possibilités sont envisageables, un *boom* minskyen ou une crise du type *debt-deflation* dans la tradition de Fisher (1933). Il suffit que le montant des profits et le prix de demande du capital deviennent inférieurs à leurs valeurs d'équilibre (modification à la baisse des anticipations, hausse du risque emprunteur) pour que l'économie tombe dans la dépression. A l'inverse, une hausse des profits ou du prix de demande propulse l'économie dans une phase d'expansion et de prospérité, jusqu'à ce qu'un élément nouveau mette fin à cette période d'euphorie. Cette situation, selon les auteurs, est caractéristique de l'instabilité financière analysée par Minsky, car rien ne permet d'affirmer que le système retourne à l'équilibre à la suite d'un choc. Bien que très intéressants, ces travaux contiennent une imprécision qui rend leurs conclusions assez restrictives. En effet, le modèle n'appréhende l'endettement que de manière très indirecte. Il n'existe aucune équation indiquant la dynamique de la dette. De ce point de vue, les modèles à équilibres multiples offrent une dynamique de l'accumulation et du financement plus riche, ainsi qu'une prise en compte explicite de la dette des firmes.

b) Les modèles à équilibres multiples

Un autre exemple de fragilisation financière est donné par la modélisation issue de Jarsulic (1990) et Charles (2005). Ces modèles ont le mérite de rester simple d'utilisation, bien que comportant des non-linéarités, si nous nous en tenons à une analyse qualitative (d'ailleurs suffisante). Il s'agit d'une économie fermée à prix et taux d'intérêt fixes. Le taux d'accumulation désiré par les firmes se note :

$$(5.25) \qquad g^d = \alpha(Y/K - \varepsilon) + \beta r - \gamma id$$

Y est le produit réel, K le stock de capital, r le taux de profit (P/K), i le taux d'intérêt, d le ratio dette sur capital (D/K), α, β, γ et ε sont des paramètres positifs. Le taux d'accumulation désiré varie donc positivement avec le taux de profit et le rapport produit sur capital et baisse avec les dettes.[1] Le taux d'accumulation g varie de la sorte :

$$(5.26) \qquad \dot{g} = \lambda(g^d - g - \eta g^2)$$

le dernier terme est, selon Jarsulic (1990, p. 93), une manière commode de tenir compte d'une capacité limite de l'économie (ceci sera plus clair lorsque nous tracerons le diagramme des phases), λ est un paramètre positif qui correspond à la vitesse d'ajustement du taux effectif au taux désiré. Il convient désormais de donner l'évolution du stock de dette :

$$(5.27) \qquad \dot{D} = iD + I - s_f P$$

P est le montant des profits globaux, $I = dK/dt$ l'investissement et s_f la propension à épargner des firmes sur les profits, autrement dit le taux de rétention. L'équation précédente nous dit que lorsque les ressources internes ne sont pas suffisantes pour faire face aux dépenses d'investissement, les firmes doivent s'endetter. En passant en logarithme, en dérivant le ratio $d = D/K$ et après quelques substitutions simples :

[1] Le rôle positif du ratio Y/K peut être aisément compris. En considérant le mode d'ajustement partiel du taux d'accumulation (*cf.* Skott, 1995) $g = I/K$ suivant : $g = \Psi(K^*/K - 1)$ avec K^* le stock de capital désiré, K le stock effectif et $\Psi > 0$ la vitesse d'ajustement. Si $K^* > K$ alors g va croître. Si nous notons, respectivement, $Y/K = \sigma$ et $Y/K^* = \sigma^*$ le ratio produit sur capital effectif et désiré, l'équation précédente se note $g = \Psi(\sigma/\sigma^* - 1)$. Quand le ratio effectif augmente le taux d'accumulation augmente également.

$$(5.28) \qquad \dot{d} = id - s_f r + g - dg$$

Ensuite, la part des profits dans le revenu national se note $P/Y = (1 - \omega)$. De l'équilibre entre investissement et épargne $I = sY$, avec s la propension à épargner sur le revenu, il est possible d'écrire que $Y/K = g/s$. Le taux de profit devient :

$$r = (1 - \omega) g / s$$

Finalement, en remplaçant r et Y/K par leur valeur dans (5.25) et (5.28), puis en introduisant (5.25) dans (5.26), nous obtenons un système différentiel non-linéaire dans lequel les coefficients sont implicitement redéfinis pour tenir compte de λ :

$$(5.29) \qquad \begin{aligned} \dot{g} &= \phi g - \gamma\, id - \eta\, g^2 - \alpha \varepsilon \\ \dot{d} &= id + \theta\, g - dg \end{aligned}$$

avec $\phi = [\alpha + \beta(1 - \omega)]/s - 1 > 0$ pour que g soit toujours positif et $\theta = 1 - [s_f(1 - \omega)/s] > 0$ pour que la dette existe. Une analyse qualitative est suffisante pour l'étude de la dynamique et la mise en évidence de l'instabilité. Les deux isoclines se notent :

$$d\big|_{\dot{g}=0} = (\phi g - \eta\, g^2 - \alpha\varepsilon) / \gamma\, i \qquad d\big|_{\dot{d}=0} = \theta\, g / (g - i)$$

Quelques calculs permettent d'obtenir les isoclines et le diagramme des phases :

$$\left.\frac{\partial d}{\partial g}\right|_{\dot{g}=0} <> 0 \quad si \quad \phi - 2\eta\, g <> 0$$

$$\left.\frac{\partial d}{\partial g}\right|_{\dot{d}=0} < 0; \quad \left.\frac{\partial^2 d}{\partial g^2}\right|_{\dot{d}=0} > 0$$

Figure 5.4 – Equilibres multiples et fragilisation financière

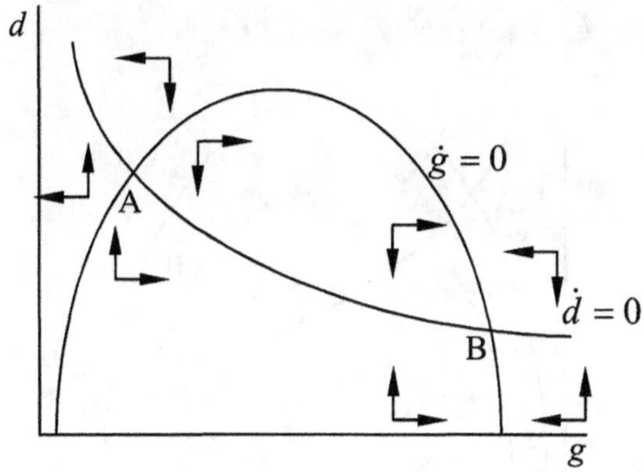

Le point A est l'équilibre bas de type point selle, le point B est l'équilibre haut stable. Si l'économie subit un choc alors qu'elle se situe au point B, le retour à l'équilibre est assuré. Cette zone peut être considérée comme financièrement stable parce que l'endettement est faible et le taux d'accumulation est élevé. Le point A est typique d'une économie financièrement fragilisée avec un endettement important et un taux d'accumulation limité. Une légère baisse du taux d'accumulation ou une moindre hausse de l'endettement provoque une crise financière et une récession économique. Une dynamique typiquement minskyenne serait le passage du point B au point A comme effet d'un choc négatif relativement fort, puis l'entrée dans une zone de dépression, située à gauche de A. Désormais, il convient d'évaluer l'effet d'une modification du taux d'intérêt sur la stabilité macroéconomique.[1]

> *« Une hausse du taux d'intérêt déplacera la ligne de phase dg/dt = 0 vers le bas, tandis qu'elle poussera la ligne dd/dt = 0 vers le haut. Ceci augmentera (...) la fragilité. Ces déplacements représentent le genre de changements suggérés par Minsky » (Jarsulic, 1990, p. 95).*

[1] Il est à noter qu'une erreur d'impression s'est glissée dans l'article originel de Jarsulic, les mots ''upward'' et ''downward'' ont été inversés, et ceci n'a plus de sens. En effet, en dérivant les isoclines par rapport à *i*, il vient : $\partial d/\partial i$ $(dd/dt = 0) > 0$ et $\partial d/\partial i$ $(dg/dt = 0) < 0$.

Figure 5.5 – Equilibres multiples et hausse des taux d'intérêt

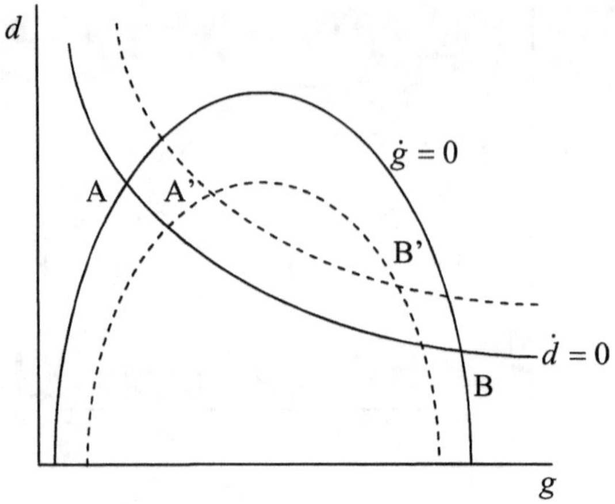

Par conséquent, la hausse des taux d'intérêt rapproche les deux équilibres l'un de l'autre, ce qui a pour effet d'accroître l'instabilité du système. La raison à ceci est simple. Dès que les points A et B sont plus proches, il n'est plus nécessaire de supposer un choc d'une forte amplitude sur le système pour passer de l'équilibre stable à l'équilibre instable. Une légère perturbation (une baisse de g par exemple) est suffisante pour propulser l'économie de B vers A. La conclusion semble bien en accord avec les travaux de Minsky : une hausse des taux d'intérêt accentue la fragilité financière et favorise l'émergence de crises macroéconomiques.

SECTION 2 : LES CYCLES DANS LES MODELES MACROECONOMIQUES A LA MINSKY

Le deuxième pan de la modélisation post-keynésienne de l'instabilité financière est centré sur l'apparition de cycles économiques. Ces modèles s'attachent à décrire des dynamiques entre le taux d'accumulation et le ratio de dette. En revanche, ces interactions macroéconomiques ne sont pas exclusives, d'autres sont également prises en compte à l'instar de la dynamique entre revenu et dette dans laquelle les ménages emprunteurs et prêteurs interviennent. Nous allons évaluer ces différentes possibilités.

Les interactions entre le niveau du revenu et la dette

De nombreux travaux existent sur ce thème. En premier, nous verrons une série de modèles simples de type multiplicateur-accélérateur, incorporant l'effet déstabilisant d'une distinction dans le comportement de consommation des ménages. En second, nous aborderons des modèles qui peuvent donner naissance à des dynamiques complexes.

a) Le rôle des ménages prêteurs et emprunteurs

Les travaux de Palley (1994, 1996) constituent une tentative simple de mise en évidence de cycles dans un modèle de détermination du revenu national. Dans ce dernier, le montant de la dette influence le niveau de la demande globale par l'intermédiaire d'une fonction de consommation incluant deux catégories de ménages : les prêteurs et les emprunteurs. Plusieurs versions existent de ce modèle, nous en retiendrons deux particulièrement instructives. La première est un modèle de fragilité financière et la seconde incorpore, en plus, un effet de tranquillité financière. En fait, il s'agit d'un modèle multiplicateur linéaire en dynamique, ce dernier incorporant deux fonctions de consommation dans la tradition des modèles de croissance post-keynésiens. L'apparition des cycles provient d'un transfert de revenus entre les ménages :

> *« Les hausses de l'endettement stimulent, au départ, la demande agrégée en transférant du pouvoir d'achat des créditeurs aux débiteurs, toutefois le paiement des intérêts sur le stock des dettes accumulées devient un fardeau pour la demande agrégée (AD) car il transfère du revenu des ménages à forte propension marginale à consommer vers les ménages à faible propension marginale à consommer » (Palley, 1996, p. 202).*

Le modèle incorpore donc un effet de fragilisation financière qui opère sur la répartition des revenus à travers le remboursement des dettes. Soient les équations suivantes :

(5.30) $$Y_t = C_{1,t} + C_{2,t} + B_0 \qquad B_0 > 0$$

$$(5.31) \qquad C_{1,t} = b_1[zY_{t-1} - S_t] + \hat{D}_t$$

$$0 < b_1 < 1, 0 < z < 1$$

$$(5.32) \qquad C_{2,t} = b_2[(1-z)Y_{t-1} + S_t - \hat{D}_t]$$

$$[(1-z)Y_{t-1} + S_t - \hat{D}_t] > 0$$

$$0 < b_2 < 1, b_2 < b_1$$

$$(5.33) \qquad \hat{D}_t = D_t - D_{t-1}$$

$$(5.34) \qquad D_t = b_3 z Y_{t-1} \qquad b_3 > 0$$

$$(5.35) \qquad S_t = iD_{t-1} \qquad i > 0$$

avec Y_t le niveau du produit réel, $C_{1,t}$ la consommation des ménages emprunteurs, $C_{2,t}$ celle des ménages prêteurs, $B_0 = I + G$ les dépenses autonomes qui incluent investissement et dépenses publiques, b_1 la propension marginale à consommer des emprunteurs, b_2 celle des prêteurs, b_3 le ratio dette sur revenu des ménages emprunteurs qu'ils estiment admissible, z la part des revenus allant aux emprunteurs, r le taux d'intérêt réel, $D_t - D_{t-1}$ les variations dans le montant de la dette réelle, S_t le paiement du service de la dette, D_t le montant de la dette réelle. L'équation (5.30) représente le niveau du produit qui dépend de celui de la demande globale. L'équation (5.31) détermine la consommation des ménages emprunteurs, celle-ci est fonction du revenu moins les remboursements des dettes plus les emprunts nouveaux. Il faut noter au passage que la propension à consommer les emprunts nouveaux est égale à l'unité. Les emprunts effectués sont dépensés en totalité et, donc, il n'existe aucun phénomène de préférence pour la liquidité et de spéculation de la part des ménages emprunteurs. Il est possible d'introduire ce type de comportement en supposant une propension à consommer sur les emprunts nouveaux $0 < b_{en} < 1$. Les résultats du modèle demeurent identiques si nous conservons l'hypothèse de Palley : les ménages débiteurs ont une propension marginale à consommer plus élevée que celle des prêteurs. Dans ce cas, le coefficient $A_2 = 1 - b_2$ se note $0 < A_2 = b_{en} - b_2 < 1$. L'équation (5.32) donne la consommation des prêteurs en fonction du revenu plus les remboursements perçus, moins les prêts accordés aux emprunteurs. Leur revenu est nécessairement positif, les ménages ne pouvant prêter plus que ce qu'ils possèdent. L'équation (5.33) est une relation de définition. Quant à la relation (5.34), elle relie la dette au revenu des emprunteurs (zY_{t-1}) par le biais du coefficient b_3. Ce dernier peut être interprété comme un ratio dette sur revenu plafond. L'équation (5.35) représente le service de la dette, les ménages remboursant les prêts antérieurs et non ceux de la période courante (auquel cas, cela n'a plus de sens de s'endetter). Le taux d'intérêt est fixe et il n'y a pas d'inflation. Au final :

$$Y_t = A_0 + A_1 Y_{t-1} + A_2 \hat{D}_t + A_3 S_t$$

avec :

$$A_0 = B_0 > 0 \qquad 0 < A_1 = b_1 z + b_2(1-z) < 1$$

$$0 < A_2 = 1 - b_2 < 1 \qquad 0 > A_3 = b_2 - b_1 > -1$$

L'équation globale précédente nous offre un aperçu de la dynamique du modèle. Le revenu au temps t dépend positivement de celui en $t - 1$, A_1 correspondant à une propension à consommer globale. Le revenu dépend aussi positivement des changements dans le montant de la dette. Si la quantité d'emprunts s'accroît, la demande augmente, car il se produit un transfert de revenus des agents prêteurs à faible propension à consommer vers des agents emprunteurs à forte propension à consommer. Enfin, le revenu est une fonction négative du paiement des intérêts de la dette ; c'est le cas opposé du précédent : les prêteurs qui se font rembourser ont une propension à consommer plus faible que les emprunteurs. Quelques substitutions donnent l'équation suivante :

$$(5.36) \quad Y_t = A_0 + [A_1 + A_2 b_3 z]Y_{t-1} - [A_2 b_3 - A_3 b_3 i]zY_{t-2}$$

la valeur d'équilibre du produit étant :

$$Y^* = \frac{A_0}{[1 - A_1 - A_3 b_3 iz]}$$

l'équation caractéristique se note :

$$x^2 - [A_1 + A_2 b_3 z]x + [A_2 b_3 - A_3 b_3 i]z = 0$$

La théorie mathématique des équations aux différences d'ordre deux (Gandolfo, 1996 ; Shone, 2002) nous donne les conditions à respecter afin d'assurer la stabilité de (5.36) :

$$1 - [A_1 + A_2 b_3 z] + [A_2 b_3 - A_3 b_3 i]z = 1 - [A_1 + A_3 b_3 z i] > 0$$

$$1 - [A_2 b_3 - A_3 b_3 i]z > 0 \qquad 1 + [A_1 + A_2 b_3 z] + [A_2 b_3 - A_3 b_3 i]z > 0$$

La première et la troisième conditions sont respectées, étant donné les restrictions sur les divers coefficients du modèle. Pour que la deuxième soit valide, il faut que :

$$i < [A_2 - 1/b_3 z](1/A_3)$$

Il faut donc que $A_2 < 1/b_3 z$ (car $A_3 < 0$) pour que cette condition demeure valide. Les conditions de stabilité peuvent être récapitulées dans un repère en deux dimensions (b_3, i) :

Figure 5.6 – Les conditions de stabilité du modèle de fragilité financière

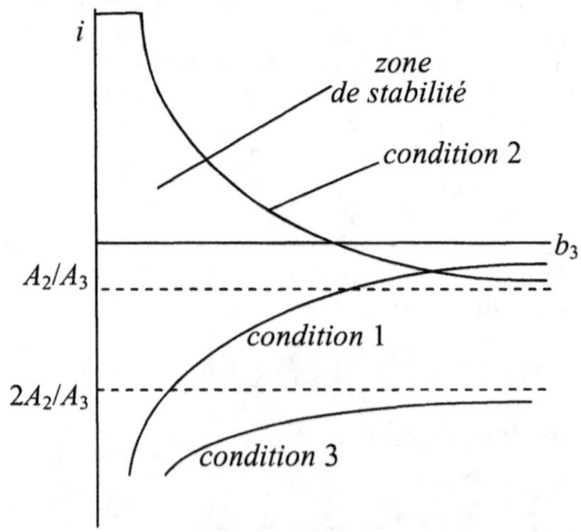

Puisque seule la condition 2 pose problème, il convient de déterminer les éléments qui vont modifier la surface en gris qui représente la surface de stabilité du modèle.

$$\frac{\partial i}{\partial A_2} = \frac{1}{A_3} < 0 \quad \frac{\partial i}{\partial z} = \frac{1}{b_3 A_3 z^2} < 0 \quad \frac{\partial i}{\partial A_3} = -\frac{[A_2 - 1/b_3 z]}{A_3^2} > 0$$

Une hausse de A_2, la propension marginale à épargner des ménages prêteurs, signifie une hausse de l'épargne qui se manifeste sous la forme de prêts supplémentaires accordés aux emprunteurs. Ceci diminue la région de stabilité ; en effet, la courbe représentant la condition 2 se déplace vers le bas, des revenus nouveaux étant transférés aux emprunteurs. De même, la hausse de z, la part du revenu qui va aux ménages emprunteurs, accroît l'instabilité du modèle. En effet, elle permet aux ménages débiteurs d'emprunter plus. A l'inverse, une hausse de A_3 (donc une baisse de la valeur absolue $|A_3|$) augmente la région de stabilité. Elle peut correspondre à une hausse de b_2, la propension à consommer des ménages prêteurs, ce qui limiterait les effets secondaires du remboursement des dettes, c'est-à-dire le fait que des revenus supérieurs aillent aux ménages à faible propension à consommer.

Il est désormais possible de préciser les possibilités cycliques du modèle. L'analyse du discriminant de l'équation caractéristique nous permet d'énoncer une condition de manière sûre. Il suffit que le taux d'intérêt s'élève pour que la probabilité d'obtention d'un discriminant négatif augmente, ce qui débouche sur des cycles d'amplitude constante, ou sur des oscillations explosives ou amorties autour du revenu d'équilibre Y^*. Cette hausse du taux d'intérêt est compatible avec l'analyse que fait Minsky des diverses périodes de *boom* que les économies capitalistes peuvent connaître ; la hausse des taux mettant un terme à la prospérité lorsque le financement est spéculatif ou *Ponzi*.

Les autres possibilités d'engendrer des cycles sont grandes. Le rôle du ratio dette sur revenu b_3 est considérable. A mesure qu'il croît, les cycles deviennent de plus en plus envisageables. C'est ce que montre le tableau 5.1, qui renvoie aux valeurs du discriminant pour différents coefficients. La hausse du taux d'intérêt diminue la valeur du discriminant, il en va de même du coefficient b_3 qui passe de 0.5 à 1 et de la part du revenu des ménages emprunteurs qui passe de 0.25 à 0.5. En outre, il vient qu'une baisse de b_2, la propension à consommer des prêteurs, favorise la venue de cycles.

Tableau 5.1 – Les valeurs du discriminant en fonction des divers coefficients

	$b_3 = 0.5$		$b_1 = 0.8$	
	$z = 0.25$		$z = 0.50$	
	$i = 0.05$	$i = 0.10$	$i = 0.05$	$i = 0.10$
$b_2 = 0.7$	0.428	0.426	0.380	0.379
$b_2 = 0.5$	0.148	0.141	0.085	0.070
	$b_3 = 1.0$		$b_1 = 0.8$	
	$z = 0.25$		$z = 0.50$	
	$i = 0.05$	$i = 0.10$	$i = 0.05$	$i = 0.10$
$b_2 = 0.7$	0.335	0.330	0.200	0.190
$b_2 = 0.5$	- 0.025	- 0.040	- 0.220	- 0.250

Malgré sa simplicité, ce premier modèle macroéconomique parvient à mettre en valeur le rôle déstabilisant du rapport dette/produit. Toutefois, il est également possible de tenir compte de l'effet déstabilisant d'une période d'expansion prolongée dans la tradition de Minsky. La prise en compte de la notion de tranquillité financière, période d'expansion durant laquelle les emprunteurs désirent s'endetter plus et les prêteurs accroître les montants proposés, s'effectue en modifiant l'équation (5.34) de la sorte :

(5.35') $$D_t = b_3 z Y_{t-1} + b_4 z \hat{Y}_{t-1} \qquad b_4 > 0$$

avec :

$$\hat{Y}_{t-1} = Y_{t-1} - Y_{t-2}$$

Désormais, les variations positives du niveau du produit lors des périodes précédentes entrent en ligne de compte. Cette formulation montre que les périodes d'expansion, rendant les emprunteurs et les prêteurs plus optimistes, conduisent à l'accroissement du niveau de la dette. En tenant compte de la nouvelle équation d'évolution du stock de dette, quelques substitutions donnent la dynamique du produit :

$$(5.37) \qquad Y_t = A_0 + [A_1 + A_2 z(b_3 + b_4)]Y_{t-1}$$

$$- [A_2 z(b_3 + 2b_4) - A_3 b_3 zi - A_3 b_4 zi]Y_{t-2}$$

$$+ [z(A_2 b_4 - A_3 b_4 i)]Y_{t-3}$$

Il s'agit d'une équation aux différences d'ordre trois. Palley (1996, p. 210-211) montre que les trois conditions de stabilité du modèle sont plus restrictives. Désormais une seule condition de stabilité est non ambiguë tandis qu'il n'est pas possible de trancher pour les deux autres. Comme précédemment, des valeurs plus fortes de z (la part des revenus allant aux ménages emprunteurs), i (le taux d'intérêt), A_2 (la propension à épargner des prêteurs) et b_3 (le ratio dette sur revenu), augmentent le risque d'instabilité. En outre, une hausse de b_4 accroît également l'instabilité du modèle et la possibilité de cycles économiques. Par conséquent, il est envisageable qu'un modèle stable devienne instable lorsque l'effet d'une phase d'expansion prolongée est pris en compte dans l'explication du niveau des dettes. Ce point est d'importance, il a d'ailleurs inspiré d'autres auteurs tels que Skott (1995). Ce dernier présente un modèle sensiblement différent, mais fondé sur le rôle déstabilisant de l'expansion. Il montre que les interactions existant entre des comportements laxistes et les périodes de troubles financiers peuvent engendrer des cycles des variables réelles et financières. Toutefois, les possibilités de cycles sont nombreuses, ainsi d'autres travaux insistent sur le lien entre le revenu et la dette.

b) L'émergence de dynamiques complexes

Une série de modèles, élaborés par Delli Gatti, Gallegati et Gardini, insistent sur le fait qu'au cours de la phase d'expansion économique les firmes adoptent des comportements de plus en plus imprudents.[1] En définitive, ceci se traduit par une hausse

[1] *Cf.*, entre autres, Delli Gatti, Gallegati et Minsky (1994), Delli Gatti et Gallegati (1994) et Delli Gatti, Gallegati et Gardini (1994).

du financement externe des dépenses d'investissement. Ainsi, ces auteurs se situent dans la droite ligne de pensée de Minsky. Prenons le modèle le plus simple de Delli Gatti et Gallegati (1994) ; dans celui-ci la fonction d'investissement est spécifiée de la sorte :

$$I = b(\pi Y_{t-1} - iD_t) \tag{5.38}$$

avec Y le revenu, D le stock de dette, i le taux d'intérêt, b la propension à investir et $\pi = P/Y$ la part des profits dans le revenu global. La particularité de cette famille de modèle provient de la propension à investir b qui est endogène, en effet :

$$b = \beta\,(arctg \pi Y_{t-1})$$

avec $\beta > 0$ et où *arctg* représente l'inverse de la fonction tangente. Cette formulation relie donc positivement la propension à investir au flux de profit macroéconomique par le biais d'une fonction concave. Ainsi, lorsque les *cash flows* sont nuls, la propension à investir l'est également. Les auteurs justifient le caractère pro-cyclique de cette dernière en se fondant sur les travaux de Fazzari, Hubbard et Petersen (1988). Ces derniers isolent deux sortes de firmes : (i) les firmes jeunes et de petite taille avec une propension à investir forte et un taux de croissance du capital très élevé et (ii) les firmes matures et de grande taille, disposant des caractéristiques inverses. Durant la phase ascendante du cycle, deux phénomènes apparaissent : les firmes jeunes investissent fortement et leur nombre augmente considérablement. Ceci élève mécaniquement la propension à investir globale, b, en période de reprise économique. Quant au financement interne, il correspond au flux des profits moins les charges financières :

$$IF_t = \pi Y_{t-1} - iD_t \tag{5.39}$$

Il est possible de déterminer le besoin de financement externe, celui-ci est égal aux dépenses d'investissement moins les ressources internes, soit avec (5.38) et (5.39) :

$$F_t^X = I_t - IF_t = (b-1)(\pi Y_{t-1} - iD_t) \tag{5.40}$$

Les deux auteurs supposent que le système bancaire est accommodant, il comble l'écart entre les dépenses I et les ressources internes des firmes. L'évolution de la dette se note :

(5.41) $$D_t - D_{t-1} = F_t^X = (b-1)(\pi Y_{t-1} - iD_t)$$

En considérant l'équilibre sur le marché des biens $Y = C + I$, avec une fonction de consommation keynésienne traditionnelle du type $C_t = c_0 + c_1 Y_t$, nous obtenons un système d'équations aux différences non linéaires:

(5.42)
$$Y_t = \phi_0 + \phi_1 b(\pi Y_{t-1} - iD_{t-1})$$
$$D_t = (1/\alpha)[D_{t-1} + (b-1)\pi Y_{t-1}]$$

avec : $\alpha = 1 + (b-1)i$, $\phi_0 = (1/s)c_0$, $\phi_1 = (1/s)\alpha$. L'origine de l'instabilité provient de la hausse de la propension à investir b lors de la phase d'expansion, ce qui conduit à la hausse de l'endettement et à la réduction des *cash flows* IF_t comme le montre le système (5.42). Par conséquent, les dynamiques vont dépendre de la valeur de b, considéré comme endogène. Delli Gatti et Gallegati (1994, p. 278-281) montrent que l'évolution des variables vers l'équilibre peut être stable pour une propension à investir faible. A mesure que b s'accroît au-delà d'une certaine valeur critique, les mouvements du revenu et de la dette peuvent devenir cycliques avec une amplitude constante, voire chaotiques.

Les interactions entre accumulation du capital et dette

Cette seconde famille de modèles dynamiques centrés sur l'instabilité financière s'est très fortement développée depuis la fin des années quatre-vingt. Une nouvelle fois, l'objet de ces travaux est de montrer, dans la logique initiée par Minsky, que des facteurs dont l'origine est financière peuvent déstabiliser le secteur réel de l'économie.

a) Les modèles dynamiques en ratio

Les travaux de Jarsulic (1996, p. 635) partent d'une proposition similaire à celle de Delli Gatti et Gallegati (1994). Selon lui, si le montant des *cash flows* est essentiel dans la fixation du taux d'accumulation et qu'il existe un système d'endettement, alors les ingrédients nécessaires à l'instabilité financière sont présents. Le modèle qu'il élabore permet l'évaluation de nombreuses dynamiques ; parmi celles-ci, nous retiendrons la possibilité de cycles limites, ce qui signifie des dynamiques de type ''centre'' complètement endogènes. Les hypothèses du modèle sont les suivantes :

(i) Un système économique fermé
(ii) Un niveau des prix supposé constant
(iii) La proportion des *cash flows* conservés par les firmes est constante

Le taux de profit macroéconomique $r = P/K$ est une fonction supposée croissante et linéaire du taux d'accumulation du capital $g = I/K$:

(5.43) $$r = r(g) \qquad \partial r / \partial g = r_g > 0$$

En ce qui concerne les *cash flows* nets, ils sont définis de manière classique comme étant égaux aux profits bruts moins les intérêts sur le stock des dettes iD, terme auquel il faut appliquer une propension à épargner ou taux de rétention $0 < s_f < 1$, soit :

$$CF = s_f(P - iD)$$

en normalisant les *cash flows* par K le stock de capital, nous obtenons :

(5.44) $$cf = s_f(r - id)$$

où $d = D/K$ comme précédemment, et $cf = CF/K$. A ce stade de l'exposition, il convient de préciser un point important. La formalisation adoptée par Jarsulic ne tient pas compte explicitement de la condition d'équilibre sur le marché des biens et services, afin de déterminer la valeur du taux de profit r. Ce procédé lui permet d'éliminer la présence du taux de rétention des firmes, s_f, du taux de profit macroéconomique. Par conséquent, une reformulation rigoureuse de la condition $I = S$ serait à même de modifier en profondeur la dynamique du modèle. Le taux d'accumulation réalisable (*feasible rate*) dépend des ressources internes nettes :

(5.45) $$g^f = H[cf] \qquad H > 0$$

La dynamique du taux d'accumulation se détermine par la différence entre le taux d'accumulation envisageable et le taux effectivement constaté, soit :

$$(5.46) \qquad \dot{g} = \alpha\left\{g^{f} - g\right\} \qquad \alpha > 0$$

Le coefficient α mesure la vitesse d'ajustement du taux effectif au taux d'accumulation réalisable. En procédant aux changements adéquats via les équations (5.44) et (5.45) dans (5.46), l'équation d'évolution du taux d'accumulation s'écrit :

$$(5.47) \qquad \dot{g} = \alpha\left\{H[s_f(r(g) - id)] - g\right\}$$

Afin de connaître l'évolution du ratio d, il suffit de passer son expression en logarithmes et de dériver cette dernière par rapport au temps :

$$(5.48) \qquad d / d = \dot{D} / D - \dot{K} / K$$

quant à l'évolution de la dette globale, celle-ci dépend du paiement des intérêts plus l'écart entre les dépenses d'investissement et les ressources internes des firmes :

$$(5.49) \qquad \dot{D} = iD + I - CF$$

En substituant (5.49) dans (5.48) et compte tenu de (5.43) et (5.44), nous trouvons la dynamique suivante pour le ratio dette sur capital :

$$(5.50) \qquad \dot{d} = (1 + s_f)id + g - s_f r(g) - dg$$

Il est donc question d'un système différentiel non linéaire. L'étude de la stabilité locale du système, composé des équations (5.47) et (5.50), à l'équilibre s'effectue de manière classique par le biais de la matrice jacobienne.

$$J(g^*, d^*) = \begin{bmatrix} \partial\dot{g} / \partial g & \partial\dot{g} / \partial d \\ \partial\dot{d} / \partial g & \partial\dot{d} / \partial d \end{bmatrix} = \begin{bmatrix} \alpha A & \alpha B \\ C & E \end{bmatrix}$$

les dérivées partielles sont évaluées à leur valeur d'équilibre (g^*, d^*). Nous trouvons les résultats suivants pour les coefficients de la jacobienne, ainsi que le déterminant et la trace de la matrice J :

$$\alpha A = \alpha\,[Hs_f r_g - 1] \qquad \alpha B = -\alpha H s_f i$$

$$C = 1 - d - s_f r_g \qquad E = (1 + s_f)i - g$$

$$Det(J) = \alpha\left\{Hs_f\left[i(1-d) + r_g(i-d)\right] + \left[g - (1+s_f)\right]\right\}$$

$$Tr(J) = \alpha A + E$$

Ensuite, l'auteur (Ibid, p. 640) fournit les statistiques américaines du secteur non financier afin de donner des valeurs aux différents paramètres :

Tableau 5.2 – Les valeurs des paramètres en fonction des statistiques américaines

Taux d'accumulation du capital moyen (1948-88)	0.03
Taux de rétention moyen (1948-87)	0.60
Ratio investissement / *cash flows* nets (1970-85)[1]	1.20
Taux d'intérêt sur les obligations (1947-82)	0.03-0.08
Ratio dette sur capital moyen (1945-90)	0.50-0.9

En conséquence, en posant $g^* = i = 0.03$, $d^* = 0.9$, $H = 1.2$ et $s_f = 0.6$, nous pouvons conclure que les expressions de la matrice des dérivées partielles prises à l'équilibre ont les signes suivants : $B < 0$ et $E > 0$. De même, nous pouvons affirmer que $A < 0$ et $C > 0$, pour des valeurs raisonnables de r_g. L'auteur suppose que le déterminant de la matrice est positif, ce qui exclu un équilibre de type point selle. La dynamique du système va donc dépendre totalement de la valeur de la trace de la matrice. Le paramètre α va jouer un rôle clé, puisqu'il peut rendre la trace positive, négative ou nulle. Si $Tr(J) < 0$ l'équilibre sera stable avec une convergence cyclique, si $Tr(J) > 0$, il sera instable avec une divergence cyclique. Enfin, si $Tr(J) = 0$, nous avons des cycles dont l'amplitude est constante

[1] Nous savons que $H = g/cf = (I/K)/(CF/K) = I/CF$. H est donc bien équivalent au ratio investissement sur *cash flows* nets.

autour de l'équilibre. Toutefois, dès lors qu'un changement dans un paramètre est à même de provoquer une modification de la stabilité locale de l'équilibre, il est possible d'obtenir des informations supplémentaires quant à la dynamique d'un système différentiel. Le théorème des bifurcations de Hopf permet ceci :

> *« Le théorème de Hopf (...) dit que si, à la suite d'une variation d'un paramètre, il y a un changement dans la stabilité du point d'équilibre, alors un cycle limite peut se former autour de l'équilibre » (Jarsulic, 1996, p. 641).*

Si nous choisissons $\alpha = \alpha_0$ tel que la matrice est égale à zéro, il suffit que α diminue sous α_0 pour que la trace devienne positive, ceci perturbe l'équilibre et permet l'apparition d'un cycle limite stable autour du point d'équilibre (g^*, d^*) qui, quant à lui, est instable. Un cycle limite stable, dans un repère à deux dimensions, est une orbite fermée sur elle-même et vers laquelle tous les points du plan se rapprochent. Le cycle peut aussi être appelé attracteur. La construction d'un indice, élaboré à partir des dérivées partielles du système différentiel, permet à Jarsulic (1996, p. 643) de conclure quant à la stabilité de son modèle. Si l'indice est positif le cycle limite est instable, s'il est négatif le cycle limite est stable. L'auteur trouve un indice négatif, nous sommes donc en présence d'un cycle limite stable comme le montre la figure 5.6 suivante.

Figure 5.6 – Cycle limite stable dans le modèle de Jarsulic

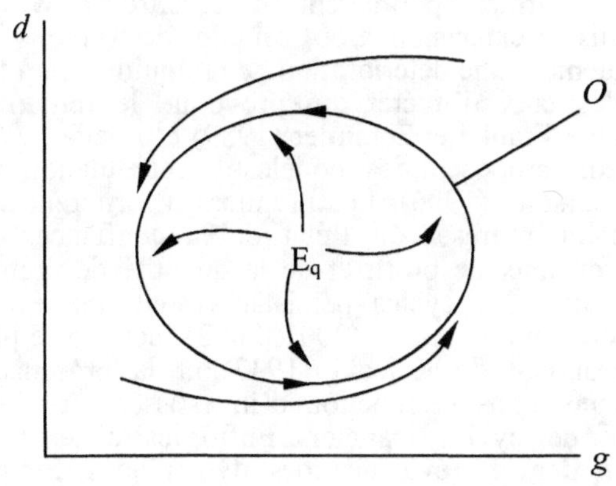

Dans cette situation, le point d'équilibre E_q est instable. Il suffit qu'un léger choc se produise pour que nous quittions l'équilibre (g^*, d^*) définitivement. La dynamique est telle que le taux d'accumulation et le ratio dette sur capital vont rejoindre l'orbite fermée *O* en gravitant autour de l'équilibre. D'autre part, étant donné que les dynamiques sont convergentes à l'extérieur de l'orbite, le système ne s'éloigne donc jamais définitivement de l'équilibre. Supposons qu'une hausse du ratio *d* se produise, la structure financière devient trop élevée et réduit les *cash flows* disponibles pour l'investissement, ce qui provoque la chute du taux d'accumulation *g*. Les firmes continuant à se désendetter retrouvent peu à peu des marges de manœuvres pour investir via leurs ressources internes, jusque-là accaparées par le remboursement des dettes. L'investissement reprend jusqu'au point où les firmes doivent s'endetter de nouveau pour accroître la production, les anticipations de profit étant en hausse. Un nouveau cycle peut désormais commencer…

En somme, c'est l'existence de la dette dans un modèle d'accumulation qui peut provoquer des cycles (convergents, divergents ou auto-entretenus) autour de l'équilibre. Nous retrouvons l'idée minskyenne selon laquelle le financement externe de l'investissement est un facteur perturbant largement les économies capitalistes. Il ne s'agit que d'un bref aperçu des travaux concernant l'apparition de dynamiques cycliques dans des modèles d'obédience post-keynésienne.

De nombreuses autres tentatives ont été effectuées à l'instar de l'analyse de Foley (1987) dans laquelle des possibilités de cycles limites apparaissent également. Selon ce dernier, les prêts aux firmes permettent d'accroître l'investissement. Néanmoins, l'expansion trop brutale des crédits provoque inéluctablement une détérioration de la liquidité et, à terme, une hausse des taux d'intérêt qui provoque le retournement de conjoncture. Franke et Semmler (1989) et Asada (2001, 2002), quant à eux, proposent des modèles d'accumulation proches de celui de Jarsulic (1996). Les premiers incorporent à l'analyse une variable représentant l'état de la confiance, elle-même fonction du taux de profit et de la quantité de prêts reçus, et montrent que des cycles persistants sont une éventualité à prendre en compte. Asada (2001, 2002) incluent le principe du risque croissant de Kalecki (1937) et la présence de coût d'ajustement dans la fonction d'investissement ; ils trouvent également des cycles financiers. Enfin, les recherches de Keen (1995) mettent en évidence des dynamiques complexes, en reprenant la structure du modèle de Goodwin (1967) et en incorporant un système bancaire. Ainsi, aux relations conflictuelles entre entrepreneurs et travailleurs, Keen (1995) juxtapose celles entre les banquiers et les entrepreneurs. La part des profits dans le revenu national est d'autant plus rognée qu'elle subit des pressions de la part des travailleurs et des banquiers qui demandent, respectivement, des hausses de salaires et des taux d'intérêt plus élevés, lorsque la part des dettes dans le revenu national s'accroît. Dans la première version de son modèle, les dynamiques sont de deux types : soit les variables – la part des salaires, le taux d'emploi, le ratio dette sur revenu et le taux d'accumulation – convergent toutes de manière cyclique vers leurs valeurs d'équilibres lorsque le taux d'intérêt est faible, soit il y a convergence et, ensuite, divergence lorsque le taux d'intérêt est élevé. Dans la seconde version, l'introduction d'un budget de l'Etat permet de stabiliser les fluctuations au sein d'une bande, sans pour autant ramener la stabilité de l'équilibre.

b) Les modèles dynamiques en niveau

Plusieurs modèles de cycles en niveau, dans lesquels les facteurs financiers jouent un rôle perturbateur, ont été élaborés par Semmler (1987), Arena et Raybaut (1998, 2001) et Nasica et Raybaut (2005). Dans Semmler (1987), un modèle à perturbation financière est construit à partir de la structure du modèle de cycle de Kaldor (1940) ; celui-ci montre, entre autres, l'effet négatif des taux d'intérêt et des dettes nettes (les dettes totales moins les actifs financiers détenus par les firmes) sur l'investissement global et sur le montant des profits. L'avantage du modèle est qu'une fois les simulations effectuées concernant le stock de capital K et le niveau global des profits P, il est possible d'obtenir des renseignements sur le taux de profit et la répartition des revenus. En effet, si les valeurs en mouvement et à l'équilibre de P et K sont connues, désormais il devient simple d'obtenir le taux de profit macroéconomique $r^* = P^*/K^*$ et des renseignements sur la répartition en supposant que le coefficient de capital $v = K/Y$ est donné puisque $(P/Y)^* = vr^*$. A première vue, il semble que les thèmes accumulation-financement et accumulation-répartition puissent être réconciliés dans cette contribution. Toutefois, nous verrons par la suite que les choses ne sont pas aussi simples qu'il y paraît.

Les travaux d'Arena et Raybaut (1998, 2001) sont sensiblement différents puisqu'ils font intervenir explicitement dans l'analyse dynamique le marché de la monnaie et l'état de la confiance des entrepreneurs. Ils construisent un modèle dans lequel il existe deux marchés, biens et monnaie. Le revenu national s'écrit :

(5.51) $$Y = wL + P$$

avec w le taux de salaire exogène, L le montant de l'emploi et P, comme précédemment, le niveau des profits globaux. La fonction de consommation est donnée par :

(5.52) $$C = cwL + c'P^d$$

où c et c' sont, respectivement, les propensions à consommer les salaires ($wL = W$) et les profits distribués (P^d) par les firmes. Ces derniers se notent : $P^d = (1 - s_f)P$, où $0 < s_f < 1$ est le taux de mise en réserve décidé par les firmes. Enfin, les profits sont définis comme la différence entre les recettes (prix multiplié par la quantité) et les dépenses représentées par les coûts salariaux uniquement :

(5.53) $$P = pQ - wL$$

Ils supposent également l'existence d'un taux de mark-up m constant $pQ = (1 + m)W$. En notant la productivité du travail $Q/L = l$ et le coefficient de capital $v = K/Q$, nous obtenons le prix du bien unique produit par les firmes :

(5.54) $$p = (1 + m)w / l$$

Quelques substitutions donnent le montant des profits au niveau macroéconomique :

(5.55) $$P = C_0 K \qquad C_0 = mw / vl$$

Du côté du marché de la monnaie, Arena et Raybaut (2001, p.120) retiennent une demande de monnaie totale de type keynésien, pour les motifs de transaction, de spéculation et de financement, soit :

(5.56) $$M^d = kY + SP(i) + Exfi \qquad Exfi = \dot{D}$$

où k est l'inverse de la vitesse de circulation de la monnaie et i le taux d'intérêt long sur les obligations. Le financement externe de l'investissement *Exfi* est proportionnel aux *cash flows* nets ($s_fP - \hat{\imath}D$). En définitive, nous avons $Exfi = dD/dt = \gamma A = \gamma(s_fP - \hat{\imath}D)$ avec $\hat{\imath}$ le taux du crédit bancaire et γ un paramètre positif. Ensuite, la fonction d'investissement est spécifiée de la manière suivante :

$$\dot{K} = \alpha A + (1-\alpha)(r^e - i) \tag{5.57}$$

avec $r^e = R(D/K, X)$ le taux de profit anticipé où $R'_d > 0$, $R''_d < 0$ et $R'_X > 0$, α est un paramètre compris entre zéro et un et X l'état de la confiance des entrepreneurs. En ce qui concerne ce dernier, les auteurs adoptent une spécification simple, soit : $dX/dt = H(X)$ avec $H'_X \neq 0$ et $X^* > 0$.[1] Finalement, après quelques manipulations, nous obtenons un système différentiel non linéaire formé des trois équations suivantes :

$$\begin{cases} \dot{K} = \alpha\left[s_f C_0 K - \hat{\imath}D\right] + (1-\alpha)\left[R(D/K, X) - i\right] \\ \dot{D} = \gamma\left[s_f C_0 K - \hat{\imath}D\right] \\ \dot{X} = H[X] \end{cases} \tag{5.58}$$

Arena et Raybaut (2001, p.129-132) démontrent que le système (5.57) est à même de générer des cycles endogènes. Ainsi, une bifurcation de Hopf se produit pour certaines valeurs du paramètre γ qui mesure le poids de la contrainte de financement interne.

Ces modèles keynésiens sont particulièrement intéressants, et ceci pour plusieurs raisons. D'abord, ils rassemblent de nombreux concepts issus de Keynes, à savoir le motif de financement, la théorie de la préférence pour la liquidité et, surtout, l'état de la confiance, thème central dans la *Théorie Générale*. Ensuite, ils intègrent l'influence déstabilisante des variables financières, par le biais du ratio *d*, sur la rentabilité future des investissements et l'état de la confiance. Ils donnent, en outre, des informations sur les variables en ratio et en niveau puisque D^* et K^* permettent de connaître, *a posteriori*, l'évolution du ratio dette sur capital d^* et la valeur du revenu global Y^*. Nous disposons d'un éventail de contributions suffisamment large pour prétendre que les modèles macroéconomiques d'inspiration minskyenne constituent une

[1] Les auteurs proposent une formulation du type : $H(X) = \omega_1 X^{\sigma} + \omega_2$ avec $0 < \sigma < 1$, $\omega_1 > 0$ et $\omega_2 < 0$.

partie incontournable de la théorie macroéconomique post-keynésienne. Qu'il s'agisse de cycles ou de crises, ces contributions enrichissent la problématique post-keynésienne.

Il peut être utile, à présent, de revenir sur la typologie proposée au début du chapitre V. Nous avons vu que deux conceptions, chacune étant basée sur les conclusions pratiques des modèles, semblent prévaloir au sein de la macroéconomie financière à la Minsky. La première est centrée sur le concept de crise, découlant de l'idée selon laquelle le système peut s'effondrer totalement ; c'est une vision à laquelle de nombreux économistes post-keynésiens adhèrent (*cf.*, entre autres, Taylor et O'Connell, 1985 ; Jarsulic, 1990). Dans cette perspective, la notion de crise revêt un caractère hétérodoxe, allant au-delà du simple point de retournement de conjoncture. En effet, elle marque la possibilité d'une véritable rupture au sein du système économique et le besoin d'une intervention extérieure, en vue d'éviter une dépression profonde et durable. Cette idée est profondément enracinée dans les travaux de Minsky, qui renvoie sans cesse à la nécessité du *big government* et d'une politique monétaire active de la banque centrale :

> *« Un gouvernement de grande taille est la principale raison pour laquelle le capitalisme d'aujourd'hui est meilleur que le capitalisme qui nous a mené à la Grande Dépression. Avec un gouvernement de poids l'entrée dans une phase de dépression profonde s'accompagne de larges variations du déficit de l'Etat qui soutiennent ou accroissent les profits. Lorsque les profits sont maintenus à niveau, la production et l'emploi se maintiennent également ou augmentent » (Minsky, 1986, p. 296-297).*

Dans une optique différente, certains auteurs préfèrent mettre l'accent sur l'émergence de cycles économiques et financiers. Dès lors, il n'est plus question de montrer l'effondrement possible du système, mais plutôt de rappeler une des caractéristiques inéluctables du capitalisme moderne avec un financement externe de l'accumulation : sa forte propension à l'instabilité se traduisant par une capacité à engendrer des cycles. Les agents économiques sont donc contraints de subir les camouflets dus à la récurrence des phases descendantes des cycles. Dans cette seconde perspective, la crise est englobée dans le concept plus large de cycle et correspond simplement au point de retournement de la conjoncture, indiquant la venue d'une période de récession-dépression qui sera suivie d'une reprise économique. Comme l'affirme Minsky (1975, p. 128) « chaque phase du cycle engendre des forces qui amènent à sa propre destruction ». Toutefois, cette conception s'éloigne de l'orthodoxie car les cycles ne proviennent plus de politiques monétaires non anticipées ou de chocs technologiques aléatoires, mais plutôt du comportement des firmes, voire des banquiers. La typologie que nous avons proposée semble ainsi refléter ce que le lecteur trouve chez Minsky lui-même. En effet, des travaux plus récents (*cf.* Delli Gatti, Gallegati et Minsky, 1994) s'inscrivent dans une logique de cycles économiques et financiers. Il y aurait donc deux visions de la macroéconomie post-keynésienne centrée sur les analyses de Minsky. La première s'inscrit dans une logique hétérodoxe, conduisant à une définition particulière de la notion de crise, profonde et durable, ne disparaissant qu'avec une intervention extérieure. La seconde offre une définition plus standard de la crise, puisqu'elle en fait un simple point de retournement, tout en insistant sur l'instabilité endémique des économies, en proie à des cycles économique et financier.

En définitive, plusieurs des contributions abordées tiennent compte de l'accumulation, du financement externe et de la répartition. Une synthèse entre ces thèmes serait donc envisageable : l'assertion selon laquelle la théorie post-keynésienne présente une théorie complète de l'investissement, de son financement et de la répartition serait donc juste. Néanmoins, comme le démontrera un examen approfondi des hypothèses, parfois très restrictives, de ces modèles, la route de la cohérence est sinueuse et semée d'embûches. Ceci nous conduira donc à proposer une formalisation alternative dans laquelle cycles et crises systémiques sont intégrés à l'analyse de l'accumulation, du financement et de la répartition. En outre, l'enjeu de la distinction entre crises et cycles ne doit pas apparaître comme futile au lecteur ; au contraire, il est fondamental car il permettra de situer la macroéconomie financière post-keynésienne par rapport aux courants orthodoxes, à l'instar des Nouveaux classiques. Selon ces auteurs, une crise systémique, semblable à celle de 1929, n'a aucun sens car elle est évacuée a priori de l'analyse. Ainsi, nous verrons si notre piste de recherche, liant accumulation, financement et répartition, montre que la crise forte, au sens d'un effondrement complet du système, a toujours une signification.

CHAPITRE VI : ACCUMULATION, REPARTITION ET FINANCEMENT : VERS UNE SYNTHESE ?

Ce dernier chapitre a comme objectif de montrer qu'un pan entier de la théorie post-keynésienne reste encore à construire. Comme nous l'avions fait remarquer au début de notre deuxième partie, si les modèles d'accumulation et de financement ne donnent aucune information valide sur la répartition des revenus et ceci dans un cadre général, la cohérence du mouvement post-keynésien quant au triptyque accumulation-financement-répartition en sera, nous pensons, considérablement affaiblie. Par conséquent, nous évaluerons, dans un premier temps, le traitement réservé à la répartition macroéconomique des revenus dans les modèles à la Minsky. Ceci nous permettra de conclure négativement quant à l'existence d'une synthèse possible entre les concepts d'accumulation, de financement et de répartition. Dans un second temps, nous présenterons une piste de recherche alternative à explorer, afin de relier les modèles de répartition complets aux modèles d'accumulation et de financement d'inspiration minskyenne. Par ailleurs, cette piste sera analysée dans le cadre bipolaire du chapitre précédent, qui distingue deux conceptions des crises dans les modèles minskyens. Nous montrerons que la contribution de Kaldor (1966) permet de jeter un pont entre les deux courants post-keynésiens.

SECTION 1 : LES DIFFICULTES DES MODELES A LA MINSKY SUR LA QUESTION DE LA REPARTITION

Parmi les contributions abordées au cours du chapitre précédent, le traitement de la répartition apparaît comme secondaire. En effet, les dynamiques entre accumulation du capital et dette, voire revenu et dette en niveau, sont au centre des préoccupations. Toutefois, ceci ne serait pas gênant si des informations générales sur la répartition des revenus pouvaient en être retirées. Malheureusement, nous allons tenter de démontrer qu'aucune analyse n'est à même de prendre en compte nos trois concepts (accumulation-financement-répartition) de manière explicite sans poser des hypothèses de départ extrêmement restrictives, le plus souvent quant au partage du revenu global.

Les modèles d'obédience minskyenne : l'élimination de la répartition

a) Les modèles dans lesquels la répartition est ignorée

Certains modèles ne tiennent compte à aucun moment du partage entre salaires et profits. Les diverses analyses de Palley (1994, 1996) s'inscrivent dans cette voie. La résolution des divers modèles donne des indications sur le niveau du revenu Y^*, de la dette D^* et de la consommation des ménages prêteurs et emprunteurs, respectivement $C_{2,\,t}^*$ et $C_{1,\,t}^*$. Une fois ces variables connues il est également possible d'obtenir la valeur du ratio dette sur revenu $(D/Y)^*$. Aucune information supplémentaire ne peut être retirée du modèle. Les travaux de Skott (1995), fondés sur les interactions entre les périodes de troubles financiers et le laxisme des prêteurs, renvoient à des résultats quasiment similaires. Ce dernier utilise l'équation d'épargne suivante :

$$S = sY \qquad\qquad 0 < s < 1$$

avec s la propension à épargner sur le revenu national. Nous retrouvons donc l'affirmation de Chiang (1973, p. 311) selon laquelle cette formulation n'offre aucun renseignement quant au partage du revenu entre salaires et profits. Dans ce cas, nous ne savons tout simplement rien.

b) Constance du taux de profit et répartition

Une autre catégorie de modèles adopte des hypothèses tout aussi simplificatrices, à savoir le fait que la répartition des revenus soit considérée comme fixe. Les modèles de crises financières et de fluctuations de Delli Gatti et Gallegati (1992, 1994) et Delli Gatti, Gallegati et Gardini (1994) sont tous concernés. En effet, ceux-ci partagent presque tous la même structure, fondée sur la fonction d'investissement non linéaire suivante : $I = b\ (\pi Y_{t-1} - iD)$, avec π la part des profits, supposée fixe, dans le revenu national. En ce qui concerne le taux de profit, il est difficile de conclure. Nous savons que ce dernier s'écrit :

$$P / K = \pi Y / K$$

Leurs modèles permettent de déterminer *Y* et *D*, toutefois il ne semble pas possible de donner la valeur de *K* qui permettrait d'obtenir l'inverse du coefficient de capital *Y/K*, puis le taux de profit *r*. D'autres contributions n'échappent pas à ces critiques, à l'instar de Jarsulic (1988), pour lequel taux de profit et répartition des revenus sont également fixés. En outre, il en va de même du taux d'accumulation du capital qui est constant. De cette analyse, il ne reste donc qu'un simple mode de détermination du rapport dette sur capital *d*. En outre, les contributions d'Arena et Raybaut (1998, 2001), bien que plus générales, réservent le même sort au taux de profit macroéconomique qui est, une nouvelle fois, supposé exogène. Finalement, nous sommes loin des modèles à la Kaldor-Pasinetti qui concluaient sur un lien direct entre le niveau du taux de profit et de la répartition et celui du taux de croissance du capital.

Les difficultés des modèles qui tiennent compte de la répartition et du taux de profit

Les travaux que nous avons évalués jusqu'à présent ne prenaient pas en compte la répartition et le taux de profit, soit parce qu'ils étaient évacués de l'analyse a priori, soit parce que ces deux termes étaient supposés exogènes. Nous allons maintenant aborder une classe de modèles dans lesquels le traitement de la répartition des revenus et du taux de profit sont intégrés à l'analyse.

a) Le traitement extrême des variables de répartition

Les explications à une prise en compte extrême de la répartition dans les modèles d'accumulation et de finance post-keynésiens sont à chercher, en partie, du côté de Minsky lui-même. Ce dernier n'a pas réellement accordé d'importance au phénomène de la répartition des revenus. Tout au plus, lorsqu'il cite les autres facteurs pouvant expliquer un retournement de conjoncture, Minsky (1975, p. 141) renvoie le lecteur à l'analyse de la répartition des revenus de Goodwin (1967), dans laquelle les comportements d'épargne des travailleurs sont littéralement chassés de l'analyse et ceux des firmes réduits à leur plus simple expression. Examinons la proposition précédente : l'auteur élabore un système dynamique non linéaire d'interaction entre le taux d'emploi $\upsilon = L/N$ et la répartition des revenus $\omega = wL/Y = W/Y$.[1] Goodwin (1967, p. 165) adopte sept hypothèses :

- (i) La productivité du travail croît au taux constant a : $a = Y/L = a_0e^{\alpha t}$.
- (ii) L'offre de travail croît au taux constant β.
- (iii) Il existe deux facteurs de production, le travail et le capital.
- (iv) Les quantités sont physiques et nettes.
- (v) Tous les salaires sont consommés et tous les profits sont réinvestis, avec la conséquence suivante : $I = S = P$.
- (vi) Le coefficient de capital $v = K/Y$ est constant.
- (vii) Le taux de salaire réel croît à l'approche du plein emploi selon la relation :

$$\dot{w}/w = -\gamma + \rho\upsilon$$

En somme, l'évolution des salaires suit une relation de Phillips linéaire. Le paramètre négatif se justifie en considérant que si υ tend vers zéro, le taux de chômage tend vers un, dans ce cas il semble normal que la variation des salaires devienne négative. De plus, une situation de stabilité salariale ($dw/dt = 0$) doit renvoyer à une valeur positive du taux d'emploi ; cela ne peut être possible que si $-\gamma < 0$. En dérivant la variable de répartition, nous obtenons la relation suivante :

$$\dot{\omega}/\omega = [\dot{w}/w - \dot{a}/a]$$

---

[1] L correspond au nombre d'individus qui travaille effectivement et N au nombre d'agents en âge de travailler. Si $L = N$, alors $\upsilon = 1$ et le taux de chômage est égal à zéro. Enfin, W/Y est la part des salaires dans le revenu national.

puis en remplaçant chaque terme entre crochets par son expression : [1]

$$\dot{\omega} = \omega\left[\rho\upsilon - (\alpha + \gamma)\right]$$

En ce qui concerne le taux d'emploi, nous avons :

$$\dot{\upsilon} / \upsilon = \left[\dot{L} / L - \beta\right]$$

De (i), (v) et (vi) nous savons que :

$$\dot{L} / L = \dot{Y} / Y - \alpha \qquad \dot{K} / K = \dot{Y} / Y \qquad \dot{K} / K = P / K = (1 - \omega) Y / K$$

Quelques substitutions donnent l'évolution du taux d'emploi :

$$\dot{\upsilon} = \upsilon\left[(1 - \omega) / v - (\alpha + \beta)\right]$$

La résolution du modèle nous donne l'équilibre $(W/Y)^* = \omega^* = 1 - (\alpha + \beta)v$ et $(L/N)^* = \upsilon^* = (\alpha + \gamma)/\rho$. Ceci permet de trouver la part des profits $\pi^* = 1 - \omega^*$ dans le revenu national et le taux de profit $r^* = (P/K)^* = \pi^*/(K/Y)$ en se donnant $v = K/Y$ le coefficient de capital, ce que fait l'auteur (Ibid., hypothèse (vi)). Compte tenu de (v), l'égalité entre épargne et investissement devient : $I = S = P$. Ainsi, si nous connaissons le taux de profit $r = P/K$, alors nous connaissons également $g = I/K$ le taux d'accumulation. De l'autre côté, le taux d'emploi υ^* nous donne le niveau du taux de chômage d'équilibre U^*.

Cette approche est présente dans les travaux de Foley (1987) et Keen (1995), car ils supposent que les profits des firmes sont réinvestis en totalité et les salaires entièrement consommés. Ceci implique que la propension à épargner sur les profits est égale à l'unité et celle sur les salaires égale à zéro ($s_f = 1$ et $s_w = 0$). D'ailleurs, cette attitude n'est pas surprenante puisque les deux modèles tentent de combiner à Minsky des éléments issus de l'analyse cyclique de la répartition de Goodwin (1967).[2] Quant à la dynamique, l'analyse de la matrice du système précédent montre qu'il se produit des cycles d'amplitude

[1] α, β, γ et ρ sont des paramètres positifs.
[2] D'ailleurs, le modèle de Keen (1995) reprend la même structure que celle de Goodwin (1967) et conserve ses sept hypothèses.

constante autour du point d'équilibre (ω^*, υ^*). Les résultats sont regroupés dans les figures suivantes.

Figure 6.1 – Cycle de la répartition et du taux d'emploi chez Goodwin (1967)

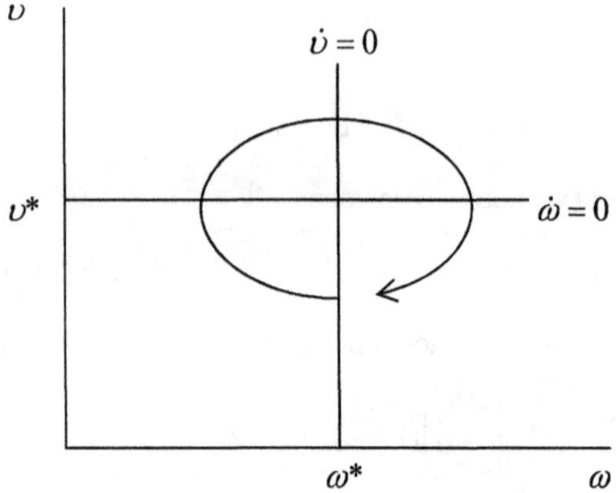

Figure 6.2 – La détermination des variables du modèle de Goodwin (1967)

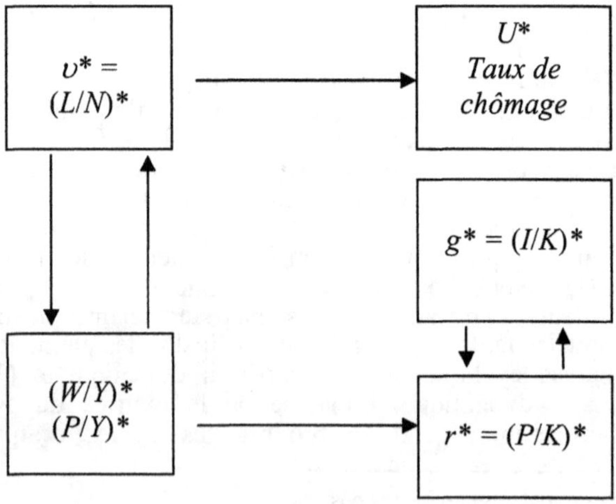

b) Une prise en compte incomplète

Les contributions de Taylor et O'Connell (1985), Downe (1987), Semmler (1987, 1989), Jarsulic (1990, 1996), Asada (2001, 2002) et Charles (2005) sont moins contraignantes que celles de Foley (1987) et Keen (1995). En effet, elles ne supposent plus un comportement d'épargne extrême de la part des firmes qui peuvent, dès lors, verser des dividendes aux actionnaires. Néanmoins, ces travaux considèrent toujours que les travailleurs ne perçoivent aucune autre forme de revenu que celle émanant de leurs salaires. Ceci s'explique simplement par le fait que les travailleurs consomment leurs salaires en totalité, soit $s_w = 0$. Comme nous l'avons déjà indiqué, cette hypothèse est très fruste puisqu'elle correspond aux économies capitalistes du XIXème siècle. Dans ces dernières, seuls les capitalistes purs, autrement dit les « rentiers », et les firmes épargnent sur les profits, soit $0 < s_c, s_f < 1$.[1]

Un point reste cependant à souligner concernant certains des modèles précédents, il s'agit du traitement réservé à l'équation d'endettement. Deux attitudes subsistent quant à la question de la chronologie des décisions au sein des firmes, la première est celle de Jarsulic (1990, 1996), la seconde celle d'Asada (2001, 2002). Jarsulic (1990) suppose que les firmes décident de rémunérer les actionnaires avant de rembourser les dettes. L'autre formulation de. Jarsulic (1996) est étrange puisqu'elle prend en compte deux fois le remboursement des dettes iD, sans raison économique évidente. Soient les évolutions suivantes :

$$\dot{D} = I - (s_f P - iD) \qquad \dot{D} = iD + I - s_f(P - iD)$$

La seconde conception de l'équation d'endettement provient des travaux d'Asada (2001, 2002). Une entreprise s'endette lorsque ses dépenses d'investissement sont supérieures à ses recettes. Celles-ci sont constituées des profits de l'activité (les *cash flows* ou ressources internes) desquels il faut retirer le remboursement des dettes précédentes. Une fois seulement ce problème réglé, les entreprises décident de conserver une portion s_f des profits nets afin d'investir et de verser le reste $(1 - s_f)$ aux actionnaires. L'équation d'évolution de la dette

[1] L'analyse d'Asada (2001, p. 78) semble plus développée car elle prend en compte des propensions à épargner pour les capitalistes différentes, selon qu'il s'agit d'actions, d'obligations ou d'actifs sûrs (bons du Trésor). En revanche, la présence des travailleurs est évacuée a priori.

présentée par Asada adopte la logique précédente, elle se note $\Delta D = I - s_f(P - iD)$, avec :

$$\dot{D} \gtrless 0 \quad \Rightarrow \quad I \gtrless s_f(P - iD) \quad \Rightarrow \quad \text{Recettes} \lessgtr \text{Dépenses}$$

Le tableau 6.1 suivant peut aider à saisir la logique temporelle des décisions au sein des firmes.[1]

Tableau 6.1 – La chronique des étapes au sein des firmes

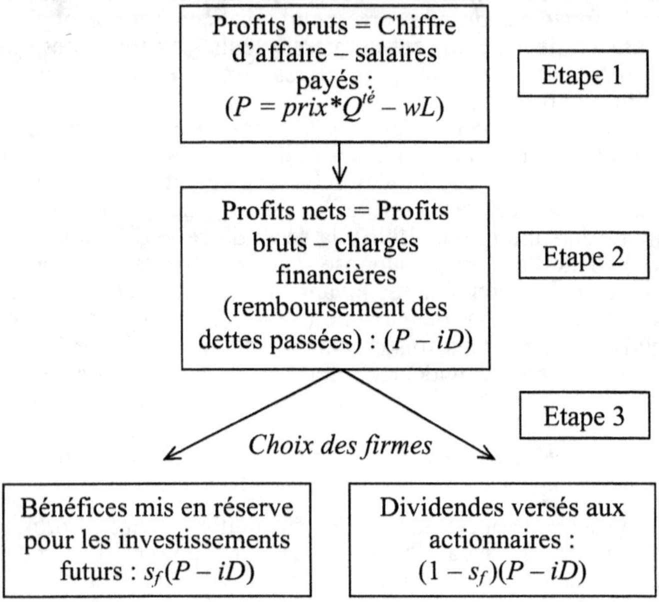

Une dernière difficulté, en rapport avec le thème de la répartition, demeure dans le modèle de Jarsulic (1990). Ce dernier suppose l'existence d'une propension à épargner sur le revenu national du type $S = sY$. Cette formulation implique qu'une propension à épargner constante s est appliquée à toutes les sortes de revenus, qu'il s'agisse de salaires ou de profits. Ceci est clairement impossible puisque, d'un autre côté, l'auteur

[1] Pour ne pas compliquer inutilement le tableau, nous laissons de côté les impôts et taxes divers auxquels doit faire face l'entreprise.

(Ibid. p. 93) fait l'hypothèse qu'il existe une propension à épargner sur les profits de la part des firmes. Une distinction entre les différentes sortes de revenus est donc faite. Il existe bien une incohérence logique dans le modèle qui l'amène au résultat suivant : la répartition est fixe, mais le taux de profit est endogène, ce dernier varie avec le taux de croissance du capital.

Dans la prochaine section nous verrons qu'une manière efficace de surmonter les difficultés des variables relatives à la répartition consiste à utiliser le modèle néo-Pasinetti de Kaldor. Ainsi, en liant l'accumulation, le financement et la répartition des revenus, nous mettrons en évidence l'émergence de cycles économiques, voire de crise systémique.

SECTION 2 : UNE PROPOSITION POUR LE LIEN ACCUMULATION-FINANCEMENT-REPARTITION

Dans cette dernière section, nous tenterons de présenter la première étape de ce qui pourrait constituer une intégration de deux courants post-keynésiens fondamentaux, le premier étant centré sur les analyses de la croissance et de la répartition des revenus, le second sur celles de la croissance et de son financement. La question est donc de savoir comment établir un lien entre Minsky et les auteurs post-keynésiens originels ? Nous verrons que le modèle de Kaldor (1966) permet cette opération délicate, à l'inverse, il en va tout autrement de Pasinetti (1962), contenant des hypothèses trop fortes pour pouvoir rejoindre les principales conclusions de Minsky : (i) les économies capitalistes modernes sont instables, (ii) les variables de financement jouent un rôle prépondérant dans cette instabilité.

Un modèle dynamique de synthèse à la Kaldor-Minsky

Parmi toutes les contributions post-keynésiennes originelles, seul le modèle néo-Pasinetti de Kaldor accorde une place réelle à la question du financement de l'accumulation. En effet, la variable x mesure la part de l'investissement externe, financée par émission d'actions, dans l'investissement global décidé par les entreprises. Il existerait donc un fil conducteur non trivial entre Minsky et Kaldor, l'entreprise étant appréhendée comme un lieu de financement de l'accumulation, *via* l'endettement chez Minsky et le marché boursier chez Kaldor. D'abord, nous proposerons un modèle de mélange dans lequel deux types de financement externe coexistent : les émissions d'actions et l'endettement. Ensuite, nous montrerons qu'il est possible, à partir de ce modèle général, de retrouver les conclusions des modèles minskyens et du modèle canonique de Kaldor comme des cas particuliers. En outre, le fil conducteur introduit lors du chapitre V – la distinction entre crise cyclique et crise du système – est intégré à l'analyse. Ceci nous permettra d'affirmer qu'une synthèse, de type accumulation-financement-répartition, de la théorie macroéconomique post-keynésienne est envisageable dans ces deux conceptions de la crise.

a) Les hypothèses de départ

Le choix en faveur de Kaldor ne provient évidemment pas d'une décision arbitraire ou d'un tic personnel, il est justifié par plusieurs contraintes émanant de la structure même du modèle de Pasinetti (1962), l'autre contribution fondatrice du courant post-keynésien incarnant le thème de la répartition des revenus. Ces contraintes, nous croyons, sont telles qu'elles rendent incompatibles les analyses de Pasinetti et Minsky. Elles sont au nombre de trois. D'abord, Pasinetti suppose que le taux d'accumulation, exogène, est celui du plein emploi. Ensuite, il semble qu'il n'existe aucune référence, dans les travaux de Pasinetti (1962), aux difficultés engendrées par le financement externe de l'accumulation. Enfin, il pose que le taux d'intérêt est égal au taux de profit. Ces hypothèses nous paraissent difficilement conciliables avec l'idée, issue de Minsky, d'une économie en proie à l'instabilité et aux fluctuations conjoncturelles. En définitive, le modèle néo-Pasinetti de Kaldor présente un avantage théorique indéniable puisqu'il ne contient aucune des hypothèses contraignantes précédentes, incompatibles avec un modèle d'obédience minskyenne.

Nous savons que Kaldor (1966) donne la valeur du taux de profit macroéconomique et de la répartition des revenus en fonction de la propension à épargner s_f des entreprises par actions, du taux d'accumulation $g = I/K$ et du taux de financement externe x. Néanmoins, dans le cadre d'un modèle à la Minsky, il n'est plus possible de continuer à supposer que x et g sont donnés de manière arbitraire. Nous supposerons désormais que ces deux variables sont déterminées par les firmes en amont de la répartition et qu'elles rétroagissent l'une sur l'autre. En outre, certaines contraintes indépassables doivent être respectées. Ces dernières tiennent à la structure même du modèle kaldorien de répartition. La première porte sur la variable de financement de l'accumulation par le biais des émissions d'actions, à savoir x. Cette dernière ne peut, en aucun cas, être supérieure à l'unité ; il s'agit ici d'une simple question de logique. Le cas contraire signifierait que plus de cent pour cent de l'investissement total est financé par le biais du marché boursier. A l'inverse, des valeurs de x négatives peuvent apparaître de manière temporaire, ceci veut simplement dire que les firmes interviennent sur les marchés financiers en procédant au rachat d'une partie des actions précédemment émises. La seconde contrainte consiste aussi à s'assurer que la fraction de l'investissement financée par endettement, f, est comprise entre zéro et l'unité. La dynamique du modèle devra donc vérifier : $0 < x^*, f^* < 1$. Désormais, il convient de présenter un modèle de synthèse entre Kaldor et Minsky.

b) Structure du modèle

Nous allons présenter un modèle simple de détermination conjointe des variables d'accumulation et de financement externe, les ressources internes de l'entreprise permettant de faire le lien entre les deux. En reprenant l'équation principale du modèle néo-Pasinetti de Kaldor (1966), et en la modifiant pour introduire le financement externe de l'investissement par endettement, nous obtenons :

$$I = s_f (P - iD) + xI + \Delta D \quad (6.1)$$

Avec P les profits, i le taux d'intérêt et D le stock de dette. Le premier terme représente les cash flows disponibles pour l'investissement, le second la partie de l'investissement financée par émission d'actions et ΔD la variation de l'endettement. En reprenant la méthode de Kaldor (1966), nous supposerons que cette variation équivaut à une fraction f de l'investissement, avec $0 < f < 1$. Soit : $I = s_f (P - iD) + xI + fI$. Afin de ne pas compliquer inutilement la formalisation, nous supposerons que la partie de l'investissement financé par endettement, f, dépend positivement du taux d'accumulation : $f = \psi g$, avec $\psi > 0$ suffisamment élevé pour que f demeure dans un intervalle plausible. Ainsi, la hausse du taux d'accumulation, impliquant celle des profits, instaure un climat positif qui incite les entrepreneurs, désormais plus confiants en l'avenir, à se montrer moins réticents à l'égard de l'endettement. Après quelques aménagements, nous obtenons une expression des cash flows disponibles – c'est-à-dire nettes du versement des dividendes – pour les firmes :

$$s_f (r - id) = (1 - \psi g - x) g \quad (6.2)$$

où $r = P/K$ représente le taux de profit et $d = D/K$ le rapport du stock de dette au stock de capital. Cette relation constitue un élément fondamental dans la dynamique de l'accumulation. Nous supposerons que cette dernière est donnée par l'équation d'ajustement partiel suivante, considérée comme standard au sein de la théorie post-keynésienne :

$$(6.3) \qquad \dot{g} = \delta\,(g^d - g)$$

g^d est le taux de croissance du capital désiré par les firmes et g le taux constaté. Enfin, δ est un paramètre positif qui mesure la vitesse de réaction des entreprises à un écart entre le taux d'accumulation désiré et celui effectivement constaté. Lorsque $\delta = 0$ il n'y a aucun ajustement. A l'inverse, lorsque celui-ci tend vers l'infini, les firmes réagissent de manière instantanée. L'accumulation désirée s'écrit :

$$(6.4) \qquad g^d = \gamma s_f (r - id) - i\phi d + b$$

avec γ, ϕ et b des paramètres positifs. Le taux de croissance désiré dépend positivement des *cash flows* disponibles, négativement du ratio *id* et d'un paramètre *b*. A l'instar de Lavoie et Godley (2001-2002), le taux d'intérêt a deux effets sur l'investissement. L'effet direct implique qu'une hausse du taux d'intérêt accroît le risque d'insolvabilité des firmes et diminue les projets d'investissement. Quant à l'effet indirect, il passe par la diminution des *cash flows* ce qui limite d'autant le financement interne de l'accumulation. Dès lors, il est possible de décrire la dynamique du ratio de dette. En dérivant par rapport au temps :

$$(6.5) \qquad \dot{d}/d = \dot{D}/D - \dot{K}/K$$

En substituant l'équation (6.1) modifiée dans (6.5) et compte tenu du fait que $g = I/K = (dK/dt)/K$, nous trouvons l'évolution du ratio de dette suivante :

$$(6.6) \qquad \dot{d} = (\psi g - d)g$$

La variable de financement externe par émission d'actions est la dernière des trois variables endogènes à déterminer. Nous postulerons une dynamique similaire à celle du taux de croissance du capital :

$$\dot{x} = \Phi(x^d - x) \tag{6.7}$$

avec x^d la fraction désirée de l'investissement financée par actions et x, celle constatée. Φ, à l'instar de δ, peut être interprété comme un coefficient de réaction. Nous supposerons une fonction simple du type $x^d = x^d(g)$ avec $x^{d'}(g) > 0$ et $x^d(0) = 0$. Ceci signifie simplement que lorsque l'investissement cesse, le financement par actions prend fin également. La fonction peut être spécifiée de la sorte : $x^d = \eta g$. Au final, nous avons le système non linéaire suivant :

$$\begin{cases} \dot{g} = \delta\left[\gamma(1 - x - \psi g)g - \phi id + b - g\right] \\ \dot{d} = (\psi g - d)g \\ \dot{x} = \Phi(\eta g - x) \end{cases} \tag{6.8}$$

Celui-ci nous donne les valeurs du taux d'accumulation du capital, du ratio d'endettement et du financement externe par actions, puis celles du taux de profit et de la répartition des revenus. Il convient donc d'étudier les différentes dynamiques envisageables.

Analyse de la dynamique du modèle de synthèse

Cette étude se fera en deux temps. D'abord, nous préciserons les possibilités dynamiques du modèle par une analyse standard de la matrice des dérivées partielles. En guise d'exemple, nous effectuerons quelques simulations du système différentiel non linéaire précédent. Par conséquent, nous découvrirons l'évolution du taux de croissance du stock de capital, du financement externe, du taux de profit et de la répartition des revenus. Ensuite, nous dériverons du modèle de synthèse, les cas particuliers que représentent les modèles à la Minsky et le modèle de Kaldor (1966) originel.

a) Les différentes trajectoires : cycles et crises

Dans le cadre d'un modèle dynamique non linéaire, le calcul de la matrice des dérivées partielles s'effectue de la même manière que pour un système linéaire ; il suffit de calculer la jacobienne du système au point d'équilibre (g^*, d^*, x^*).[1] En écrivant notre système différentiel sous une forme compacte, nous obtenons :

$$\dot{g} = f_1(g,d,x) \qquad \dot{d} = f_2(g,d,x) \qquad \dot{x} = f_3(g,d,x)$$

Pour l'étude de la stabilité locale, la matrice des dérivées partielles se note donc :

$$J = \begin{bmatrix} \frac{\partial f_1(g^*,d^*,x^*)}{\partial g} & \frac{\partial f_1(g^*,d^*,x^*)}{\partial d} & \frac{\partial f_1(g^*,d^*,x^*)}{\partial x} \\ \frac{\partial f_2(g^*,d^*,x^*)}{\partial g} & \frac{\partial f_2(g^*,d^*,x^*)}{\partial d} & \frac{\partial f_2(g^*,d^*,x^*)}{\partial x} \\ \frac{\partial f_3(g^*,d^*,x^*)}{\partial g} & \frac{\partial f_3(g^*,d^*,x^*)}{\partial d} & \frac{\partial f_3(g^*,d^*,x^*)}{\partial x} \end{bmatrix}$$

Ce qui, finalement, nous donne :

$$(6.9) \quad J = \begin{bmatrix} \delta\left[\gamma(1 - x^* - 2\psi g^*) - 1\right] & -\delta i \phi & -\delta\gamma g^* \\ 2\psi g^* - d^* & -g^* & 0 \\ \Phi\eta & 0 & -\Phi \end{bmatrix}$$

Qu'en est-il de la dynamique ? Nous savons que l'équilibre (g^*, d^*, x^*) est localement stable à la condition que les racines (ou la partie réelle des racines) de l'équation caractéristique attachée au système différentiel (6.8) soient négatives :

$$(-1)\left(\lambda^3 - a_1\lambda^2 - a_2\lambda + a_3\right) = 0$$

avec $a_1 = J_{11} + J_{22} + J_{33}$, $a_2 = J_{12}J_{21} - J_{11}J_{22} - J_{11}J_{33} - J_{22}J_{33}$ et $a_3 = J_{12}J_{21}J_{33} - J_{11}J_{22}J_{33}$, avec les J_{ij} correspondant aux coefficients de la matrice jacobienne (6.9). Cette condition nécessite que le

[1] *Cf.*, entre autres, Dameron (2001, p. 211-215) et Shone (2002, p. 304-307).

théorème de Routh-Hurwitz soit vérifié (*cf.* Dameron, 2001, p. 145-147 et p. 210-211), à savoir : $a_1a_2 - a_3 > 0$. Compte tenu de l'indétermination subsistant sur les signes des dérivées partielles J_{11} et J_{21} il n'est pas possible de conclure sur la stabilité locale du système différentiel (6.8). Nous allons donc effectuer quelques simulations numériques afin d'obtenir des renseignements sur les trajectoires du modèle de synthèse. Ainsi, en partant d'une situation de référence et en faisant varier divers paramètres, nous analysons la dynamique du retour à l'équilibre. Cette procédure permettra de mettre à jour les éléments provoquant des cycles, convergents ou divergents, ainsi que des crises macroéconomiques. Qu'apprenons-nous à la suite de ces simulations ?

(i) Un premier cas de stabilité cyclique peut être abordé avec les paramètres suivants : $\gamma = 2.0$, $\psi = 8.2$, $\phi = 5.0$, $\eta = 1.0$, $\Phi = 0.1$, $b = 0.06$, $i = 0.06$ et $\delta = 0.3$. En ce qui concerne le coefficient exprimant la vitesse de réaction des firmes à l'écart entre accumulation désirée et effective, il n'existe aucune étude économétrique sur le sujet. Nous suivons donc les travaux de Semmler (1987) et Asada (2002) qui lui accordent une valeur inférieure à l'unité. Quant aux conditions initiales, nous les fixons de la sorte : $g(0) = 0.01$, $d(0) = 0.2$ et $x(0) = 0.1$. Une dynamique de synthèse est tracée dans la figure 6.3. Il apparaît clairement que le modèle montre des cycles convergents autour du triplet d'équilibre $g^* = 0.0276$, $d^* = 0.0226$ et $x^* = 0.0276$. En fixant la période au mois, le retour à l'équilibre prend un peu plus de soixante-six ans et des cycles de grande ampleur s'étalent sur plus de deux cents périodes, soit environ dix-sept ans. Une première modification consiste à supposer une variation de ϕ. Ce dernier mesure la sensibilité du taux de croissance désiré au niveau d'endettement. Ainsi, plus ϕ et i sont élevés et plus d a des répercussions négatives sur g^d. En conservant nos conditions initiales et en posant $\phi = 4.6$, la dette, le taux de croissance et le financement par actions se stabilisent aux valeurs suivantes : $g^* = 0.03$, $d^* = 0.246$ et $x^* = 0.03$ (*cf.* figure 6.4). Des simulations successives avec un paramètre plus faible montrent une atténuation des cycles. A l'inverse, un accroissement suffisant de ϕ peut engendrer une crise systémique.

Figure 6.3 – Cycles convergents vers l'équilibre (g. d*. x*)*

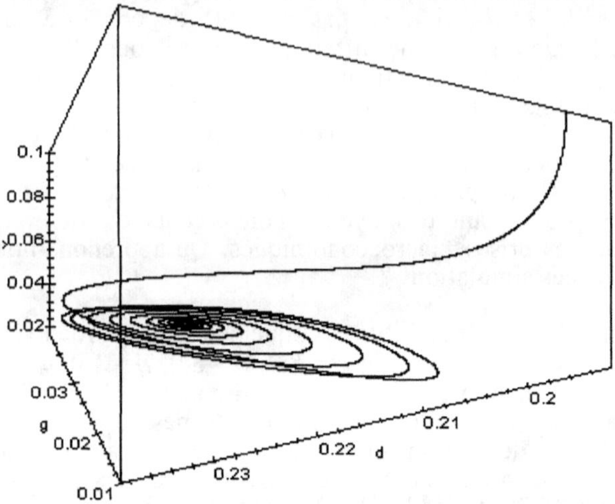

Figure 6.4 – Sensibilité plus faible à l'égard de l'endettement

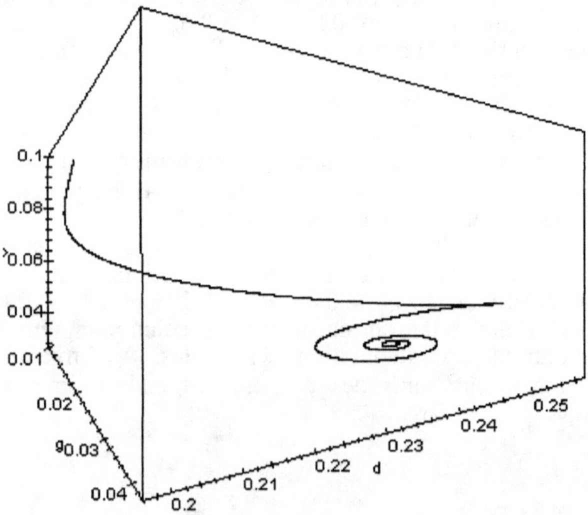

(ii) Une hausse de la vitesse d'ajustement des firmes ($\delta = 0.35$) au taux d'accumulation désiré déstabilise complètement le système comme le montre la figure 6.5. Le taux de croissance g tend vers zéro, mettant fin au financement externe de l'investissement par émission d'actions. Ainsi, une source d'instabilité se trouverait dans la hausse de la vitesse de résorption des décalages existant entre les attentes des firmes et la réalisation de ces attentes. De même, un accroissement de l'accumulation du capital par le biais de l'endettement (paramètre ψ) a le même effet qu'une hausse de δ. Cela a deux effets négatifs : d'abord, il diminue les *cash flows* (effet objectif), ensuite, il fait jouer l'effet subjectif (la peur due au poids de l'endettement, même si les firmes restent solvables). Comme cela a déjà été souligné, il ne s'agit plus d'une simple crise cyclique dont la phase de récession porte en son sein les signes d'une reprise économique à plus ou moins longue échéance. Il est question ici d'une crise profonde du système, semblable à la grande dépression de 1929, ce qui signifie que l'économie ne redémarre jamais par le biais de mécanismes auto-équilibrants.

Figure 6.5 – Hausse de la vitesse d'ajustement des firmes

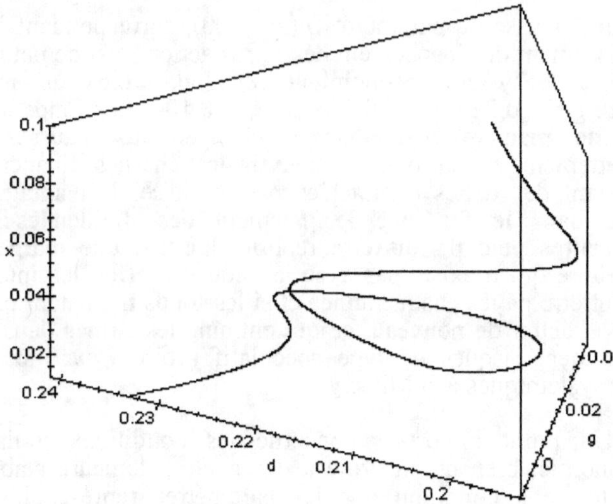

Figure 6.6 – Hausse du financement par émission d'actions

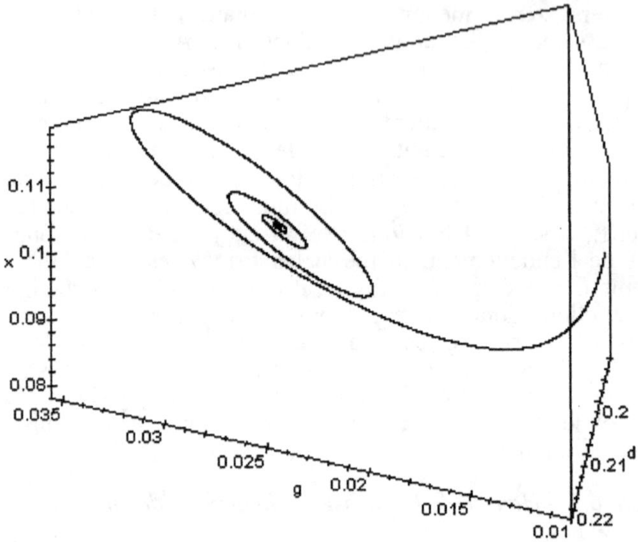

(iii) Une hausse du paramètre η (η = 4.0), correspondant à un accroissement du financement désiré par actions, est de nature à stabiliser le système économique (*cf.* figure 6.6) autour du triplet : g^* = 0.026, d^* = 0.213 et x^* = 0.104. Les fonds levés de cette manière permettent d'échapper aux hausses de l'endettement et, surtout, de couvrir les charges financières provenant des dettes contractées par le passé. L'avantage se trouve dans le fait que le paiement des dividendes aux actionnaires peut parfois être reporté, laissant une marge de manœuvre qui n'existe pas avec la dette. En effet, les intérêts doivent être payés chaque année et si les fonds n'existent pas il faut s'endetter de nouveau, ce qui entraîne les firmes dans des financement risqués de type spéculatif (voire *Ponzi*) et des crises systémiques à la Minsky.

(iv) Un point important concerne les conditions initiales. L'économie, bien qu'en proie à des cycles, demeure stable à long terme à condition que les paramètres représentant les comportements des entrepreneurs demeurent raisonnables (ϕ, ψ et δ faibles). Toutefois, indépendamment de cela, il est toujours possible que l'économie connaisse un effondrement durable, ne s'arrêtant pas sans l'intervention d'un acteur externe aux mécanismes de marché, à savoir l'Etat. Examinons ceci dans le cadre de notre modèle de synthèse. Nous savons de (i) que ce dernier est localement stable pour $\phi = 5.0$, $\psi = 8.2$ et $\delta = 0.3$. Ceci signifie qu'en cas de choc au voisinage du point d'équilibre (g^*, d^*, x^*), la dynamique est telle que l'économie y retourne. Néanmoins, il ne s'agit que d'une stabilité locale et non globale, ce qui implique qu'en cas de choc plus violent, par exemple une baisse plus prononcée de l'accumulation, l'économie devient instable et il se déclenche une crise financière à la Minsky avec chute de l'investissement et croissance de la dette. Les conditions initiales ont été changées et nous avons supposé que le choc de départ sur le taux d'accumulation passait de $g(0) = 0.01$ à $g(0) = 0.009$. La figure 6.7 montre, *in fine*, une chute de g entraînant l'économie dans une phase de dépression, et une forte croissance du ratio d'endettement.

Figure 6.7 – Crise financière après un choc de grande ampleur

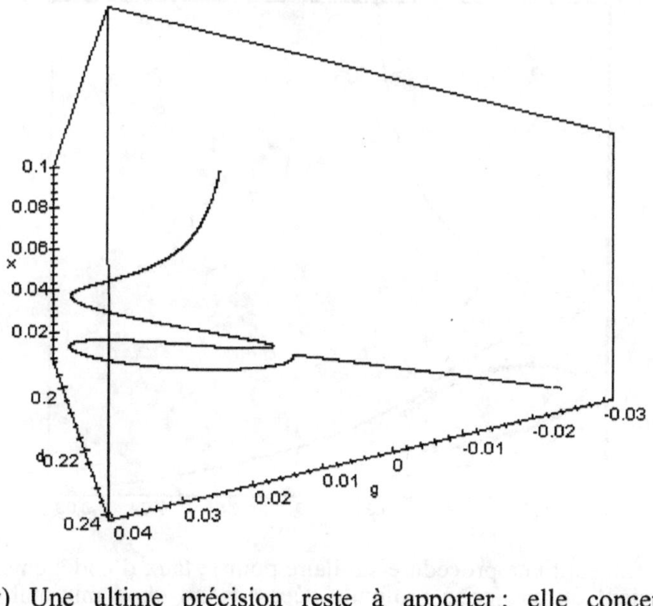

(v) Une ultime précision reste à apporter ; elle concerne l'apparition des crises systémiques. Il peut être intéressant de déterminer les conditions de leur apparition. En clair, une crise profonde provient-elle plus facilement d'un choc exogène (choc de politique économique, guerre ou récession importée de l'étranger) ou d'une modification du comportement des entrepreneurs ? L'enjeu est de taille car il convient de déterminer le facteur le plus déstabilisant pour l'économie. Il faut donc répondre à la question suivante : à partir de quelle variation des conditions initiales ou des paramètres intrinsèques du modèle une crise systémique se produit-elle ? En repartant de la situation (i) le triplet d'équilibre s'exprime ainsi : $g^* = 0.0276$, $d^* = 0.226$ et $x^* = 0.0276$. Une étude de sensibilité montre qu'il doit se produire un choc négatif très violent sur le taux de croissance pour provoquer une crise systémique à la Minsky ; en effet, l'accumulation doit chuter de 64.5 % par rapport à sa valeur d'équilibre : $(g(0) - g^*)/g^* = (0.0098 - 0.0276)/0.0276 = - 0.645$.

Figure 6.8 – Crise financière à la suite d'une faible hausse du financement par endettement

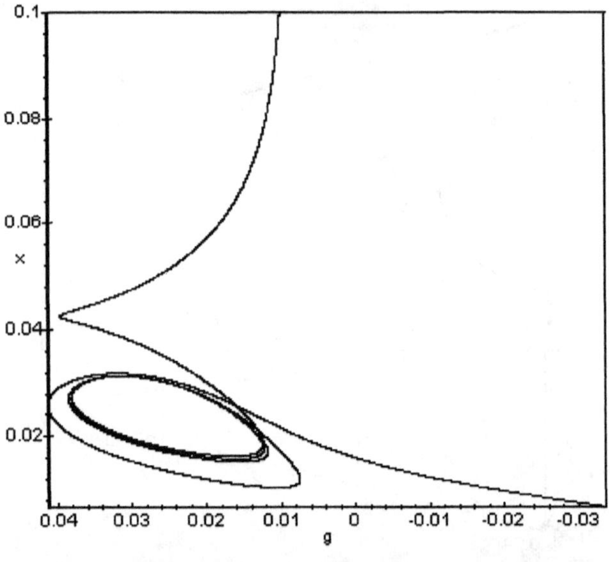

En utilisant une procédure similaire pour le taux d'endettement, il vient qu'une crise profonde nécessite un choc minimal de 13.43 % sur le ratio d^* : $(d(0) - d^*)/d^* = (0.196 - 0.226)/0.226$. A présent, il convient de s'attarder sur les paramètres du modèle de synthèse. De manière générale, l'apparition d'une crise systémique semble plus sensible à une variation du comportement des entrepreneurs qu'à un choc exogène. Examinons cette affirmation. Les simulations sur la sensibilité de l'équilibre (i) à une modification des paramètres indiquent qu'une variation de ψ de 0.54 % ($\psi = 8.244$) suffit à engendrer une dépression (cf. figure 6.8). Quant à la vitesse d'ajustement δ des firmes, lorsque celle-ci croît de 2.33 % ($\delta = 0.307$) l'économie entre en crise ; en outre, les résultats sont encore plus éloquents en ce qui concerne ϕ, puisqu'une simple hausse de 0.2 % ($\phi = 5.01$) provoque une crise systémique. Ainsi, l'étude précédente montre que l'économie réagit plus aux décisions des firmes qu'aux chocs extérieurs. Il est à noter que ces résultats permettent de se démarquer un peu plus de l'optique des Nouveaux classiques, qui mettent en avant les chocs de politique économique pour expliquer les retournements de conjoncture autour du niveau de plein emploi.

Ce modèle, en plus du lien entre Kaldor et Minsky dans le cadre d'une homogénéisation de la théorie post-keynésienne, dispose d'un avantage : il reproduit la distinction entre conception orthodoxe et hétérodoxe de la crise, effectuée au chapitre précédent. En définitive, l'harmonisation des deux courants fondamentaux – accumulation-répartition et accumulation-financement – ne dépend pas du type de crise envisagé (cyclique ou systémique). Il n'est donc pas nécessaire d'éliminer l'une des interprétations de Minsky afin d'assurer une synthèse du courant post-keynésien.

A ce stade de la modélisation, il peut être utile de regrouper l'ensemble des résultats dans un tableau général (tableau 6.2). Ceci permettra d'effectuer une comparaison systématique avec les conclusions du théorème néo-Pasinetti canonique, des modèles à la Minsky et du modèle de synthèse proposé. Quels sont les éléments essentiels à retenir ? Ils sont au nombre de trois. D'abord, le théorème néo-Pasinetti de Kaldor (1966), bien qu'intégrant une variable financière (le financement par actions), reste bien ancré dans le camp des Post-keynésiens originels. A ce titre, il en présente les avantages (une prise en compte plutôt générale de la répartition des revenus), mais aussi les inconvénients (un taux de financement exogène). Ensuite, les contributions du courant minskyen, souvent influencées par un traitement extrême de la répartition des revenus, issu de Goodwin (1967), ne sont pas en mesure d'offrir une analyse satisfaisante de celle-ci. Enfin, le modèle à la Kaldor-Minsky semble être un compromis intéressant afin de relier les deux approches. D'autant qu'il partage des dynamiques semblables avec ces dernières, à savoir des trajectoires cycliques ou des crises systémiques.

Tableau 6.2 – Synthèse des différentes approches post-keynésiennes

	Modèle de Kaldor (1966)	Modèle à la Kaldor-Minsky	Modèles d'obédience minskyenne
Taux de croissance	Fixe	Endogène	Endogène
Financement	Externe et exogène	Endogène	Endogène
Prise en compte de la répartition	Complète	Complète	Incomplète, extrême ou inexistante
Dynamiques engendrées	Stabilité	Cycles et crises	Cycles et crises
Facteur déclencheur des crises ou des cycles	Aucun : modèle stable	Rôle des firmes, des conditions initiales	Rôle des firmes ou des banques

A présent, il convient de dire un mot au sujet du taux de profit global et de la répartition des revenus. Dans le cadre de notre modèle de synthèse, nous savons que le taux de profit et la part des profits dans le produit dépendent du taux d'accumulation g et des variables financières, d et x. En effet, de (6.2) et en notant $v = K/Y$ le coefficient de capital, il vient :

$$r^* = (P/K)^* = (1 - x^* - \psi g^*)g^*/s_f + id^*$$

$$(P/Y)^* = [(1 - x^* - \psi g^*)g^*/s_f + id^*]v$$

Ainsi, accumulation et financement externe étant devenus endogènes, ils influencent de la même manière taux de profit et répartition. En définitive et par extension, il peut aussi se produire des cycles pour ces variables. Un autre point remarquable tient à la détermination du coefficient d'évaluation macroéconomique v_r, lui aussi sujet à des variations cycliques ou à des crises, puisque déterminé par les variables d'accumulation et de financement. Cet état de fait est particulièrement intéressant, du point de vue de l'histoire de la pensée économique, car il limite, en partie, les critiques de Davidson (1968) et Wood (1975), portant sur le caractère accommodant du ratio v_r dans le modèle originel de Kaldor (1966). L'endogénéisation du financement externe et de l'accumulation a donc ceci de remarquable qu'elle permet de se soustraire à des critiques existant de longue date au sein du courant post-keynésien de la répartition. Le coefficient d'évaluation qui varie à l'inverse du « taux d'intérêt implicite » – c'est-à-dire du taux de rendement des actions – ne sert plus à équilibrer épargne et investissement et encore moins à retourner à un quelconque équilibre de plein emploi. Il n'est donc plus possible de situer le modèle néo-Pasinetti de Kaldor dans le camp des Néo-classiques.

La prochaine étape consistera à isoler la composante minskyenne, puis la composante kaldorienne du modèle de synthèse. Cette méthode nous permettra de déterminer son degré de généralité, en indiquant s'il est possible de retrouver les conclusions d'un modèle à la Minsky et du modèle de Kaldor (1966), comme cas particuliers du modèle de synthèse.

b) Etude des cas particuliers kaldorien et minskyen

D'abord, nous considérons le cas minskyen. Afin de retrouver la structure d'un modèle d'obédience minskyenne, comme cas particulier du modèle de synthèse, il convient de poser $dx/dt = x = 0$. Ceci signifie qu'il n'y a plus d'émission d'actions nouvelles par les firmes. Dans ce cas, le système différentiel (6.8) devient :

$$(6.10) \qquad \begin{cases} \dot{g} = \delta\left[\gamma(1-\psi g)g - \phi id + b - g\right] \\ \\ \dot{d} = (\psi g - d)g \end{cases}$$

Il s'agit désormais d'un modèle dynamique de deux équations à deux inconnues (g^*, d^*). L'analyse de la matrice jacobienne de

(6.10) et la construction du diagramme des phases suffiront à obtenir des renseignements sur les trajectoires des deux variables endogènes. A l'équilibre, les deux isoclines se notent :

$$(6.11) \qquad \begin{cases} d = (1/i\phi)\left[\gamma(1-\psi g)g + b - g\right] \\ \\ d = \psi g \end{cases}$$

avec :

$$_{\dot{g}=0}\Big| d(D/K)/dg = \gtrless 0 \qquad (\gamma - 1) \gtrless 2\gamma\psi g$$

$$_{\dot{d}=0}\Big| d(D/K)/dg = \psi > 0$$

Quant à la matrice des dérivées partielles, elle se note de la manière suivante :

$$(6.12) \qquad J = \begin{bmatrix} \delta\left[(\gamma-1) - 2\gamma\psi g^*\right] & -\delta i\phi \\ 2\psi g^* - d^* & -g^* \end{bmatrix}$$

Le diagramme des phases montre qu'un équilibre de type point-selle est à exclure. Compte tenu de la figure 6.9, il apparaît clairement qu'il n'existe que deux possibilités :

$$Det(J) > 0 \qquad Tr(J) \gtrless 0$$

Lorsque *Tr* (*J*) < 0, l'équilibre (g^*, d^*) est localement stable ; à l'inverse si *Tr* (*J*) > 0, il est instable. A l'instar du modèle de synthèse, il est possible qu'il se produise une crise profonde et durable lorsque l'économie subit un choc de grande ampleur. Les dynamiques cyclique et de crise sont regroupées dans la figure 6.10. Après un choc de forte ampleur – les conditions initiales démarrent en (*B*) – l'accumulation ralentit, puis cesse complètement pour devenir négative. A ce moment l'économie entre en phase de dépression et le taux de chômage, qui dépend de la croissance, explose. Un choc faible – point (*A*) – est absorbé par le système qui retourne au point d'équilibre (g^*,

d^*) ; dans ce cas les agents ne subissent les conséquences du cycle que de manière temporaire, c'est-à-dire lors de chaque phase descendante.

Figure 6.9 – Diagramme des phases du modèle à la Minsky

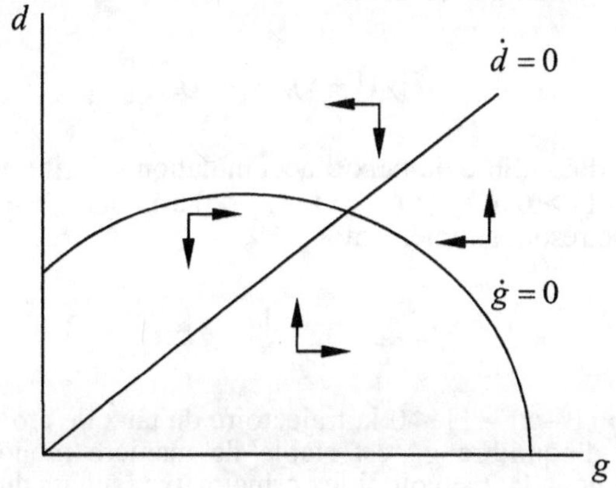

Figure 6.10 – Cycle et crise macroéconomiques dans le modèle à la Minsky

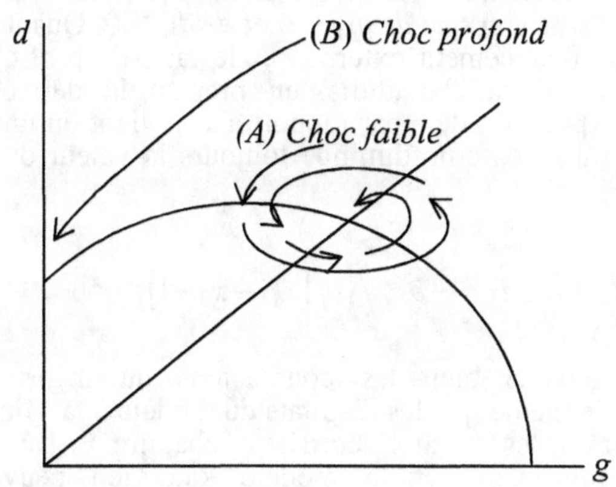

Désormais, nous pouvons nous concentrer sur le cas kaldorien. Il a déjà été souligné que dans le théorème néo-

Pasinetti l'endettement n'existe pas, l'accumulation étant simplement financée par le biais des émissions d'actions et des ressources internes des firmes. Ceci revient à poser dans (6.8) que $\psi = d = i = 0$. Par ailleurs, le taux de financement externe est supposé exogène, soit : $x^d = x$ et $dx/dt = 0$. Nous obtenons l'équation dynamique suivante :

$$\dot{g} = \delta\left[\gamma(1-x)g + b - g\right] \tag{6.13}$$

Le niveau d'équilibre du taux d'accumulation s'écrit : $g^* = -b/[\gamma(1-x)-1] > 0$ avec $[\gamma(1-x)-1] < 0$ afin que $g^* > 0$. Cette équation se résout simplement :

$$g = ke^{[\gamma(1-x)-1]t} + g^* \tag{6.14}$$

Puisque $[\gamma(1-x)-1] < 0$ la trajectoire du taux de croissance à sa valeur d'équilibre g^* est stable de manière monotone. A présent, il nous faut savoir si les principaux résultats du modèle de Kaldor (1966) sont préservés, à savoir l'effet positif du taux d'accumulation et les influences négatives du financement externe et du taux de rétention des profits sur le taux de profit global. Du théorème néo-Pasinetti nous savons que $r = g(1-x)/s_f$, ce qui devient : $r = -b(1-x)/s_f[\gamma(1-x)-1]$. Puisque $g^* > 0$, il est trivial que $dr/ds_f < 0$ et $dr/dg > 0$. Quant à l'effet du taux de financement externe sur le taux de profit, celui-ci n'est plus évident. Toutefois, en prenant la dérivée de la nouvelle expression de r par rapport à x, il vient qu'une hausse du financement externe diminue toujours la valeur du taux de profit :

$$dr/dx = -bs_f / \left\{s_f\left[\gamma(1-x)-1\right]\right\}^2 < 0$$

Nous retrouvons bien les conclusions du théorème néo-Pasinetti, de même que les résultats du modèle à la Minsky sont en phase avec les travaux abordés au chapitre V. Dès lors, les modèles minskyens et le modèle kaldorien peuvent être considérés comme des cas particuliers de notre modèle de synthèse à double financement externe et taux de croissance endogène.

Dans le modèle de type Kaldor-Minsky précédent nous avons montré que l'apparition de cycles et de crises systémiques était une possibilité envisageable. L'apparition d'une crise macroéconomique et financière devient une certitude, dès lors que les entrepreneurs relèvent le financement de l'investissement par endettement. Cette approche offre trois avantages indéniables : (i) elle rend endogène le taux d'accumulation et le financement externe – par dette dans l'esprit de Minsky et par émission d'actions à la suite de Kaldor – sans poser d'hypothèses contraignantes quant à la répartition des revenus, (ii) elle permet d'échapper, en partie, aux critiques adressées au théorème néo-Pasinetti concernant son caractère néo-classique, (iii) l'existence de cycles, voire de crises systémiques, confirme le caractère instable des économies capitalistes à fort financement externe. Le modèle que nous avons proposé constitue, nous croyons, la première étape de ce qui pourrait être une synthèse entre deux courants post-keynésiens fondateurs, centrés, respectivement, sur le lien accumulation-répartition et le lien accumulation-financement. Cette idée est d'autant plus prégnante que la méthode utilisée permet de s'émanciper des hypothèses contraignantes adoptées par chaque courant : accumulation et financement externe constants dans les modèles de répartition, répartition des revenus ignorée ou supposée fixe dans les modèles à la Minsky.

CONCLUSION

Quels enseignements pouvons-nous tirer des analyses précédentes ? De nombreuses questions ont été posées tout au long de cet ouvrage. Nous avons vu qu'une synthèse entre deux courants post-keynésiens influents – l'un centré sur le lien accumulation et répartition et l'autre sur le lien accumulation et financement – est loin d'être évidente. Néanmoins, cela ne signifie pas qu'elle soit hors de portée. Rappelons les principaux résultats obtenus afin de clarifier nos propos.

Le lien accumulation-répartition constitue le premier grand bloc de l'analyse post-keynésienne, il s'est développé sur le socle des travaux fondateurs de Kaldor (1956, 1966) et Pasinetti (1962). Ces économistes mettent en avant le rôle du taux de croissance du capital et des propensions à épargner sur les différents revenus dans la détermination du taux de profit global et, par extension, de la répartition. Kaldor (1956) et Pasinetti (1962) firent face à une forte résistance, de la part des Néo-classiques, pour la raison suivante : en se débarrassant de la théorie de la productivité marginale et des fonctions de production, Kaldor et Pasinetti s'attaquaient implicitement au modèle de Solow (1956). Comme cela a été souligné lors de la première partie, les controverses entre Post-keynésiens et Néo-classiques tournèrent à l'avantage des premiers. En outre, l'immixtion de Kaldor (1966) mit un terme définitif aux débats ; en effet, son théorème néo-Pasinetti renvoyait à des conclusions proches de Pasinetti (1962) avec, toutefois, l'avantage indéniable d'être imperméable aux critiques néo-classiques (*cf.*, entre autres, Meade, 1963 ; Meade et Hahn, 1965 ainsi que Samuelson et Modigliani, 1966).

Le second courant, inspiré par les contributions majeures d'Hyman Minsky (1975, 1977a, 1977b, 1986), intègre les thèmes de l'accumulation du capital et de son financement externe. Malgré des conclusions stimulantes quant au rôle déstabilisateur de la finance, ce n'est qu'à partir du milieu des années quatre-vingt que les premiers modèles à la Minsky virent le jour. A la suite d'un examen approfondi d'une large gamme de travaux minskyens, nous avons distingué deux logiques en ce qui concerne le traitement du concept de crise. La première appréhende la crise dans une optique hétérodoxe ; en effet, celle-ci est considérée comme un phénomène de grande ampleur, telle la grande dépression de 1929. La seconde logique est plutôt orthodoxe car elle englobe la crise dans le processus plus général du cycle économique avec comme conséquence le résultat suivant : la crise ne constitue plus qu'un simple point d'inflexion de la conjoncture, les périodes de récession et de reprise s'alternant jusqu'au retour à l'équilibre, voire indéfiniment dans le cas d'un cycle-limite. Il est à noter que Minsky a franchi les barrières de la macroéconomie financière post-keynésienne, ainsi d'éminents représentants de l'économie académique, à l'instar de Greenwald et Stiglitz (1993), citent-ils ses travaux.

Un problème de taille subsiste cependant : malgré les nombreuses extensions suscitées par le socle Kaldor-Pasinetti et par Minsky, chaque courant s'est quasiment développé en vase clos, l'un au regard de l'autre. Nous avons montré lors des analyses précédentes qu'en tentant d'articuler les courants accumulation-répartition et accumulation-financement de nombreuses difficultés apparaissent. Les modèles post-keynésiens de croissance et de répartition partagent tous la même structure. Celle-ci est telle que le taux d'accumulation est toujours fixé de manière exogène, si bien que leur dénomination traditionnelle de « modèles de croissance et de répartition » ne correspond qu'imparfaitement à leur nature réelle. Toutefois, ce point en cache un autre plus profond rendant ces analyses peu compatibles avec des modèles à la Minsky. A l'exception notable du théorème néo-Pasinetti, les problèmes liés au financement de l'accumulation sont purement évacués de ces modèles Cambridgiens. En réalité, même l'analyse de Kaldor (1966) n'offre qu'une vision assez fruste du financement externe. En effet, ce dernier est exogène et un seul type de financement est pris en compte, celui par émission d'actions, laissant de côté l'endettement. De surcroît, il n'existe aucune rétroaction entre les variables de financement et d'accumulation du capital, ce qui confère à ces modèles une portée réduite.

Même si les modèles à la Minsky corrigent les lacunes des travaux post-keynésiens de type Kaldor-Pasinetti, par l'endogénéisation de l'accumulation et du financement, ceux-ci ne sont pas exempts de défauts. Ainsi, la littérature minskyenne s'avère insuffisante car elle ne propose que trois possibilités en matière de répartition des revenus : celle-ci est soit supposée inexistante, soit exogène, soit partiellement abordée en éliminant l'épargne des travailleurs, voire en supposant des comportements trop simplistes de la part des firmes. En définitive, les critiques portent désormais sur le phénomène même de la répartition, trop souvent jugé d'importance secondaire.

Les remarques précédentes empêchent de conclure positivement quant à l'existence d'une cohérence interne, c'est-à-dire d'un fil conducteur reliant accumulation, répartition et financement, au sein de la théorie macroéconomique post-keynésienne. Il subsiste donc une place pour un programme de recherche, visant à établir une synthèse entre deux courants influents de l'hétérodoxie. L'analyse que nous avons proposée dans le dernier chapitre semble aller dans ce sens.

Que convient-il de retenir du chapitre VI ? Notre modèle de synthèse est fondé sur une structure augmentée du modèle de Kaldor (1966). Ceci signifie qu'il reprend la double source du financement de l'investissement, à savoir les profits issus de l'activité de production et les émissions d'actions, à laquelle il faut ajouter, selon une logique minskyenne, un financement externe par endettement. A présent, récapitulons les résultats que nous avons obtenus (i) en matière de macroéconomie financière, puis (ii) d'histoire de la pensée économique.

(i) La détermination de l'accumulation, du financement et, *in fine*, de la répartition des revenus est véritablement endogène, c'est-à-dire que ces variables sont correctement intégrées à l'analyse macroéconomique. Ceci permet de mettre un terme aux difficultés des modèles post-keynésiens originels, considérant accumulation et financement externe comme fixés de manière *ad hoc*. D'un autre côté, notre modèle de synthèse n'émet aucune hypothèse contraignante quant aux comportements d'épargne des travailleurs et des firmes, ce qui permet de dépasser les difficultés des modèles à la Minsky. Par ailleurs, le modèle élaboré au chapitre VI renvoie à des résultats relativement généraux pour trois raisons. D'abord, il met en évidence le caractère hautement déstabilisateur des variables d'endettement dans leur capacité à prolonger les périodes de cycles de forte ampleur, voire à engendrer des crises systémiques. Ensuite, le modèle conserve intacte la distinction établie lors du chapitre V entre crise forte et faible, qui semble être à la base de la macroéconomie financière à la Minsky. Il montre notamment qu'une crise profonde et durable, identique à la dépression de 1929, peut se produire des suites de deux variations. La première concerne un choc exogène sur les valeurs d'équilibre du modèle. En cas de choc faible, l'économie retourne à l'équilibre par oscillations, les agents subissant uniquement les périodes de récession au cours du processus de convergence. A l'inverse un choc exogène de forte ampleur déstabilise totalement l'économie par l'apparition d'une crise systémique avec chute de l'accumulation du capital et hausse de l'endettement. La seconde modification provient du seul comportement des entrepreneurs. Lorsque des derniers se montrent moins méfiants à l'égard de la dette, en finançant la croissance dans une plus large mesure par endettement, alors les conditions pour provoquer une crise systémique sont réunies. De plus, un point remarquable concerne le fait que l'apparition d'une large dépression est plus sensible au comportement des firmes qu'à l'ampleur du choc frappant l'économie. Ceci permet de se prémunir contre une éventuelle critique des Nouveaux classiques, visant à mettre en avant les chocs exogènes au lieu des facteurs intrinsèques au capitalisme moderne : le financement externe et l'attitude des firmes à son égard sont les principaux déclencheurs de l'instabilité. En conséquence, ces résultats nous permettent de nous éloigner un peu plus de l'orthodoxie économique. Enfin, notre modèle de synthèse englobe les conclusions des travaux originels de Kaldor (1966) et des modèles minskyens. En effet, il est toujours possible de retrouver ces derniers comme de simples cas particuliers du modèle de synthèse à double financement externe et taux de croissance endogène.

(ii) A présent, il peut être fort utile d'évoquer quelques remarques concernant l'histoire de la pensée économique post-keynésienne. Elles sont en rapport avec les critiques adressées au théorème néo-Pasinetti de Kaldor (1966), émanant, entre autres, de Davidson (1968). Celles-ci sont considérablement atténuées, puisque le ratio d'évaluation ne constitue plus une variable essentielle dans le retour inconditionnel à l'équilibre. Notre modèle de synthèse extrait définitivement Kaldor des tranchées néo-classiques, dans lesquelles il avait été confiné par certains Post-keynésiens, Davidson en tête. Il constitue donc, de ce point de vue, une avancée théorique indéniable.

En conclusion, cet ouvrage tente d'offrir une meilleure compréhension de la macroéconomie hétérodoxe post-keynésienne. Il a permis de mettre de l'ordre dans une école de pensée économique prolifique. Ainsi, nous avons montré qu'une synthèse post-keynésienne, certes non triviale, est tout de même envisageable concernant les thèmes de l'accumulation, du financement externe et de la répartition des revenus. C'est Kaldor qui sert de fil conducteur entre les modèles de croissance et de répartition originels et les modèles à la Minsky. Un ultime point mérite d'être souligné, il concerne les limites théoriques de notre analyse. Notre modèle de synthèse n'aborde pas la question de la monnaie et du crédit bancaire, thème pourtant fondamental au sein de la théorie post-keynésienne. Evidemment, il n'est pas question de passer outre cet axe de recherche. En revanche, plusieurs raisons justifient notre attitude. D'abord, les travaux à la Kaldor-Pasinetti sont fondamentalement des modèles sans monnaie et lorsque cette dernière est introduite, ceci est toujours fait de façon très orthodoxe (*cf.*, par exemple, Ramanathan, 1976 ; Faria, 2000). Par ailleurs, un grand nombre de contributions minskyennes n'étudient pas frontalement la question de la monnaie et du crédit bancaire. A quelques exceptions notables (Arena et Raybaut, 1998, 2001), les modèles minskyens se focalisent sur une économie de marchés financiers, dans laquelle les banques commerciales ne jouent qu'un rôle passif. Ensuite et surtout, la prise en compte du crédit bancaire représente à elle seule un « univers économique » nouveau. Ce dernier est hors d'atteinte car il dépasse très largement le cadre de cet ouvrage, compte tenu des débats internes à l'école post-keynésienne entre, d'un côté, les horizontalistes et, de l'autre, les structuralistes (*cf.*, sur ce point, Pollin, 1991 ; Monvoisin, 2000). Une prochaine étape consisterait donc à introduire le crédit bancaire dans le modèle de synthèse à la Kaldor-Minsky.

REFERENCES BIBLIOGRAPHIQUES

ABRAHAM-FROIS G., GIBERT P., DE LAVERGNE P. (sous la direction de), *Problématiques de la croissance*, Economica, Paris, 1974, vol. 1.

ARAÚJO, J.T., The Government Sector in Kaldor-Pasinetti Models of Growth and Income Distribution, *Journal of Post Keynesian Economics*, vol. 15, Winter 1992-1993.

ARAÚJO, J.T., Kaldor's Neo-Pasinetti Model and the Cambridge Theory of Growth and Distribution, *Manchester School*, vol. 63, September 1995.

ARENA R., RAYBAUT A., Credit and Financial Markets in Keynes Conception of Endogenous Business Cycles : an Interpretation *in* Abraham-Frois G. (sous la direction de), *Non-Linear Dynamics and Endogenous Cycles*, Springer-Verlag, Berlin, 1998.

ARENA R., RAYBAUT A., On the Foundations of Minsky's Business Cycle Theory : an Interpretation *in* Bellofiore R., Ferri P. (sous la direction de), *The Economic Legacy of Hyman P. Minsky*, Edward Elgar, 2 volumes, Cheltenham, 2001.

ARESTIS P., GLICKMAN M., Financial Crisis in Southeast Asia : Dispelling Illusion the Minskyan Way, *Cambridge Journal of Economics*, vol. 26, March 2002.

ASADA T., Nonlinear Dynamics of Debt and Capital : A Post-Keynesian Analysis *in* Aruka Y. (sous la direction) *Evolutionary Controversies in Economics : A New Transdisciplinary Approach*, Springer-Verlag, Tokyo, 2001.

ASADA T., Price Flexibility and Instability in a Macrodynamic Model with Debt Effect, *Discussion Paper*, University of Bielefeld, n° 483, February 2002.

BALESTRA P. BARANZINI M., Some Optimal Aspects in a Two-class Growth Model with Differentiated Interest Rate, *Kyklos*, vol. 24, n° 2, 1971.

BARRO R.J., SALA-I-MARTIN X., *La croissance économique*, Ediscience international, Paris, 1995.

BLAUG M., *La pensée économique*, Economica, Paris, 4ème édition, 1986.

BROSSARD O., L'instabilité financière selon Minsky : l'incertitude et la liquidité au fondement du cycle ?, *Revue économique*, vol. 49, Mars 1998.

BROSSARD O., *D'un krach à l'autre : Instabilité et régulation des économies monétaires*, Editions Grasset - Le monde de l'éducation, Paris, 2001.

BURROW S.P., HITIRIS, T., *Macroeconomic Theory : A Mathematical Introduction*, J. Wiley and sons, London, 1974.

CAMPA G., Indeterminatezza del saggio di profitto e rilevanza della propensione a risparmiare dei lavoratori e della tecnologia nel paradosso di Pasinetti, *Giornale degli Economisti*, vol. 34, Gennaio-Febbraio 1974.

CARTELIER L., A propos du ''schéma théorique d'accumulation et de répartition'' (STAR), *Cahiers d'Economie Politique*, n° 4, 1977.

CASS D., Optimum Growth in an Aggregative Model of Capital Accumulation, *Review of Economic Studies*, vol. 32, July 1965.

CHALLE E., La debt-deflation selon Irving Fisher, histoire et actualité d'une théorie de la crise financière, *Cahiers d'Economie Politique*, n° 36, 2000.

CHARLES S., A Note on some Minskyan Models of Financial Instability, *Studi Economici*, vol. 86, 2, 2005.

CHIANG A.C., A Simple Generalization of the Kaldor-Pasinetti Theory of Profit Rate and Income Distribution, *Economica*, vol. 40, August 1973.

COMMENDATORE P., Sulla esistenza di un' economia a due classi in un modello post keynesiano di crescita e distribuzione con settore pubblico ed attività finanziarie, *Studi Economici*, vol. 51, n° 3, 1993.

COMMENDATORE P., Pasinetti and Dual Equilibria in a Post Keynesian Model of Growth and Institutional Distribution, *Oxford Economic Papers*, vol. 51, December 1999.

DALZIEL P.C., Cambridge (U.K.) versus Cambridge (Mass.) : A Keynesian Solution of "Pasinetti's Paradox", *Journal of Post Keynesian Economics*, vol. 11, Summer 1989.

DALZIEL P.C., A Generalisation and Simplification of the Cambridge Theorem with Budget Deficits, *Cambridge Journal of Economics*, vol. 15, September 1991.

DALZIEL P.C., Does Government Activity Invalidate the Cambridge Theorem of the Rate of Profit ? A Reconciliation, *Journal of Post Keynesian Economics,* vol. 14, Fall 1991-1992.

DAMERON P., *Mathématiques des Modèles Economiques : Analyse Dynamique*, Economica, Paris, 2001.

DAVIDSON P., The Demand and Supply of Securities and Economic Growth and its Implications for the Kaldor-Pasinetti versus Samuelson-Modigliani controversy, *American Economic Review*, vol. 58, May 1968.

DAVIDSON P., *Money and the Real World*, Macmillan, London, 2nde édition, 1978.

DAVIDSON P., Is Probability Theory Relevant for Uncertainty, *Journal of Economic Perspectives*, vol. 5, n° 1, 1991.

DELLI GATTI D., GALLEGATI M., Financial Instability, Income Distribution, and the Stock Market, *Journal of Post Keynesian Economics*, vol. 12, Spring 1990.

DELLI GATTI D., GALLEGATI M., Imperfect Information, Corporate Finance, Debt Commitments, and Business Fluctuations *in* Fazzari S., Papadimitriou D. (sous la direction de), *Financial Conditions and Macroeconomic Performances : Essays in Honour of H.P. Minsky*, Sharpe, London, 1992.

DELLI GATTI D., GALLEGATI M., External Finance, Investment expenditure and the Business Cycle *in* Semmler W.

(sous la direction de), *Business Cycles : Theory and Empirical Methods*, Kluwer Academic Publishers, Boston, 1994.

DELLI GATTI D., GALLEGATI M., MINSKY H., Financial Institutions, Economic Policy and the Dynamic Behavior of the Economy, *Jerome Levy Economics Institute-Working Paper*, n° 126, October 1994.

DELLI GATTI D., GALLEGATI M., GARDINI L., Complex Dynamics in a Simple Macroeconomic Model with Financing Constraints *in* Dymsky G., Pollin R. (sous la direction de), *New Perspectives in Monetary Macroeconomics, Explorations in the Tradition of H.P. Minsky*, The University of Michigan Press, Ann Arbor, 1994.

DELEPLACE G., H*istoire de la pensée économique. Du ''royaume agricole'' de Quesnay au monde à la ''Arrow-Debreu''*, Dunod, Paris, 2000.

DELEPLACE G., NELL E.J. (sous la direction de), *Money in Motion. The Post Keynesian and Circulation Approaches*, Macmillan, London, 1996.

DENICOLO V., MATTEUZZI M., Public Debt and the Pasinetti Paradox, *Cambridge Journal of Economics*, vol. 14, September 1990.

DOMAR E., Expansion and Employment, *American Economic Review*, vol. 37, March 1947. Trad. Fr. : Expansion et emploi *in* Abraham-Frois G., Gibert P., de Lavergne P. (sous la direction), vol. 1, 1974.

DOWNE E.A., Minsky's Model of Financial Fragility : a Suggested Addition, *Journal of Post Keynesian Economics*, vol. 9, n°3, 1987.

FARIA R., A Two-class Fiscal and Monetary Growth Model », *Structural Change and Economic Dynamics*, vol. 11, September 2000.

FAZI E., SALVADORI N., The Existence of a Two-class Economy in the Kaldor Model of Growth and Distribution, *Kyklos*, vol. 34, n° 4, 1981.

FAZI E., SALVADORI N., The Existence of a Two-class Economy in a General Cambridge Model of Growth and Distribution, *Cambridge Journal of Economics*, vol. 9, June 1985.

FAZZARI S., HUBBARD R.G., PETERSEN B.C., Financing Constraints and Corporate Investment, *Brookings Papers on Economic Activity*, n° 1, 1988.

FISHER I., The Debt-Deflation Theory of Great Depressions, *Econometrica*, vol. 1, October 1933. Trad. Fr. *in* la *Revue française d'économie*, vol. 3, 1986.

FLECK F.H., DOMENGHINO C.-M., Cambridge (U.K.) versus Cambridge (Mass.) : A Keynesian Solution of ''Pasinetti's Paradox'', *Journal of Post Keynesian Economics*, vol. 10, Fall 1987.

FLECK F.H., DOMENGHINO C.-M., Government Activity Does Invalidate the ''Cambridge Theorem of the Rate of Profit'', *Journal of Post Keynesian Economics*, vol. 12, Spring 1990.

FOLEY D., Liquidity-Profit Rate Cycles in a Capitalist Economy, *Journal of Economic Behavior and Organization*, vol. 8, September 1987.

FRANKE R., SEMMLER W., Debt-Financing of Firms, Stability, and Cycles in a Macroeconomic Growth Model *in* Semmler W. (sous la direction de), *Financial Dynamics and Business Cycles : New Perspectives*, M.E. Sharpe Inc, New York, 1989.

GANDOLFO G., *Economic Dynamics : Methods and Models*, Springer-Verlag, New York, 3ème édition, 1996.

GAREGNANI P., Heterogeneous Capital, the Production Function and the Theory of Distribution, *Review of Economic Studies*, vol. 37, June 1970.

GOODWIN R.M., A Growth Cycle *in* Feinstein C.H. (sous la direction de), *Socialism, Capitalism and Economic Growth*, Cambridge University Press, Cambridge, 1967.

GREENWALD B., STIGLITZ J.E., Keynesian, New Keynesian and New Classical Economics, *Oxford Economic Papers*, vol. 39, March 1987. Trad. Fr : Keynésiens, Nouveaux keynésiens et Nouvelle économie classique *in* Arena R., Torre D. (sous la direction de), *Keynes et les nouveaux keynésiens*, PUF, Paris, 1992.

GREENWALD B, STIGLITZ J.E., Financial Market Imperfections and Business Cycles, *Quarterly Journal of Economics*, vol. 108, February 1993.

GUPTA K.L., On the Existence of a Two-class Economy in the Kaldor and Pasinetti Models of Growth and Distribution, *Jahrbücher für Nationalökonomie und Statistik*, vol. 192, 1977.

HAGEMANN H., A Kaldorian Saving Function in a Two-sectoral Linear Growth Model, *in* Nell E.J., Semmler W. (sous la direction de), *Nicholas Kaldor and Mainstream Economics*, Macmmillan, London, 1991.

HARROD R., An Essay in Dynamic Theory, *Economic Journal*, vol. 49, March 1939.

HARROD R., *Towards a Dynamic Economics*, Macmillan, London, 1948.

HARROD R., Domar and Dynamic Economics, *in* Mueller, M.G. (sous la direction de), *Readings in Macroeconomics*, Rinehart and Winston INC, 1966.

INADA K.I., On a Two-sector Model of Economic Growth, *Review of Economic Studies*, vol. 30, June 1963.

JACQUES J.F., REBEYROL A., *Croissance et fluctuations - Analyse macroéconomique de la croissance*, Dunod, Paris, 2001.

JARSULIC M., Financial Instability and Income Distribution, *Journal of Economic Issues*, vol. 22, June 1988.

JARSULIC M., Debt and Macro Stability, *Eastern Economic Journal*, vol. 15, July-September 1990.

JARSULIC M., Aggregate Determinants of Financial Instability, *in* Deleplace G., Nell E.J. (sous la direction de), *Money in Motion. The Post Keynesian and Circulation Approaches*, Macmillan, London, 1996.

KAHN R., *Selected Essays on Unemployment and Growth*, Cambridge University Press, Cambridge, 1972.

KALDOR, N., A Model of the Trade Cycle, *Economic Journal*, vol. 50, March 1940.

KALDOR N., Alternative Theories of Distribution, *Review of Economic Studies*, vol. 23, n° 61, 1956. Trad. Fr. : Un modèle de répartition, *in* Abraham-Frois G., Gibert P., de Lavergne P. (sous la direction de), *Problématique de la croissance,* Paris, vol. 1, 1974.

KALDOR N., A Model of Economic Growth, *Economic Journal*, vol. 67, December 1957.

KALDOR N., Capital Accumulation and Economic Growth, *in* Lutz, F.A., Hague D.C. (sous la direction de), *The Theory of Capital*, Macmillan, London, 1961.

KALDOR N., Marginal Productivity and the Macroeconomic Theories of Distribution, *Review of Economic Studies*, vol. 33, October 1966. Trad. Fr. : Productivité marginale et théories macroéconomiques de la répartition, *in* Abraham-Frois G., Gibert P., de Lavergne P. (sous la direction de), *Problématique de la croissance*, vol. 1, Paris, 1974.

KALECKI M., The Principle of Increasing Risk, *Economica*, vol. 4, November 1937.

KALECKI M., A Theory of Profit, *Economic Journal*, vol. 52, 1942.

KEEN S., Finance and Economic Breakdown Modeling Minsky's ''Financial Instabilitity Hypothesis'', *Journal of Post Keynesian Economics*, vol. 17, Summer 1995.

KEYNES J.M., *The Collected Writtings*, Macmillan, London, volumes I à XXX, 1971-1989.

KEYNES J.M., *A Treatise on Money*, *in* Keynes J.M. (1971-1989), vol. V et VI, 1930.

KEYNES J.M., The consequences to the banks of the collapse of money values *in* Keynes J.M. (1971-1989), vol. IX, 1931.

KEYNES J.M., *The General Theory of Employment, Interest and Money*, *in* Keynes J.M. (1971-1989), vol. VII, 1936. Trad. Fr. : *Théorie générale de l'emploi, de l'intérêt et de la monnaie*, Paris : Bibliothèque scientifique Payot, 1996.

KEYNES J.M., The General Theory of Employment, *Quarterly Journal of Economics*, vol. 52, February 1937a *in* Keynes J.M. (1971-1989), vol. XIV.

KEYNES J.M., Alternative Theories of the Rate of Interest, *The Economic Journal*, vol. 47, June 1937b *in* Keynes J.M. (1971-1989), vol. XIV.

KEYNES J.M., The ''Ex Ante'' Theory of the Rate of Interest, *The Economic Journal*, vol. 47, December 1937c, in Keynes J.M. (1971-1989), vol. XIV.

KLAMER A., *Conversations with Economists*, Rowman and Allenheld, Towota.

KREGEL J.A., Yes " It " Did Happen Again - A Minsky Crisis Happened in Asia, *Jerome Levy Economics Institute-Working Paper*, n° 234, April 1998.

LAING N.F., Two Notes on Pasinetti's Theorem, *The Economic Record*, vol. 45, n° 111, 1969.

LAVOIE M., Loi de Minsky et loi d'entropie, *Economie appliquée*, vol. 36, n° 2-3, 1983.

LAVOIE M., Systemic Financial Fragility : a Simplified View, *Journal of Post Keynesian Economics*, vol. 9, n° 2, 1986-1987.

LAVOIE M., *Macroéconomie : Théories et controverses post-keynésiennes*, Dunod, Paris, 1987.

LAVOIE M., The Neo-Pasinetti Theorem in Cambridge and Kaleckian Models of Growth and Distribution, *Eastern Economic Journal*, vol. 24, Fall 1998.

LAVOIE M., SECARECCIA M., Minsky's Financial Fragility Hypothesis : A Missing Macroeconomic Link ? *in* Bellofiore R., Ferri P. (sous le direction de), *The Economic Legacy of Hyman P. Minsky*, Edward Elgar, Cheltenham, 2 vls, 2001.

LAVOIE M., GODLEY W., Kaleckian Models of Growth in a Coherent Stock-Flow Monetary Framework : a Kaldorian View, *Journal of Post-Keynesian Economics*, vol. 24, Winter 2001-2002.

MADDISON A., *Dynamic Forces in Capitalist Development*, Oxford University Press, Oxford, 1991.

MANESCHI A., The Existence of a Two-class Economy in the Kaldor-Pasinetti Models of Growth and Distribution, *Review of Economic Studies*, vol. 41, January 1974.

MC CALLUM B.T., Rational Expectations and Macroeconomic Stabilization Policy, *Journal of Money, Credit and Banking*, vol. 12, November 1980.

MC CALLUM B.T., Real Business Cycle Models *in* Barro R.J. (sous la direction de), *Modern Business Cycle Theory*, Basil Blackwel, Oxford, 1989.

MEADE J., *A Neo-Classical Theory of Economic Growth*, Allen and Unwin, London, 1961.

MEADE J., The Rate of Profit in a Growing Economy, *Economic Journal*, vol. 73, December 1963.

MEADE J., The Outcome of the Pasinetti Process : A Note, *Economic Journal*, vol. 76, March 1966.

MEADE J., HAHN F., The Rate of Profit in a Growing Economy, *Economic Journal*, vol. 75, June 1965.

MINFORD P., PEEL D., *Rational Expectations and the New Macroeconomics*, Martin Robertson, Oxford, 1983.

MINSKY H., Monetary Systems and Accelerator Models, *American Economic Review*, vol. 47, December 1957a.

MINSKY H., Central Banking and Money Market changes, *Quarterly Journal of Economics*, vol. 71, May 1957b.

MINSKY H., *John Maynard Keynes*, Columbia University Press, New York, 1975.

MINSKY H., A Theory of Systemic Financial Fragility, in Altman E.I., Semetz A.W. (sous la direction de), *Financial Crises : Institutions and Markets in a Fragile Environment*, John Wiley, New York, 1977a.

MINSKY H., The Financial Instability Hypothesis : An Interpretation of Keynes and an Alternative to Standard Theory, *Nebraska Journal of Economics*, Winter 1977b *in* Minsky H., *Inflation, Recession and Economic Policy*, New York : Armonk, 1982.

MINSKY H., La structure financière, endettement et crédit *in* Barrère, A. (sous la direction de), *Keynes aujourd'hui : Théories et politiques*, Economica, Paris, 1985.

MINSKY H., *Stabilizing an Unstable Economy*, Yale University Press, New Haven, 1986.

MINSKY H., The Essential Characteristics of Post Keynesian Economics *in* Deleplace G., Nell E.J. (sous la direction de), *Money in Motion. The Post Keynesian and Circulation Approaches*, Macmillan, London, 1996.

MONVOISIN V., L'analyse post-keynésienne de la monnaie : débats contemporains autour de l'offre de monnaie, *XVIIèmes Journées Internationales d'Economie Monétaire et Bancaire*, Lisbonne, Juin 2000.

MOORE B.J., *Horizontalists and Verticalists*, Cambridge University Press, Cambridge, 1988.

MOSS S.J., The Post-Keynesian Theory of Income Distribution in the Corporate Economy, *Australian Economic Papers*, vol. 17, December 1978.

MUCKL W.J., On the Existence of a Two-class Economy in the Cambridge Models of Growth and Distribution, *Jahrbücher für Nationalökonomie und Statistik*, vol. 193, 1978.

NASICA E., Comportements bancaires et fluctuations économiques. L'apport fondamental d'H.P. Minsky à la théorie des cycles endogènes et financiers, *Revue d'économie politique*, vol. 107, novembre-décembre 1997.

NASICA E., RAYBAUT A., Profits, Confidence and Public Deficits : Modeling Minsky's Institutional Dynamics, *Journal of Post-Keynesian Economics*, vol. 28, Fall 2005.

O'CONNELL J., Undistributed Profits and the Pasinetti and Dual Theorems, *Journal of Macroeconomics*, vol. 7, Winter 1985.

O'CONNELL J., The Two/one Class Model of Economic Growth, *Oxford Economic Papers*, vol. 47, April 1995.

PALLEY T.I., Debt, Aggregate Demand, and the Business Cycle : A Model in the Spirit of Kaldor and Minsky, *Journal of Post Keynesian Economics*, vol. 16, Spring 1994.

PALLEY T.I., *Post Keynesian Economics : Debt, Distribution and the Macroeconomy*, Saint Martin's Press, New York, 1996.

PANICO C., Government Deficits in Post-Keynesian Theories of Growth and Distribution, *Contributions to Political Economy*, vol. 16, 1997.

PASINETTI L., Rate of Profit and Income Distribution in Relation to the Rate of Economic Growth, *Review of Economic Studies*, vol. 29, October 1962. Trad. Fr. : Les liens entre taux de profit, distribution des revenus et taux de croissance de l'économie *in* Abraham-Frois G., Gibert P., de Lavergne P. (sous la direction de), vol. 1, 1974.

PASINETTI L., A Comment on Professor Meade's "Rate of Profit in a Growing Economy", *Economic Journal*, vol. 74, June 1964.

PASINETTI L., The Rate of Profit in a Growing Economy : A reply, *Economic Journal*, vol. 76, March 1966a.

PASINETTI L., New Results in an Old Framework, *Review of Economic Studies*, vol. 33, October 1966b.

PASINETTI L., *Growth and Income Distribution*, Cambridge University Press, Cambridge, 1974.

PASINETTI L., Determinatezza del saggio di profitto nella teoria post-keynesiana : risposta al professor Campa, *Giornale degli Economisti*, vol. 34, 9-10, 1975.

PASINETTI L., Conditions of Existence of a Two-class Economy in the Kaldor and More General Models of Growth and Distribution, *Kyklos*, vol. 36, n° 1, 1983.

PASINETTI L., A Reply to Fleck and Domenghino, *Journal of Post Keynesian Economics*, vol. 11, Summer 1989a.

PASINETTI L., Ricardian Debt/Taxation Equivalence in Kaldor Theory of Profits and Income Distribution, *Cambridge Journal of Economics*, vol. 13, n° 1, 1989 b.

PETTENATI P., Saggio di profitto, distribuzione del reddito e risparmio societario in rapporto al saggio di crescita, *Rivista Internazionale di Scienze Sociali*, vol. 75, n° 5, 1967.

POLLIN R. Two Theories of Money Supply Endogeneity : Some Empirical Evidence, *Journal of Post Keynesian Economics*, vol. 13, Spring 1991.

RAMANATHAN R., The Pasinetti paradox in a Two-class Monetary Growth Model, *Journal of Monetary Economics*, vol. 2, July 1976.

RAMSEY F., A Mathematical Theory of Saving, *Economic Journal*, vol. 38, December 1928.

RIMMER R.J., *Income Distribution in a Corporate Economy*, Edward Elgar, Aldershot, 1993.

ROBINSON, J., *The accumulation of Capital,* Macmillan, London, 1956.

ROBINSON J., *Essays in the Theory of Economic Growth*, Macmillan, London, 1962.

ROBINSON J., Comment on Samuelson and Modigliani, *Review of Economic Studies*, vol. 33, October 1966.

ROSIER B., *Les théories des crises économiques*, La Découverte, Paris, 5e édition, 1995.

SAMUELSON P.A., MOGIGLIANI F., The Pasinetti Paradox in Neo-Classical and More General Models, *Review of Economic Studies*, vol. 33, October 1966a.

SAMUELSON P.A., MODIGLIANI F., Reply to Pasinetti and Robinson, *Review of Economic Studies*, vol. 33, October 1966b.

SCHACKLE G.L.S, *Epistemics and Economics : a Critique of Economic Doctrines*, Cambridge University Press, Cambridge, 1972.

SEMMLER W., Macroeconomic Limit Cycle with Financial Perturbations, *Journal of Economic Behavior and Organization*, vol. 8, September 1987.

SHEFFRIN S.M., *Les anticipations rationnelles*, Economica, Paris, 1986.

SHONE R., *Economic Dynamics. Phase Diagrams and their economic application*, Cambridge University Press, Cambridge, 2nde édition, 2002.

SKOTT P., Financial Innovation, Deregulation, and Minsky Cycles *in* Epstein G., Gintis H. (sous la direction de), *Macroeconomics Policy after the Conservative Era*, Cambridge University Press, Cambridge, 1995.

SNOWDON B., VANE H., WYNARCZYK P. *La pensée économique moderne*, Ediscience international, Paris, 1997.

SOLOW R., A Contribution to the Theory of Economic Growth, *Quarterly Journal of Economics*, vol. 70, February 1956. Trad. Fr. : Une contribution à la théorie de la croissance économique *in* Abraham-Frois G., Gibert P., de Lavergne P., vol. 1, 1974.

SRAFFA P. *Production of Commodities by Means of Commodities. Prelude to a Critique of Economic Theory*, Cambridge University Press, Cambridge, 1960. Trad. Fr. : *Production de marchandises par des marchandises. Prélude à une critique de la théorie économique*, Dunod, Paris, 1970, 2ème édition, 1999.

STEEDMAN I., The State and the Outcome of the Pasinetti Process, *Economic Journal*, vol. 82, December 1972.

SWAN T.W., Economic Growth and Capital Accumulation, *Economic Record*, vol. 32, November 1956.

TAYLOR L., O'CONNELL S., A Minsky Crisis, *Quarterly Journal of Economics*, vol. 100, supplement, 1985.

TEIXEIRA J.R., The Kaldor-Pasinetti Process Reconsidered, *Metroeconomica*, vol. 42, n° 3, 1991.

YOUNG A., Increasing Returns and Economic Progress, *Economic Journal*, vol. 38, December 1928.

VERNIMENN P., *Finance d'entreprise*, Dalloz, Paris, 4ème édition, 2000.

WEISE P., KRAFT M., Minsky's View of Fragility : a Game Theoretic Interpretation, *Journal of Post Keynesian Economics*, vol. 3, Summer 1980.

WICKSELL K., *Lectures on Political Economy*, Routledge and Kegan Paul, London, volume 1, 1901.

WOOD A., *A Theory of Profits*, Cambridge University Press, Cambridge, 1975.

TABLE DES MATIERES

Collection « L'esprit économique »

fondée par Sophie Boutillier et Dimitri Uzunidis en 1996
dirigée par Sophie Boutillier, Blandine Laperche, Dimitri Uzunidis

Dernières parutions

► ***Série Economie et Innovation***

J. PERRIN, *Valeurs et développement durable. Questionnement sur la valeur économique*, 2004.
N. FERREIRA, *Economie sociale et autogestion. Entre utopie et réalité*, 2004.
V. BOUSSYGUINE, *La science en Russie. La nouvelle organisation de la recherche*, 2005.
J.-L. CACCOMO, *L'épopée de l'innovation. Innovation technologique et évolution économique*, 2005.
J. ABEN, M. ADIB (éd.), *Exporter la décentralisation à la française. Essai sur le Liban*, 2005.
B. LAPERCHE (éd.), *L'entreprise innovante et le marché. Lire Galbraith*, 2005.
M. DE SOUSA, *La terre de France est-elle rentable ? Analyse financière des actifs agricoles face à l'immobilier et à la Bourse*, 2005.
R. VOLPI, *Développement durable : action. La gouvernance de l'entreprise*, 2005.
B. YANNOU, P. DESHAYES, *Intelligence et Innovation en conception de produits et services*, 2006.

► ***Série Le Monde en Questions***

E. DOURILLE-FEER, J. NISHIKAWA (éd.), *La finance et la monnaie à l'âge de la mondialisation. Examen comparatif de l'Asie et de l'Europe*, 2004.
E. DRAGANOVA-MADELAINE, *La Bulgarie face à l'Europe. De la transition à l'intégration*, 2004.
F. TALONTO, *Union africaine et développement, entre espoirs et illusions*, 2004.
D. LAWSON, *Le Club de Paris, sortir de l'engrenage de la dette*, 2004.
H. SAADI, *L'économie des matières premières*, 2005.
F. LAYER, *La gouvernance économique de l'Europe*, 2005.
E. NYAMBAL, *Créer la prospérité en Afrique. Dix clés pour sortir de la pauvreté*, 2006.

► **Série *KRISIS***

R. AERNOUDT, *Éloge du (non) travail, Pour que l'Europe vive !*, 2005.
B. BORRITS, *Vers la démocratie économique*, 2005.
M. G. VITALI-VOLANT, *Cesare Beccaria (1738-1794). Cours et discours d'économie politique*, 2005.
J. BERNARD, *Le XXIème siècle est-il le dernier ?*, 2005.
S. ENGEL, *La nouvelle organisation de la production internationale. Crépuscule des Dieux sur le « nouvel ordre mondial »*, 2006.

► **Série *CLICHES***

I. PEAUCELLE, P. KONOVALOV, *Esquisses de l'histoire russe du 20ème siècle*, 2005.
S. BOUTILLIER (éd.), *Travail et entreprise, Règles libérales et « global management »*, 2005.
C. BOZZO DI BORGO (éd.), *Vues de l'Europe d'en bas. Chômage et résistances*, 2005.
A. BA, *L'aventure de l'entrepreneur en Afrique. Chronique sénégalaise*, 2005.
C. MOULOUNGUI, I. DEVOS, Tenues de travail et management des organisations. *La fin des blouses blanches et autres ?*, 2006.

► ***Série COURS PRINCIPAUX***

Ch. GENTHON, *Analyse sectorielle, Méthodologie et application aux technologies de l'information*, 2004.
E. DJUATIO, *Management des projets. Techniques d'évaluation, analyse, choix et planification*, 2004.
A. ILARDI, *Propriété intellectuelle. Principes et dimension internationale*, 2005.
A. ALAOUI, *La compétitivité internationale. Stratégies pour les entreprises françaises*, 2005.

656372 - Mai 2016
Achevé d'imprimer par

1livre.com
du rêve à la réalité !

www.ingramcontent.com/pod-product-compliance
Lightning Source LLC
LaVergne TN
LVHW011316061026
849535LV00005B/1578
* 9 7 8 2 2 9 6 0 0 6 4 6 1 *